C. CHERET
ET
DUBOIS DE GENNES

CHASSE AUX FEMMES

ET AUX LIONS

EN ALGÉRIE

GRAVURE SUR ACIER

PARIS
LIBRAIRIE SARTORIUS
27, RUE DE SEINE, 27

1874

CEASSE

AUX FEMMES ET AUX LIONS

EN ALGÉRIE

3578

PARIS. — TYPOGRAPHIE WALDER, RUE DE L'ABBAYE, 22.

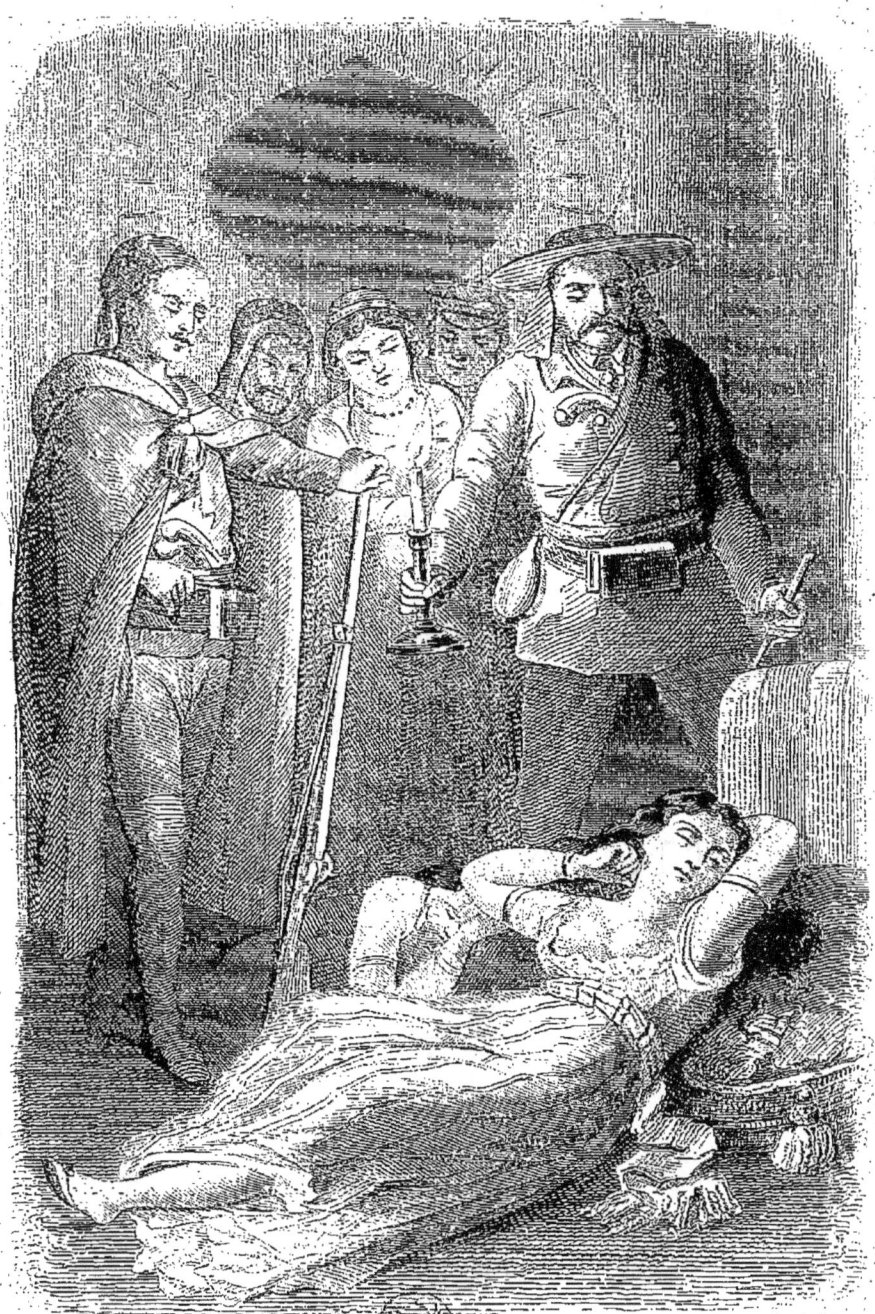

CHASSE AUX FEMMES

Lib. SARTORIUS, 27 r. de Seine, Paris

C. CHÉRET & DUBOIS DE GENNES

CHASSE AUX FEMMES

ET

AUX LIONS

EN ALGÉRIE

PARIS
LIBRAIRIE SARTORIUS
27, RUE DE SEINE, 27

1874

Tous droits réservés

A MONSIEUR JOHAN H. POLLEN

ÉLÈVE-MÉCANICIEN A HELLEVOETSLUIS (HOLLANDE).

Mon cher confrère en saint Hubert,

Le désir d'associer vos efforts personnels aux miens dans la guerre sans pitié que j'ai déclarée, dès l'âge de dix-huit ans, aux grands félins de l'Algérie, vous a porté à entrer en correspondance avec moi à ce sujet. J'ai été vivement touché de cette honorable marque de sympathie, et je tiens à vous le prouver d'une façon digne de vous et de moi-même. Permettez-moi donc, en attendant que nous puissions donner suite à vos belliqueuses propositions, de vous dédier cordialement LA CHASSE AUX FEMMES ET AUX LIONS EN ALGÉRIE, *que, grâce à la bienveillante collaboration de mon vieil ami* CH. DUBOIS DE GENNES, *je suis en mesure de publier aujourd'hui. La lecture d'un tel ouvrage, dans lequel la vérité historique l'emporte de beaucoup sur la fiction, ne vous sera point inutile, soyez-en certain, mon cher confrère, à la veille d'entrer en campagne avec*

votre très-sincèrement dévoué associé et ami,

CONSTANT CHÉRET.

(Tueur-de-Lions.)

Bône (Algérie), 1ᵉʳ février 1874.

CHASSE
AUX FEMMES ET AUX LIONS
EN ALGÉRIE

CHAPITRE PREMIER.

LA RENCONTRE.

Nous sommes en 1868. Une de ces nuits calmes et sereines comme le mois d'avril sait en doter le climat de l'Algérie, étend ses voiles diaphanes sur les montagnes du Nador, non loin de l'établissement moderne de Soukaras.

Soudain, dans l'un des sentiers tortueux qui serpentent sur les flancs du mont escarpé, un bruit de pas se fait entendre. Pourtant celui qui venait de révéler ainsi sa présence, s'avançait, pour ainsi dire, à tâtons et avec des précautions dénotant évidemment la crainte de quelque fâcheuse rencontre.

C'était un Européen jeune, d'apparence vigoureuse, équipé en vrai chasseur. Un fusil double armait sa main. Une paire de gros pistolets étaient engagés dans l'épaisse ceinture arabe qui lui ceignait les reins. Un couteau de chasse de redoutable dimension se balançait à son côté. Un carnier *volumineux* complétait sa tenue cynégétique.

Nous appuyons à dessein sur ce mot *volumineux*. L'avenir dira pourquoi.

L'œil du chasseur épiait tous les accidents de terrain et il ne se hasardait près d'un massif qu'après en avoir scrupuleusement étudié les profondeurs.

De temps à autre, il s'arrêtait, se baissait, prêtait l'oreille aux bruissements confus du feuillage, puis, rassuré sans doute par l'absence de toute rumeur de sinistre augure, il reprenait lentement sa marche.

Il s'était ainsi insensiblement rapproché d'une tribu qu'un défilé seul séparait de lui, lorsqu'un impérieux cri de : « Au large ! » vint résonner à ses oreilles.

Faire un saut de côté, s'abriter derrière un pan de roche, armer son fusil et le braquer vers un buisson d'où la voix s'était élevée, fut pour lui l'affaire d'une seconde.

— Qui va là ? héla-t-il à son tour, tout stupéfait d'entendre parler français dans un tel pays et à pareille heure.

Articulée dans la même langue, cette interrogation comportait avec elle un léger accent britannique ou yankee.

— Peu vous importe, riposta la voix : A vous de répondre et non d'interroger ! Que venez-vous manigancer ici, à minuit ?

— By God ! répondit en riant le premier interpellé, je me trouve parfaitement en droit de vous en dire autant. A coup sûr, vous n'y venez point pour réciter des prières.

En dépit de la joyeuseté de sa réponse, il n'ajustait pas moins avec une vive sollicitude la forme noire découverte par lui sous les branches qui la masquaient d'abord à ses regards.

— Sacrebleu ! reprit la voix, je ne suis rien moins qu'une cible. Cessez de m'ajuster ainsi ou vous êtes mort.

— Mais enfin, fit le chasseur en relevant le canon de son arme, quel diable êtes-vous ? que me voulez-vous ? pour qui ou pour quoi me prenez-vous ?

— Je suis chasseur, je ne vous veux rien, et je vous prends pour un brigand, s'écria l'autre d'un ton évidemment hostile !

— Ah ! pour le coup, lui fut-il répondu, il paraît que nos idées ont pris souche dans la même famille. Je croyais, en vérité, me trouver face à face avec l'un de ces vauriens cherchant fortune la nuit, aux dépens des pauvres hères qui ne sont pas en mesure de les recevoir vaillamment. Nous étions, je le vois bien, tous les deux dans la même erreur. Rassurez-vous, je suis chasseur ; aussi chasseur que vous-même pouvez l'être, et en quête d'un lion que les Arabes m'ont signalé devoir rôder par ici.

— En ce cas, s'écria l'individu jusqu'à ce moment invisible dans sa cachette, soyez pour moi le bienvenu.

Quittant alors son embuscade, il se dirigea d'un pas ferme vers son interlocuteur et lui tendit la main avec toutes les apparences de la plus vive franchise.

Celui-ci, encore imparfaitement édifié sur le compte du confrère inconnu qu'il venait de découvrir, répondit avec défiance à son loyal serrement de main. Toutefois aucune parole ne donna à comprendre ce qui se passait en lui. Il se contenta de l'étudier en silence, autant que le lui permettait la pâle clarté des étoiles. Tout à coup un sourire de satisfaction vint illuminer ses traits. L'examen, sans doute, s'était montré favorable à l'habitant de la broussaille.

— By God ! exclama son examinateur, je sais maintenant à qui j'ai affaire.

« Vous devez être, poursuivit-il d'un ton affectueusement curieux, le petit Français dont on parle dans toutes les tribus de la contrée. Oui, il est impossible que vous ne soyez ce fervent disciple de saint Hubert, vivant uniquement du produit de ses chasses; ce nouveau Nemrod, la terreur des sangliers, des hyènes, chats-tigres, chacals et autres gredins de même calibre; ce hardi jeune homme qui n'a pas craint plusieurs fois de mesurer les faibles forces de son adolescence contre la rage indomptable des plus vieux lions du pays. Vous devez être enfin, et je suis, dès à présent, certain que vous êtes celui que l'on désigne dans tous les douars sous le nom de *Petit-Tueur-de-Lions*.

— Je suis le *Petit-Tueur-de-Lions*.

Ceci fut dit avec une calme simplicité par celui qui venait d'être à bout portant le but d'une si élogieuse nomenclature d'énergiques qualités.

— S'il en est ainsi, causons en amis, s'empressa de répondre l'homme au couteau de chasse; et comme, pour causer, on est mieux assis que debout, asseyons-nous sur ce tronc d'arbre.

— N'en conservons pas moins l'œil au guet, murmura à voix basse le Petit-Tueur-de-Lions : « Prudence est mère de sûreté, » dit le proverbe. Ici nous sommes en passe de ne rien négliger, si nous voulons veiller sur la nôtre.

Commodément placés sur le tronc d'arbre, côte à côte, mais en sens opposé, le fusil sur le genou gauche et le premier doigt sur la détente, ils poursuivirent l'entretien.

1.

Le Petit-Tueur-de-Lions y revint le premier :

— Puisque vous n'ignorez plus qui je suis, dit-il, me permettrez-vous, à mon tour, de chercher à savoir quel compagnon le Ciel place aujourd'hui sur ma route ?

L'autre lui fit tant soit peu attendre sa réponse.

Néanmoins, après quelques symptômes d'hésitation à demi voilés sous les apparences d'une toux, intempestive en pareil lieu, il la formula ainsi :

— Qui je suis, me demandez-vous ? Eh, by God ! je n'en sais trop rien moi-même. Suis-je Français, suis-je Anglais, suis-je Américain ou Russe ? Bien venu sera celui qui pourra m'éclairer à ce sujet. Il est vrai que l'on m'a donné à entendre que j'étais le fils d'un lord de la Grande-Bretagne et d'une richissime dame moscovite. On m'a fait étudier, tour à tour, à Moscou, à Londres, à Paris, et finalement on m'a donné les deux Amériques pour but de mes voyages. Depuis ma vingtième année jusqu'à l'âge de trente-deux ans, je n'ai vécu qu'avec des Yankees. Vous l'aurez peut-être remarqué à mon accent ?

— Ma foi, non ! je suis un ignorant fils des campagnes les plus arriérées de la Normandie ; je fais peu de différence entre les accents des divers pays. Pourvu que je comprenne ce qui m'est dit, je n'en cherche pas davantage. Mais comment se fait-il que, de cette Amérique si éloignée, vous vous trouviez aujourd'hui transplanté en Algérie ?

— Je m'attendais à cette question. Eh bien, voici comment cela s'est fait : je vous l'ai dit, je ne connais pas ma famille ; le coffre-fort d'un des plus puissants banquiers de Londres m'en tient lieu. Les fortes sommes que j'y puise à volonté me mettent à même de satisfaire tous mes caprices. Or, il y a cinq ans, je me mis en tête de faire une visite au Japon. Du Japon je passai en Chine. Quelques mois plus tard, je faisais la chasse au tigre dans les jungles de l'Hindoustan. Bref, de Perse en Turquie, de celle-ci en Egypte, mon goût pour les voyages et les aventures cynégétiques m'a amené dans cette province, d'où je compte partir pour explorer le territoire tunisien.

— Je vous trouve bien heureux, soupira le Petit-Tueur-de-Lions, de pouvoir ainsi changer de place à votre gré, surtout avec le gousset bien garni.

— Peuh ! fit le voyageur, l'argent ne suffit pas pour procurer au cœur la félicité qu'il recherche. Pourtant, je me crois aujourd'hui sur la piste d'une aventure, où grâce à ma fortune, je pourrai peut-être atteindre le bonheur rêvé par moi ; et, by God ! mon cher confrère en saint Hubert, peut-être votre bras pourra-t-il m'être d'un grand secours dans l'entreprise méditée par moi.

— Il s'agit d'abord de savoir dans quel but mes services peuvent vous être utiles, objecta avec prudence le descendant des Normands.

— Mon but ?... Il est très-simple. Je veux enlever la femme d'un caïd des environs. Si vous voulez bien m'y aider, vous me rendrez un de ces services qu'un cœur loyal n'oublie jamais.

— Oh ! pour cela, avec plaisir, s'écria le Français en brandissant sa carabine. Du moment qu'il s'agit de ravir une pauvre esclave à l'un de ces coquins acheteurs de femmes, mon dévouement vous est acquis.

— *All right!* (tout va bien) fit l'insulaire, lui pressant le bras avec amitié.

— Voyez-vous, mon jeune ami, poursuivit-il, je n'avais jamais aimé comme j'aime cette fois-ci. Je suis amoureux, follement amoureux, by God ! de la plus délicieuse petite créature que j'aie jamais rencontrée sur le vieux et le nouveau continent. La chère enfant m'aime aussi, et pour moi-même, entendez-vous, monsieur, pour moi seul... Elle ignore qui je suis, et surtout que je suis riche. Ah ! je lui ménage, à ce sujet, une surprise à laquelle la naïve fille des douars ne s'attend pas. Non, certes !

Il s'interrompit sur cette joyeuse exclamation, laissa glisser son fusil entre ses jambes et frotta avec vivacité ses deux mains l'une contre l'autre.

Ce témoignage de satisfaction intérieure accompli :

— A quoi pensez-vous donc, compère ?

Cette demande fit tressaillir *Tueur-de-Lions*, absorbé dans les pensées qu'une telle confidence faisait naître en son imagination candide. Il aspira fortement les émanations balsamiques de la ravine, et fixant ses regards naïfs sur la physionomie de ce *Faublas* de grands chemins :

— On aime donc plusieurs fois des femmes, interrogea-t-il ?

L'autre l'envisagea avec stupéfaction. Puis, d'un air commisératif :

— C'est juste, murmura-t-il, c'est une nature inculte qui ne s'est encore éprise que du courage dont il a tant de fois fait preuve. La rusticité de sa vie précaire l'a mis à l'abri des passions du monde ; mais c'est un cœur vigoureux auquel on ne doit pas craindre de révéler la vérité.

Alors, il lui expliqua fraternellement que, n'ayant pas encore vingt ans, il s'était pour la première fois livré aux entraînements de son cœur. Il n'avait pas tardé à savoir à quoi s'en tenir sur la fidélité des jeunes filles. Maintes fois, depuis lors, il avait virtuellement acquis la preuve que toutes les femmes qu'il avait aimées ne recherchaient son amour qu'en vue de participer aux richesses dont ses parents inconnus lui laissaient le libre emploi. Certain d'être toujours trompé, il en était arrivé à considérer l'amour, ou plutôt le sentiment égoïste que l'on désigne ainsi, comme une manière agréable de tuer le temps. Mais son cœur souffrait sourdement. Sa nature aimante se révoltait contre les sophismes dont il s'était armé pour se venger des insultes faites à son amour-propre par des femmes indignes de lui. Son ardeur pour les voyages et les chasses périlleuses, qui en formaient le complément obligé, provenait du désir de se dérober à l'ennui spleenetique tendant à l'envahir en entier. Ainsi en avait-il été pendant plusieurs années; mais, Dieu merci! depuis quelque temps, la vie se présentait à lui sous un bien plus séduisant aspect. Le spleen avait disparu, car l'amour, un amour vrai, s'était intronisé en maître dans la place si longtemps tyrannisée par lui.

— Oui, mon cher ami, conclut-il en s'adressant personnellement à son confident improvisé, oui, la vue seule de la femme de ce caïd a suffi pour éteindre à jamais mes rancunes d'autrefois contre ce que je nommais, dans mes bouderies, *le sexe perfide*. Je l'aime, j'en suis aimé, et j'ai la douce certitude de faire son bonheur et le mien, si je réussis à l'enlever au mécréant qui s'en est rendu maître à l'aide de ses douros.

— Espérons que nous en viendrons à bout,

interrompit *Tueur-de-Lions*. Mais, en attendant la réussite de vos projets, ne vous semble-t-il pas juste de m'instruire du nom de celui qui, sans crier gare, vient tout simplement me proposer d'enlever une femme à son mari ; c'est-à-dire de commettre un rapt, ainsi que ne manquerait point de qualifier notre entreprise le juge de paix du canton ?

— Mon nom ? riposta le voyageur. Ah ! je pourrais certes vous en donner plus d'un, mon jeune ami ! J'en ai changé autant de fois que les circonstances m'ont mis dans la nécessité de le faire. Peuh ! la liste en serait trop longue... Je crois que vous agirez en homme prudent si vous voulez bien vous résigner à me connaître sous le seul pseudonyme de *Wanderer*. C'est un nom tout comme un autre. Il pourrait se traduire en français par cette phrase beaucoup trop longue : Celui qui vagabonde dans tout l'univers. J'ai tellement erré d'un point à l'autre du globe terrestre que mes meilleurs amis ne se font aucun scrupule de me l'appliquer sans que j'y trouve à redire.

— Va pour Wanderer, dit philosophiquement le jeune chasseur.

— Quant à l'affaire du mari, continua son étrange compagnon, ne vous mettez point martel en tête à son sujet. Si je dis mari, c'est bien à tort que j'emploie cette expression. Est-ce que c'est un mari, cet homme qui, moyennant de l'argent, a acheté plusieurs femmes que d'autres gredins lui ont vendues, absolument comme ils vendent un cheval ou un mulet? La jeune fille est son esclave et rien de plus. Or, puisqu'on a supprimé la traite des nègres en Amérique, je ne comprends pas pourquoi le monde civilisé laisse se perpétuer l'achat et la vente des femmes en Algérie. Du reste, je ne veux pas le voler. Une fois son esclave entre mes mains, je la lui ferai rembourser... dix fois plus qu'il ne l'a payée. Je l'aime, je la veux, je l'aurai.

— Comment comptez-vous vous y prendre?

— Je voulais tout simplement l'enlever cette nuit ou la nuit prochaine. Dans ce but je lui avais fait donner rendez-vous ici. Comme je ne connais pas un mot d'arabe, je suis obligé d'avoir recours à des interprètes. Sans doute ils ne sont pas fidèles, puisque rien n'est venu me signaler sa présence. Depuis plusieurs jours, elle est en visite chez des parents qui habitent le douar le moins éloigné du point où nous sommes. Pour me rapprocher d'elle, je l'ai suivie depuis le bordj du caïd. Je ne veux pas qu'elle y retourne. je me suis présenté aux Arabes comme un chasseur en quête du lion qui ravage la contrée. Ils m'ont appris, en me donnant mille détails avantageux sur votre compte, que vous-même parcouriez les environs pour épier les grands félins. Jugez combien j'ai lieu d'être satisfait de vous avoir rencontré.

— Moi de même, dit Tueur-de-Lions! Et vous n'en serez pas surpris, en apprenant que je partage entièrement vos idées sur l'esclavage des pauvres musulmanes.

Les mains des deux chasseurs se tendirent sympathiquement l'une vers l'autre et une chaude et cordiale étreinte les réunit pendant quelques instants.

La nuit avait marché pendant ce long entretien.

Une teinte doucement pourprée se dessinait à l'horizon. La lune tendait à disparaître. L'aurore venait en remplacer la pâle et tremblante lueur. Avec cette spontanéité particulière aux climats brûlants, le soleil émergea des masses de brouillards amoncelés par la nuit sur les flancs de la montagne. Le jour se fit.

Chacun des deux interlocuteurs en profita pour étudier l'extérieur de son compagnon.

L'épithète de «Petit,» adjointe à son surnom de «Tueur-de-Lions,» n'avait point été capricieusement appliquée au chasseur désigné ainsi par toute la province de Constantine.

Haut de quatre pieds dix pouces au plus, toute sa personne était maigre en proportion. En revanche, l'éclat fulgurant de ses yeux, noir de jais et mobiles à l'excès, dénotaient une rare énergie dans ce corps frêle seulement en apparence. Les membres bien proportionnés devaient avoir la vigueur et l'élasticité de l'acier le mieux trempé. La peau naturellement brune avait fini, sous l'influence du soleil et de la vie passée au grand air, par se couvrir d'une teinte chocolat parfaitement en harmonie avec le burnous arabe, recouvrant en entier son costume européen. Un tarbouck rouge de Tunis, à long gland de soie bleue, dissimulait en partie sa chevelure noire et bouclée dont quelques longues mèches cachaient ses oreilles à la vue. De longues guêtres de peau mettaient, jusqu'au-dessus du genou, ses jambes à l'abri des morsures des ronces et des buissons. Indépendamment du fusil double sur lequel il s'appuyait de la main gauche, sa ceinture était enrichie d'un revolver et d'un couteau catalan. Un carnier approvisionné disparaissait sous le burnous, dont le capuchon lui-même recélait quelques aliments. Il pouvait avoir de vingt-huit à trente ans.

Notre second personnage, que nous appellerons *Wanderer*, puisqu'il s'est lui-même annoncé sous ce nom, n'offrait aucuns rapports physiques avec le Tueur-de-Lions.

Sa taille dépassait la moyenne. Sa poitrine large et ses épaules vigoureuses dénotaient un champion solide à table comme au combat. Sa figure mâle et énergique semblait de nature à imprimer à chacun la sympathie et le respect. Son regard, très-doux dans les moments de calme, devait emprunter quelque chose d'impérieux à ses sourcils noirs largement dessinés, lorsque ses passions étaient en jeu. Ses moustaches, longues et bien fournies, imprimaient à sa physionomie un caractère martial, toujours favorablement apprécié par les dames, et que sa conquête arabe n'avait sans doute pas étudié sans plaisir. Son teint naturellement pâle s'était quelque peu doré sous l'influence variée des climats vers lesquels la monomanie des voyages avait entraîné ses pas. Ses gestes attestaient la noblesse et la confiance en soi-même de quelqu'un qui ne se sent déplacé nulle part. Bref ! tout en lui exhalait le parfum du gentilhomme familiarisé avec les émouvantes épreuves d'une vie très-accidentée. Sa tenue, du reste, indiquait des soins constants de minutieuse propreté. Il en était de même de celles de ses armes déjà précédemment décrites, auxquelles il convient d'ajouter un revolver, dont la présence se révélait, sur sa poitrine, par l'apparition de la crosse à l'hiatus de son gilet.

C'était, en somme, ce que les femmes qualifient entre elles de : Un très-beau brun.

Leur mutuel examen terminé à l'avantage de chacun, les deux nouveaux amis se dirigèrent vers un ruisseau babillant au pied du mamelon témoin de l'incident nocturne.

Un petit feu fut allumé. Tueur-de-Lions ayant

exhibé deux perdrix de son carnier, Wanderer ne se fit pas tirer l'oreille pour l'aider à les plumer. Cette besogne terminée, on embrocha sans façon les volatiles sur une baguette de bois. Les extrémités de celle-ci reposant sur deux fourches de même nature, les chasseurs, à tour de rôle, surveillèrent la cuisson, ou se mirent en vedette pour épier les alentours.

Un peu de vigilance dans une contrée hantée par un lion ne saurait être inutile, surtout au lever du jour, heure à laquelle les carnassiers vont rejoindre leurs repaires.

Généralement une nuit passée en plein air développe l'appétit.

Celui des deux chasseurs avait sans doute subi cette influence, car l'estomac se montra chez l'un et chez l'autre parfaitement disposé à faire honneur aux perdrix.

La moitié d'une kiessra (galette) remplaça le pain absent. L'eau claire et pure du ruisseau hâta la déglutition.

Tandis qu'ils apaisaient leur faim :

— Il paraît, dit Wanderer, que vous êtes un homme de précaution ?

— La prévoyance, articula Tueur-de-Lions entre deux bouchées, est la sauvegarde du chasseur.

— Je le sais par expérience, fit Wanderer, dont les mâchoires ne restaient point oisives non plus; pourtant j'aurais lieu de regretter de m'être départi de mes sages habitudes, si je ne vous eusse rencontré. Je me serais vu, en effet, dans la nécessité d'aller chercher ce repas dans la tribu qui abrite celle que j'aime. Or, comme j'y ai déjà fait plus d'une visite du même genre, peut-être ma présence trop souvent renouvelée occasionnerait-elle des soupçons. J'ai le plus grand intérêt à laisser ignorer mon amour et mes projets! Je suis même déjà assez inquiet sur le résultat de la mission confiée à mon interprète. Il s'était engagé à m'amener la jeune femme... ni elle, ni lui n'ont paru au rendez-vous. Il l'avait promis, et...

— Cela ne m'étonne guère, interrompit Tueur-de-Lions. C'est surtout pour un Arabe que « promettre et tenir sont deux! » Mais, maintenant que nous allons manœuvrer de conserve, nous ne tarderons pas à savoir la vérité sur sa conduite. J'aurai besoin d'ici là de quelques renseignements sur la jeune femme qui nous préoccupe. Comment se nomme-t-elle?

— El-Adjel.

— Ah! très-bien; c'est un joli nom, qui signifie la Perdrix. Où habite-t-elle?

— Je croyais déjà vous l'avoir dit. Elle séjourne provisoirement chez les habitants de la tribu la plus rapprochée de votre lieu d'embuscade. J'ai déjà été y réclamer l'hospitalité comme chasseur des gros carnassiers, ajoutant que j'étais pauvre, pour ne pas éveiller les sentiments de convoitise des Arabes et, par la même ruse, m'assurer de la solidarité des sentiments d'El-Adjel à mon égard.

— Mais, où l'avez-vous vue pour la première fois?

— A trois jours de marche à pied d'ici, chez le caïd lui-même. Il venait à peine de l'épouser..... de l'acheter, devrais-je dire. J'avais été reçu par ce chef sur la recommandation du bureau arabe, qui m'avait autorisé à faire la chasse au lion dans la contrée. Je l'avais aperçue à différentes fois, lorsqu'elle prenait l'air à la dérobée, à la fenêtre du bordj de celui que je considère comme son tyran et non comme son mari. Nos regards s'étaient rencontrés. Ils s'étaient compris. J'épiais chaque jour l'heureux instant de la revoir encore, et chaque jour je sentais croître en mon cœur l'amour qu'elle y avait fait naître dès sa première apparition. Quand elle m'apercevait, son doigt placé sur sa bouche m'invitait au silence. J'avais de bonnes raisons pour ne pas m'en écarter. Je ne comprends pas un mot d'arabe, à plus forte raison ne pouvais-je lui adresser la parole en cette langue.

— Comme de son côté elle doit ignorer le français, dit en riant Tueur-de-Lions, je comprends facilement que vous ayez dû vous en tenir à l'électricité du regard pour vous entretenir avec elle.

— C'est ce qui vous trompe, reprit précipitamment Wanderer. Non-seulement El-Adjel parle français, mais encore elle est chrétienne de cœur et d'origine. Seulement, je n'ai appris cela que par la suite.

— Ah diable! exclama le Normand, j'étais déjà tout disposé en sa faveur, mais voici qui me décide tout à fait à coopérer à sa délivrance!

— Merci pour elle et pour moi! accentua chaleureusement l'ami d'El-Adjel. Du reste, je n'attendais pas moins de vous; qui dit grand chasseur dit grand cœur. Oui, mon ami, El-Adjel est fille d'un infortuné Français que la mauvaise fortune avait poussé à venir chercher un refuge chez les Arabes de ce pays. La mère d'El-Adjel l'avait aimé à l'insu de tous et surtout de son mari. Pendant de longues années, leur bonheur fut au-dessus de tout soupçon. Le pauvre expatrié en profita pour instruire sa fille, en cachette bien entendu, dans la religion et la langue de son propre pays. C'est ainsi qu'El-Adjel a appris à lire et à écrire en français. Quant à son père et à sa mère, leur intrigue amoureuse fut un jour découverte par le mari outragé. A l'aide d'un guet-apens, il les fit périr tous les deux. Sachant bien qu'El-Adjel n'était pas sa fille, il ne continua pas moins de la traiter comme telle, dans le but de retirer plus tard un bon prix de sa beauté. C'est, en effet, ce qui a eu lieu.

« Tous ces renseignements m'ont été fournis par El-Adjel elle-même, à l'aide de petits billets qu'elle trouvait moyen de me lancer de la fenêtre du bordj, quand elle jugeait pouvoir agir ainsi sans danger. Tenez, ajouta Wanderer, après avoir fouillé dans la poche de son gilet, voici le dernier avis qu'elle m'a fait parvenir de cette façon. »

Tueur-de-Lions prit le papier qui lui était présenté. Voici ce qu'écrivait la jeune femme :

« Je me rendrai, dans deux jours, chez des
« parents qui habitent près de Soukaras. Le but
« réel de mon voyage est de vous fournir l'occa-
« sion de délivrer de son rude et pénible escla-
« vage celle qui n'a qu'un désir, être aimée
« comme elle sait aimer. »

— Eh bien ! interrogea Wanderer en reprenant le billet, puis-je toujours compter sur vous ?

— En toute certitude, répondit le Français. Je me sens d'autant mieux disposé à vous prêter le secours de mon bras et peut-être aussi celui de ma carabine, que j'ai, jadis, déjà contribué à faire la chasse à une femme arabe, sans pour cela négliger ma chasse ordinaire au lion. Je tuai, en effet, deux de ces grands félins dans cette bien périlleuse et tragique expédition.

« La première de ces chasses est de beaucoup

plus fréquente dans les tribus éloignées des centres civilisés qu'on ne le suppose généralement en Europe. Rarement, hélas! elle se poursuit sans effusion de sang.

« Il y a dix ans, — je n'en avais pas vingt alors, — un Arabe de mon âge réclama mes services pour une chasse de cette nature. On le nommait El-Bachir. Son douar était situé dans les environs du Cap-de-Fer, où je chassais alors. Non-seulement je l'aimais comme un frère, mais j'étais son débiteur, car il m'avait à plusieurs reprises mis sur la piste de quelques lions dont mes balles ont fini par purger la contrée.

« El-Bachir aimait Noara. Noara aimait El-Bachir. Noara passait pour la plus belle des jeunes filles de sa tribu. El-Bachir, bien que possédant une certaine aisance, n'était pas assez riche pour l'acheter au prix que son père en réclamait. Le vieux ladre vendit Noara à un opulent propriétaire de palmiers, de bétail et de chameaux. Celui-ci, aussitôt le marché conclu, emmena sa nouvelle esclave — il en avait déjà trois — vers le pays des sables, où vivaient, de père en fils, tous les gens de sa race.

« El-Bachir jura d'aller enlever Noara au désert. Il y réussit. Mais cet enlèvement n'eut pas lieu sans encombre. Pendant les cinq semaines employées à l'accomplir, les ravisseurs eurent à lutter tout à la fois contre les ruses, les poursuites et les attaques des hommes, et contre la voracité des bêtes fauves en quête de leur nocturne pâture. La poudre dut parler et parla sans pitié, autant pour les bipèdes que pour les grands félins : sur quatre cœurs vigoureux qui s'associèrent pour cette entreprise, deux cessèrent de battre avant de la mener à bonne fin, mais les habitants des bords du désert comptèrent sept hommes de moins dans leurs demeures le lendemain du jour où Noara redevint libre.

« Pour échapper aux recherches, El-Bachir et elle ont dit adieu aux lieux qui les virent naître. Ils se sont réfugiés dans ces montagnes. Un de leurs parents a fait vendre tout ce qu'El-Bachir possédait et lui en a fait parvenir le prix, qu'il a employé à l'achat de nouveaux troupeaux.

« Depuis longtemps je désirais revoir ces amis bien chers d'autrefois, et c'est uniquement dans le but de leur serrer la main que je me suis mis en route vers cette partie du Nador, où je chasse depuis près d'un mois. »

Tueur-de-Lions se tut, alluma sa pipe et attendit en silence qu'il plût à Wanderer de lui témoigner l'impression qu'une telle confidence avait soulevée en lui.

Wanderer ne le laissa pas longtemps dans l'incertitude à cet égard :

— By God ! s'écria-t-il, je ne pouvais désirer rien de mieux que la rencontre d'un pareil compagnon. Si, il y a dix ans, vous n'avez pas craint de risquer votre vie pour être utile à deux amoureux arabes, vous n'hésiterez point à agir de même en faveur d'un homme civilisé et d'une jeune fille musulmane malgré elle, qui demande à vivre en chrétienne.

— Non certes! répondit Tueur-de-Lions, je suis trop sensible au sort déplorable des filles arabes sous les tentes de leurs acheteurs pour fuir l'occasion d'en délivrer encore une, si faire se peut. Mais, d'après ce que je vous ai raconté à dessein, n'oubliez pas de combien de dangers votre entreprise va être entourée. Dans ce pays de sauvages, les bêtes féroces se joignent aux habitants pour en créer à chaque pas, et...

— Oh! interrompit chaleureusement Wanderer, je redoute peu la mort. J'ai souvent eu maille à partir avec des indiens plus sanguinaires que les barbares de ce pays. Quant aux lions et aux panthères, si je n'en ai point encore affronté face à face, il n'en est pas de même des tigres, des jaguars et des buffles, qui pourtant, aux Indes ou en Amérique, ne sont rien moins que renommés pour leur douceur. N'ayant jamais tremblé devant eux, je ne vois pas trop pourquoi je pâlirais devant les autres.

— Ce serait une maladresse, dit en riant Tueur-de-Lions, et il ne faut pas en commettre dans ce que nous allons tenter. — Qui sait, ajouta-t-il d'un air soucieux, si vous n'en avez pas déjà commis une grossière en donnant quelque argent à votre interprète pour vous en faire un ami ?

— Peuh ! fit dédaigneusement Wanderer, je ne lui ai encore donné que vingt douros.

— Cent francs ! exclama le Français en bondissant ; mais, malheureux, vous avez tout perdu... pour le moment, du moins. Votre El-Adjel doit être depuis hier en route pour le bordj du Caïd, et si votre tête est encore sur vos épaules, c'est que ses émissaires n'ont pas encore eu le temps de venir s'en emparer.

— Comment l'entendez-vous ? Supposeriez-vous que l'interprète m'a trahi ?

— Sans aucun doute ; une fois l'argent empoché, il n'aura rien eu de plus pressé que de reconduire El-Adjel à son maître pour s'attirer les bonnes grâces de ce dernier. Si vous m'en croyez, nous allons décamper d'ici au plus vite. Pour dépister les recherches, je connais un lieu de refuge assuré où nous pourrons préparer à l'aise le plan à suivre désormais. C'est le douar d'El-Bachir et Noara. En marchant toute la nuit, nous l'atteindrons demain dans la matinée.

— Cependant... voulut objecter l'insulaire, dont la physionomie exprimait l'anxiété la plus vive.

— Non, non, pas d'objections ! répliqua énergiquement Tueur-de-Lions. Vos intérêts sont devenus les miens. Vous les avez compromis, laissez-moi tout réparer.

Wanderer, sans plus balancer, imita son compagnon, déjà chargé de son carnier et muni de sa carabine, et tous les deux, à grands pas, s'éloignèrent du lieu de leur rencontre.

CHAPITRE II.

CHEZ EL-BACHIR ET NOARA.

Le lendemain matin, à l'heure du lever du soleil, Wanderer et Tueur-de-Lions gravissaient les derniers escarpements d'une haute montagne, au pied de laquelle l'Oued-el-Melah roule ses flots capricieux, s'élançant avec fracas de rochers en rochers pour aller s'engouffrer au loin dans les gorges étroites et accidentées qui vont aboutir aux vallons inférieurs. Là seulement leur rage s'apaise et permet à leurs eaux limpides de reprendre un cours régulier.

Taillée presque à pic sur ses deux faces opposées, la montagne étale ses berges immenses à plus de mille pieds au-dessus du torrent sorti de son sein.

Des chênes-liége millénaires, aux troncs gigantesques, aux ramures démesurées, laissaient nonchalamment bruire leur feuillage sous le souffle de la brise matinale. Ils formaient une immense couronne de verdure au sommet des plateaux les plus élevés du vieux mont et semblaient, impassibles, y braver les atteintes de l'âge et l'intempérie des saisons.

Placés alors à égale distance des crêtes les plus élevées et du lit le plus bas de l'Oued-el-Melah, les voyageurs suivaient les sinuosités d'un petit sentier tracé à vif dans l'escarpement des roches, parallèlement au cours d'eau, dont il s'étudiait à ne pas perdre de vue les cascades vagabondes.

A une telle hauteur, les vacarmes étourdissants du bas n'arrivaient plus qu'à l'état de bourdonnement musical et sympathique à l'oreille. Les chants de mille oiseaux divers s'y mariaient avec harmonie aux airs mystérieux que la nature évoque de son sein à chaque renouvellement du jour.

Dominant ce majestueux ensemble, des aigles et des vautours, en quête de proies faciles, rasaient la cime des arbres les plus rapprochés du ciel, fondaient avec la rapidité de l'éclair dans les sombres replis de l'abîme et regagnaient en quelques coups d'aile les hauteurs de l'immensité.

Spectacle magnifique, bien digne de captiver

les regards de tous, et que ne connaîtront jamais les citadins des grandes villes !

Que leur faut-il, à ceux-là ? Des jardins façonnés à l'anglaise ; des arbres taillés, brossés, encapitonnés, auxquels les soins d'un médecin-jardinier sont chaque jour nécessaires ; des rochers de fantaisie ; des petites ruines romaines que l'on reconstruit tous les ans ; des rivières qui fournissent de l'eau, lorsqu'on y laisse couler celle qui provient de la baignoire de madame ou de monsieur.

Ah ! vrai Dieu ! ce n'était point sur des jardins de cette espèce que les regards émerveillés de nos chasseurs pouvaient se reposer ce jour-là !

C'était sur les jardins de la nature, les plus beaux que l'imagination humaine ait pu jamais rêver ; les seuls qui puissent se dire dignes de celui qui les a créés.

Ici, des arbres majestueux, abritant sous leurs larges ramures d'autres arbres soutenant eux-mêmes des lianes et des arbrisseaux, destinés à abriter à leur tour les hôtes de ces solitudes.

Là, des rochers aux formes bizarres et fantastiques, arrachés aux flancs des monts par quelque lointain cataclysme et attendant sur le bord du gouffre qu'une nouvelle commotion souterraine vienne les y précipiter.

Puis, espacés sur les collines, comme de fraîches oasis, une foule de petits bosquets naturels d'où s'exhale la senteur enivrante et embaumée des milliers de fleurs qui s'entrouvrent pour ne rien perdre des baisers que leur prodigue le zéphir.

— En vérité, s'écria Wanderer, je ne sais quel sentiment attractif la vue d'un pareil spectacle m'inspire, mais, sans la pensée d'El-Adjel qui ne me quitte pas, je ne serais nullement pressé d'arriver où nous allons. Quel pays délicieux, et combien on doit être heureux d'y vivre, loin du monde et de ses travers!

— Aussi est-ce pour cela que El-Bachir et Noara sont venus y cacher leur bonheur.

— Ils auraient difficilement découvert ailleurs une retraite plus à l'abri des regards des curieux.

— Oh! ce ne sont pas seulement les curieux qu'ils avaient à redouter! Vous oubliez que l'enlèvement de Noara a coûté la vie à son premier maître et que plusieurs hommes de son douar ont succombé en même temps que lui? Les familles des défunts ont la mémoire meilleure. Malgré les dix années écoulées depuis cette tuerie, El-Bachir et sa femme seraient perdus si elles pouvaient les retrouver. Une haine inextinguible les sépare à tout jamais. Les Arabes du douar tunisien ont juré de se venger, et le serment d'un Arabe est chose sacrée pour lui. Le sang répandu de son ennemi peut seul le dégager de ses engagements. Leur haine se perpétue des aïeux aux petits-fils !

— Diantre ! — je croyais les Corses seuls capables de pousser à ce point le culte des vendettas.

— Les Corses et les Arabes sont tout un lorsqu'il s'agit de punir une offense. Peut-être même l'Arabe pousse-t-il plus loin le désir de satisfaire ses rancunes.

— Je dois vous croire, puisque vous les connaissez mieux que moi ! — Mais, comment avez-vous réussi à connaître le lieu de refuge d'El-Bachir ?

— Par l'entremise de ses parents, que j'ai visités sur la montagne du Cap. Dès qu'ils m'eurent décrit cette gorge, je fus certain de la découvrir sans peine, l'ayant déjà explorée une fois pendant une première campagne, à la recherche des lions. Mais, par surcroît de précaution, j'ai dressé un petit plan des lieux, sous leur dictée et celle d'un ancien habitant de cette contrée. Le voici.

En parlant ainsi, Tueur-de-Lions tendit à Wanderer un plan sur parchemin qu'il venait d'extraire d'une des poches de son carnier.

Ils se mirent à l'étudier ensemble.

Quoique grossièrement dessiné, ce plan était exact.

Ils se trouvaient alors au point de réunion de

deux petits sentiers venant se confondre avec celui qu'ils parcouraient au-dessus de l'Oued-el-Melah. Trois puissants oliviers sauvages surplombaient ce carrefour en miniature. Ces arbres figuraient sur le plan, ainsi que l'un des sentiers s'éloignant de la rivière :

— Parfait ! s'écria le chasseur. Nous n'aurons donc plus de doute sur la route à suivre. C'est maintenant vers le nord qu'il faut nous diriger.

Depuis une heure déjà, ils s'étaient engagés sur la nouvelle voie. Soudain, leurs oreilles furent frappées du réjouissant murmure occasionné par la présence de nombreux bestiaux placidement occupés à brouter l'herbe épaisse des plateaux en pente de la montagne.

Des troupeaux s'offrant à leurs regards, l'habitation et ses maîtres ne pouvaient être éloignés.

Pour jouir un instant de la vue de ce champêtre paysage, ils s'arrêtèrent d'un tacite accord à l'ombre des vénérables chênes-liége que le soleil caressait de ses tièdes rayons du matin.

Une douce et religieuse contemplation semblait avoir rivé leurs pieds au sol. Dieu sait combien elle aurait pu se prolonger, si le sentiment de leur situation personnelle ne fût venu rappeler le chasseur à lui-même.

Formant un porte-voix de ses deux mains rapprochées de sa bouche, il héla avec force :

— Ya-hà el ksrâa el guerb ! (Ah! eh! le berger des bœufs !)

Une voix arabe répondit à cet appel, demandant ce que l'on voulait au berger.

— Viens ici, tu le sauras !

Du sein d'un fourré sortit aussitôt un montagnard, couvert de haillons voilant à peine sa nudité.

D'un air défiant et craintif il s'achemina lentement vers les voyageurs, traînant à sa suite un long bâton formant massue à l'une de ses extrémités. Néanmoins, il fut bien vite rassuré par les paroles amicales du chasseur. Les salamalecs d'usage terminés :

— Pourrais-tu m'indiquer où se trouve la tribu, la tente ou le gourby d'un nommé El-Bachir ?

— Sans doute, répondit le berger ; en suivant toujours ce sentier, vous y arriverez dans une demi-heure.

— Merci. Dieu protége toi et tes bœufs de la dent des carnassiers !

Le renseignement était exact. Mais les deux amis auraient bien pu dépasser le but de leur course sans s'y arrêter, si les aboiements furieux de quelques chiens ne leur eussent annoncé qu'ils l'avaient atteint.

C'était un long gourby entouré d'une haie vive, aussi haute que touffue. Les longs rameaux d'une dizaine de chênes-liéges, entre les troncs desquels il était construit, dissimulaient sa toiture en entier.

A cinquante pas de distance, on se serait cru en face d'un fourré plus propre à recéler des bêtes fauves qu'à abriter une famille humaine.

Sur un appel de Tueur-de-Lions, une petite fille de sept à huit ans accourut se présenter par la seule ouverture laissée libre dans la haie. Mais, à peine eut-elle reconnu des Européens dans les arrivants, qu'elle rebroussa chemin en criant avec effroi :

— Yà-mmà! yà-mmà! chouffé el-roumys! (Ah! maman! Regarde... des chrétiens!)

La voix de la mère se fit entendre dans l'intérieur : Ma kraaf, ma kraaf (n'aie pas peur!) disait-elle.

Enfin, elle se décida à paraître à son tour, sur un nouvel appel du chasseur, et réussit, non sans peine, à apaiser la fureur des chiens ameutés après les mollets des étrangers.

Le Français n'eut qu'un coup-d'œil à jeter sur elle pour reconnaître Noara, mais Noara vieillie avant l'âge, sous ce rude climat qui transforme en vieilles femmes de jeunes mères qui n'ont pas trente ans.

Voulant l'étudier un peu, avant de se faire accueillir par elle comme un ancien ami, il voila une partie de son visage sous l'un des pans de son burnous.

— Quel est le nom du maître de ce gourby? lui demanda-t-il.

— El-Bachir, répondit-elle, après une seconde d'hésitation.

— Pouvons-nous le voir?

— Non; il est à la chasse.

— Reviendra-t-il bientôt?

— Je ne sais. Pourtant, il ne saurait tarder, car il est parti dans la seule intention de tuer quelques pièces de gibier à la rentrée au gîte.

— Et toi, qui es-tu? continua le chasseur, employant le tutoiement, seul usité en Algérie.

— Je suis sa femme.

— Oui, tu es sa femme, sa femme bien-aimée, et tu te nommes Noara.

— Allah! comment peux-tu savoir cela?

— Je te le dirai, quand tu nous auras ouvert la porte et offert à manger, car nous sommes affamés.

— Mais... mais, s'écria la jeune femme, de plus en plus étonnée, ne sais-tu pas que je commettrais une faute en recevant chez moi des hommes, en l'absence de mon mari? Le maître a le droit de tuer la femme qui communique sans lui avec des étrangers.

— Ne crains rien, El-Noara; El-Bachir ne te cherchera pas dispute à propos de nous.

Ceci dit, Tueur-de-Lions pénétra tranquillement dans l'intérieur du gourby, suivi de Wanderer, qui, ne comprenant rien au langage employé devant lui, se bornait à imiter les actes de son compagnon.

Noara, d'abord interdite, prit le parti de les rejoindre dans l'habitation. Elle eut même la prévenance de leur étaler des nattes près du foyer, creusé dans le sol au centre de la pièce.

Le Français s'accroupit avec aisance, à la mode arabe, mais Wanderer eut plus de peine à contraindre ses genoux à s'y plier commodément.

La mère et la fille échangeaient entre elles des regards dont l'effarement témoignait au chasseur combien les façons sans gêne des roumys bouleversaient leurs rustiques idées.

Désireux de mettre un terme à leurs vives inquiétudes, Tueur-de-Lions, tout en se ménageant le plaisir de surprendre le mari, résolut de hâter le moment de se révéler à la femme.

Conservant encore une partie de sa figure enfouie sous son manteau :

— Les roumys te font donc bien peur, dit-il. Notre présence ici n'a pourtant rien qui doive t'effrayer.

— Lalla ! lalla ! (non, non) répondit-elle avec vivacité : je n'ai pas peur des chrétiens, encore moins que des Arabes. C'est même au courage et à l'amitié d'un chrétien que je dois le bonheur d'être la femme d'El-Bachir. Mais aucune musulmane n'a le droit de s'entretenir, ni même de regarder un autre homme que son seigneur, maître et mari !

— Quoi ! tu ne t'entretiendrais même pas avec le chrétien dont tu viens de parler ?

— Oh ! pour celui-là, c'est différent ! Mais, ajouta-t-elle d'un ton mélancolique, il n'est sans doute plus de ce monde ! El-Bachir et moi, qui en parlons sans cesse, n'avons jamais pu obtenir de ses nouvelles. Ni Arabes ni roumys n'ont pu nous en donner !

Devant ce témoignage d'une sincère reconnaissance si simplement exprimée, le chasseur n'y tint plus :

— Non, s'écria-t-il, non ma bonne Noara, le petit chrétien n'est pas mort, et s'il est revenu dans ces montagnes, c'est pour y embrasser encore El-Bachir et Noara.

En parlant il s'était redressé, avait rejeté son burnous en arrière et Noara le voyait devant elle en train d'épier ses regards.

Immobile et muette, elle le contempla en silence pendant quelques secondes, puis frappant avec joie ses deux mains l'une contre l'autre :

— Eh ! Aarbi ! s'écria-t-elle. C'est lui, c'est bien lui ! je ne rêve pas ; il est revenu ! Yà sidi bkrrallé yà tek bouz ! et, joignant le geste aux paroles, elle l'embrassa affectueusement.

— Cette petite fille est à toi? demanda le Français, après lui avoir fraternellement rendu ses caresses.

— Oui ! et j'ai aussi un fils, son aîné, qui, en ce moment, accompagne son père à la chasse. Mais, à présent que je t'ai reconnu, sois sans inquiétude pour ton repas et celui de ton ami. Je vais le préparer; reposez-vous sans crainte sous le toit de mon mari.

Des craintes? ni Tueur-de-Lions ni Wanderer n'avaient l'air d'en concevoir. Commodément installés à leur guise sur des coussins et les tapis, ils se renvoyaient philosophiquement au nez la fumée de leurs pipes qui s'élevait en spirales vers le toit sombre du gourby.

A quoi pensaient-ils ? Dieu le sait ! peut-être aux admirables sites que leurs regards émerveillés avaient contemplés à loisir dans la splendide contrée qu'ils venaient de parcourir.

Le jour où les touristes, renonçant enfin à leurs itinéraires annuellement rebattus, se mettront en tête que, au delà de la Méditerranée, il existe, à leur insu, un pays encore vierge d'aubergistes, de tables de jeu, de cocottes et de leurs satellites obligés, et que ce pays résume en lui toutes les beautés de la création; peut-être, ce jour-là, l'Algérie sera-t-elle appelée à son tour à étaler à leurs yeux les richesses naturelles que la main prodigue de Dieu y a semées sans marchander.

Tandis que Noara, tout entière à ses apprêts culinaires, s'agitait de droite et de gauche à l'entour d'eux :

— Sais-tu bien, lui dit le chasseur, que, dans notre lugubre expédition contre ton premier maître, si El-Bachir eût succombé, tu serais peut-être aujourd'hui chrétienne et femme d'un roumy?

Le visage doré de la jeune montagnarde s'empourpra de vives couleurs, puis devint blanc comme un linceul, et son long regard humide s'attacha sur le chrétien d'une façon indéfinissable ; mais elle ne répondit rien et poursuivit avec calme la besogne qu'elle avait commencée.

Wanderer ne comprenait point l'arabe, mais il était observateur et physionomiste au premier chef.

— By God! s'écria-t-il, je n'entends rien à ce que vous dites. Pourtant, je dois vous avouer que, à défaut d'oreilles intelligentes, j'ai des yeux assez clairvoyants. Si, en faisant la cour à la femme de votre ami, vous pensez le mettre dans mes intérêts, je crains d'attendre longtemps le secours de son bras en faveur de ma pauvre El-Adjel.

— Vous vous trompez, dit Tueur-de-Lions un peu piqué ; je lui adressais des compliments comme les Français ont l'habitude de le faire, mais sans y attacher aucune importance réelle.

— C'est le tort de votre nation, répliqua vivement Wanderer ; on ne doit pas jouer avec le feu, et...

Il n'eut pas le temps d'en dire davantage.

Un petit garçon arabe fit irruption dans le gourby et fut presque aussitôt suivi par un homme porteur d'un superbe fusil français double et à percussion. C'étaient El-Bachir et son fils.

A la vue des deux étrangers, ils s'arrêtèrent étonnés. Il y avait de quoi l'être pour des musulmans.

Deux chrétiens se prélassaient dans un domicile arabe, carabines à leurs côtés et pistolets à la ceinture.

Tueur-de-Lions avait médité une *agréable* surprise pour son ami. A part le mot *agréable*, il avait très-parfaitement réussi... La surprise la plus stupéfiante se lisait dans ses grands yeux noirs :

— In aldin-eck el-roumys! vociféra-t-il en armant les deux chiens de son arme ; ouache thammel là ennen? (Maudits chrétiens! que venez-vous faire chez moi?)

Mais, avant qu'il n'eut accompli son désir de les mettre en joue :

— Pardieu! répondit le Français, si c'est ainsi que tu fêtes le retour d'un ami, comment donc sauras-tu t'y prendre pour chasser un ennemi ? Bas les armes, El-Bachir! je suis le petit chasseur du Cap-de-Fer.

Il n'avait pas achevé, que l'Arabe était dans ses bras :

— Ma femme! mes enfants ! criait-il en l'accablant de caresses; c'est lui! lui, mon ami, mon frère, mon sauveur au désert ! C'est celui à qui nous avons voué une reconnaissance éternelle ! Tiens, mon fils, tiens, ma fille, c'est à lui que vous devez la vie! Embrassez-le, c'est un second père pour vous.

Et le chasseur, accablé sous les amicales étreintes de toute la famille, bénissait Dieu en lui-même de n'avoir pas, jadis, risqué sa vie pour des ingrats.

Wanderer, de son côté, paraissait visiblement ému.

Son ignorance du dialecte employé par les acteurs de cette scène ne l'empêchait nullement d'en saisir tous les détails, grâce à la mimique imagée de chacun des personnages.

— Coupez le cou aux plus beaux poulets! Saignez les moutons les plus tendres ! Dépouillez les chevreaux les plus gras! Que tout soit en fête chez moi pour célébrer le retour de l'ami que j'attendais en vain depuis tant d'années !

A cet ordre d'El-Bachir, femme, petit garçon et petite fille s'élancèrent au dehors.

Les deux enfants reparurent presque aussitôt, ramenant l'une un chevreau et l'autre un jeune mouton.

Chacun d'eux s'arma d'un couteau pour sacrifier sa victime. Mais, sur un coup d'œil impératif de son père, la petite fille s'empressa de laisser tomber le sien à ses pieds.

Le Koran ne permet pas à une femme, jeune ou vieille, d'exercer les fonctions de boucher.

La viande d'un animal sacrifié par elle serait déclarée impure et, comme telle, abandonnée aux chacals.

Le petit garçon, au contraire, usant de son privilège de futur guerrier, non-seulement exerça sa dextérité de tueur aux dépens de la vie de son mouton, mais encore fut chargé d'expédier le chevreau de sa sœur.

— Les petits louveteaux aiment l'odeur du sang dès que la louve les a mis bas, murmura Wanderer.

— C'est ce qui fait que, plus tard, le carnage ne les effraye pas, répondit philosophiquement Tueur-de-Lions. Mais, ajouta-t-il, je crois que nous pouvons, dès à présent, entretenir El-Bachir du but de notre voyage ?

— Comme vous voudrez! Il ressemble si peu aux autres Arabes que j'ai connus jusqu'à ce jour, que j'augure bien de son aide dans nos projets sur El-Adjel.

Les enfants achevaient de dépouiller adroitement les bêtes tuées; Noara s'occupait de sa cuisine, mais néanmoins ne pouvait perdre un mot de ce que le Français allait dire à son mari.

El-Bachir et les deux amis s'installèrent sur les nattes, après avoir allumé leurs pipes, et Tueur-de-Lions s'empressa de mettre l'Arabe au fait des amours de Wanderer.

De temps à autre, il traduisait à celui-ci les remarques du montagnard.

Noara, entendant parler de l'enlèvement d'une Arabe chrétienne, devint tout oreilles.

Après de longs pourparlers entre eux sur cet intéressant sujet, El-Bachir résuma ainsi l'entretien :

— Donc, tu veux enlever la femme d'un caïd, de l'autre côté des montagnes, pour ton ami ici présent; cette femme est de votre religion et elle aspire à recouvrer sa liberté ?

— C'est bien cela. Il nous reste à arrêter notre plan ; nous allons y procéder à l'instant même et, avant huit jours, nous le mettrons à exécution. D'abord, une question : puis-je compter sur toi et sur Noara ?

— Oh ! oui, tu peux compter sur moi, s'écria la jeune femme, comme tu comptes sur toi-même !

— Et sur moi aussi, ajouta plus froidement, mais avec conviction, El-Bachir. Tu t'es dévoué pour moi en pareille circonstance, je serais un lâche en ne me dévouant pas pour toi à mon tour.

— Eh bien, écoute! Il va falloir que toi et toute ta famille vous vous transportiez, dans quelques jours, sur le territoire de ce caïd maudit. Vous ferez en sorte de vous faire agréer à son service, ou du moins d'obtenir l'autorisation de camper près de son bordj. C'est là que la malheureuse El-Adjel doit être en ce moment, en butte à tous ses outrages.

Là-dessus, Tueur-de-Lions entra dans tous les détails relatifs à la trahison de l'interprète de Wanderer.

— Par Mohamed! s'écria El-Bachir lorsqu'il eut fini, la chose n'est plus aussi facile que je le supposais d'abord. Renard qui a perdu sa queue dans un piége voit des piéges partout! Si ce caïd est prévenu, il doit se tenir doublement sur ses gardes. Où se trouve son bordj?

— A trois journées de marche de ton gourby.

— Alors, je ne le connais pas?

— Tant mieux! car s'il te connaissait il lui semblerait louche de te voir quitter tes troupeaux pour venir te mettre à son service avec toute ta famille.

— Comment se nomme-t-il?

— Quel est le nom du maître d'El-Adjel ? demanda le Français à son compagnon.

— Ma foi ! je n'ai jamais pu le retenir, répondit Wanderer en riant ; ils ont de si singuliers noms, ces gaillards-là ! Le sien commençait par Ben... Ben... Ben... au diable soit le reste ! Je le désignais toujours sous l'appellation de caïd, bien qu'il mérite plutôt celle de bourreau de femmes !

— Soit ! fit le chasseur, en parlant de lui nous dirons : le bourreau !

— Et vous aurez raison, s'écria Noara, tous ces acheteurs de femmes ne méritent pas d'autre nom. Je suis d'autant plus heureuse de faire partie de l'expédition dirigée contre lui que cela me fournira l'occasion d'acquitter ma dette de reconnaissance à l'égard du chrétien.

— Cette occasion ne va pas tarder, dit Tueur-de-Lions, toi et ta fille nous serez très-utiles.

— Et moi ? interrogea le petit garçon avec vivacité.

— Toi aussi, pardieu ! pourvu que tu promettes d'agir sérieusement.

— Je suis toujours sérieux ; orâass-ed-jebel ennen, ma kraaf ! (par la tête de ma montagne, n'aie pas peur) j'agirai en homme.

— Quel âge as-tu, et comment t'appelle-t-on ?

— J'ai neuf ans et je réponds lorsqu'on appelle Amar... Amar-ben-el-Bachir.

— Très-bien. Et ta petite sœur que voilà ?

— Ça ? ça a huit ans, ça a peur beaucoup ; ça c'est une fille, ce n'est bon à rien, ça n'est pas courageux.

— Veux-tu bien te taire ! Si je trouve en toi les sentiments arabes à l'égard des filles, je ne t'emmènerai pas avec moi.

— Non, non, chrétien, emmène-moi, je ferai tout comme tu voudras. Ma sœur a nom Zora.

Le dialogue entre le chasseur et l'enfant fut interrompu par Noara, qui servit à ses hôtes un immense plat de bois sur lequel s'entassaient d'appétissants beignets de fine farine assaisonnée de beurre et de miel, appelés errfijs.

On attaqua vivement ce premier plat, en attendant les suivants qui mijotaient dans les marmites installées sur le feu.

Tueur-de-Lions insista auprès d'El-Bachir pour que sa femme et ses enfants prissent part au repas, en même temps que les hommes :

— Pardieu ! lui dit-il, tu trouves Noara digne de partager ta couche et tu la trouves indigne de manger à ta table ! Tu ne veux donc pas rompre avec les sots usages de ton pays ?

— Pardonne-moi, répondit El-Bachir ; j'ai renoncé à la plupart des coutumes arabes; ce que j'en faisais était pour te faire honneur, à toi et à l'autre chrétien. Je n'ai presque plus rien de commun avec mes frères en religion, depuis que je mène ici une vie calme et douce, loin des hommes et de leurs travers. Ils sont presque tous méchants, faux et jaloux du bonheur des autres. C'est pourquoi je suis si heureux de pouvoir leur dérober celui dont je jouis près de Noara.

— Bravo ! cria le Français dans sa langue maternelle, et il fit signe à la mère et aux enfants de venir prendre place à ses côtés. Ce qu'ils firent non sans plaisir, ainsi que l'indiquait leur physionomie.

— Pourquoi criez-vous bravo, demanda Wanderer à son compagnon ?

— Celui-ci lui ayant expliqué les propos d'El-Bachir :

— Il a bien raison, dit-il, la race humaine ne vaut généralement pas grand'chose. Je donnerais beaucoup pour pouvoir me créer dans les forêts américaines une existence égale à la sienne, avec ma douce El-Adjel. Mais demandez-lui donc s'il persiste à nous aider.

— C'est inutile, puisque tout est déjà convenu. Sa famille et lui se rendront chez le caïd, essaieront de se mettre en rapport avec l'esclave et lui feront parvenir une lettre l'instruisant de nos futures manœuvres.

Vers dix heures du matin eut lieu le retour des troupeaux. Bœufs et vaches de superbe apparence, plus forts et plus vigoureux que ceux de la plaine, revenaient se mettre à l'abri des grandes chaleurs du jour. Un nombre assez considérable de chèvres et de moutons leur servaient d'escorte, dirigés eux-mêmes par des chiens au poil hérissé.

Tandis qu'ils ruminaient paisiblement sous les arbres touffus, au centre desquels se trouvait l'habitation, les deux bergers qui en avaient la garde vinrent s'accroupir dans le gourby pour y prendre leur repas.

Un plat formidable de viande et de couscoussou leur fut servi. En dix minutes au plus, ils eurent tout expédié. L'air pur et balsamique de la montagne leur avait sans doute ouvert l'appétit.

Le petit Amar ayant été dépêché par son père vers un de ses parents habitant un gourby peu éloigné, le ramena bientôt.

C'était un grand et vigoureux gaillard au teint plus bronzé que celui d'un mulâtre, qui faisait d'autant plus ressortir l'émail merveilleux de ses blanches dents dont la dimension maintenait ses lèvres constamment entr'ouvertes.

Il prit place sur un tapis, s'arma de son couteau et d'une cuillère de bois, les plongea dans un plat posé devant lui et attendit, en mangeant, que son cousin voulût bien lui expliquer le motif de son invitation à venir le voir :

— Je t'ai fait appeler, dit El-Bachir, pour passer en fête le reste du jour avec nous. Demain, tu auras un service à me rendre : ce sera celui de te mettre à la tête de ma maison et de mes troupeaux. Je quitte ce pays pour quelque temps, avec mes enfants et ma femme. Nous avons un pèlerinage à faire. Ces deux roumys veulent nous conduire à la fontaine mystérieuse qui préserve de tous maux celui qui s'y baigne une seule fois. Elle a de plus la vertu de rendre les baigneurs savants comme des marabouts et les dote de la faculté de savoir prédire l'avenir.

Le montagnard s'était emparé d'une épaule entière de mouton et y mordait à même, à belles dents. Quelque fût le plaisir pris par lui à cette opération, il jugea à propos de l'interrompre, quitte à regagner plus tard le temps perdu :

— C'est sans doute dans le but d'obtenir du Ciel un heureux voyage, dit-il, que tu n'as pas hésité à sacrifier deux jeunes têtes de ton troupeau ?

— Précisément, et si, pendant mon absence, tu as quelque fête à donner, je t'autorise à user de mes brebis comme des tiennes. Dis-moi donc si tu consens à surveiller tous mes biens ?

— Je ne saurais rien te refuser. Lorsqu'on agit si bien avec les gens, on est en droit de tout réclamer de ses parents et amis. Sois tranquille, je veillerai sur tout. A ton retour, il ne te manquera que les têtes de bétail dont les carnassiers auront dévoré les corps.

— Eh bien! il pourra se vanter d'avoir enfermé le loup dans la bergerie!

Cette exclamation de Wanderer n'était pas sans cause adressée à Tueur-de-Lions, qui venait de lui expliquer la conversation des deux parents entre eux.

L'Arabe, non content de dévorer les plats des yeux, venait de jeter de côté l'os d'épaule sur lequel il ne trouvait plus rien à ronger, et s'emparant d'un gigot intact, l'attaqua avec le même acharnement que s'il n'eût pas déjà envoyé trois livres de viande dans les profondeurs de son estomac.

L'Arabe, en général, se montre doué d'une grande sobriété, surtout lorsque les circonstances lui en font une loi, mais nous aurions tort de cacher que, si l'occasion s'en présente, il ne se fait aucun scrupule de pousser la gourmandise jusqu'à la goinfrerie! C'est ce qu'ignorent ceux-là seuls qui n'ont pas vécu avec lui.

— Non, sur ma vie! je n'ai jamais vu pareil avaleur, reprit le voyageur. En vérité, il va s'étouffer, s'il continue de la sorte, sinon les deux boisseaux de couscoussou placés devant lui finiront par y passer!

A peine cette crainte était-elle manifestée que

l'Arabe commença à prouver qu'elle n'était pas chimérique.

Laissant de côté sa cuillère, tout en maintenant son gigot, fort endommagé, dans sa main gauche, il plongea son poignet droit dans l'amas de couscoussou, le reporta tout plein à sa bouche et recommença plusieurs fois ce manége sans respirer. Après quoi il remordit de plus belle dans ce qu'il lui restait encore de mouton.

Le Français et le voyageur ne purent plus contenir leur immense envie de rire.

— Tu ris, dit El-Bachir, comprenant la cause de cette hilarité; la façon de manger de mon cousin t'étonne! Tu n'as encore rien vu! Quand il est en appétit, la moitié d'un mouton ne lui suffit pas. Si, toi et ton ami, vous voulez goûter au chevreau, je vous conseille d'en faire provision avant lui.

Disons en peu de mots que, sans s'inquiéter des propos ou des actes de ses voisins, le terrible mangeur s'offrit en surplus près de trois livres de côtelettes, et n'arrêta le travail de ses mâchoires qu'après s'être bien assuré que tous les plats étaient vidés.

Tous les autres réunis en avaient bien absorbé le quart; le reste avait été englouti dans son énorme panse.

— Heh! Allah! Heh! força-bzaf! (ah! mon Dieu! comme ça redonne des forces), dit-il en essuyant ses mains à son burnous ; puis il s'étendit majestueusement sur une natte et ne s'occupa plus que de sa pipe, allumée par le jeune Amar.

Le soir, ce fut au tour d'un gros bélier de figurer au festin. A minuit, il n'en restait plus que la moitié, et cette même moitié ne fut sauvée que par la prévoyance de Noara. La prudente ménagère l'avait fourrée dans un sac fait d'une peau de bouc, en compagnie d'une notable quantité de dattes et de kiessras (galettes). Le tout devait servir de provisions au voyage du lendemain.

N'ayant plus que quelques heures à accorder au sommeil, avant le départ, chacun s'entortilla dans son burnous, s'allongea le plus commodément possible et ne tarda pas à s'endormir.

Les feux naissants de l'aurore jetaient à peine une lueur incertaine sur la cime des arbres abritant le gourby d'El-Bachir, lorsque celui-ci vint réveiller le chasseur qui, de son côté, arracha Wanderer au repos.

Deux chevaux sellés et bridés piaffaient à l'entrée de la haie de fermeture. Sur l'un, Noara était assise, maintenant devant elle le sac aux provisions. Sur l'autre était juchée la petite Zora dans les bras de son frère Amar.

Chacun s'empara de ses armes, à l'imitation

d'El-Bachir, déjà armé de son fusil à percussion à double batterie.

— Nous ferons une autre « el-fouchta » (fête) à votre retour, cria le gros mangeur aux partants, déjà en marche !

— Oui, oui, répondit El-Bachir ; et, si Dieu nous protége, elle durera quinze jours. Mais, sur ta tête, n'oublie pas de veiller à tout ce que j'abandonne à ta sauvegarde.

— Ce sera mon ami qui paiera les frais de la fête dont tu parles, dit le chasseur.

— Oh ! by God ! avec le plus grand plaisir, s'écria Wanderer, mis au fait de leurs propos. Tenez, pour commencer, offrez ceci de ma part au nouveau gardien de cette propriété.

Tueur-de-Lions héla près de lui le cousin à large panse et lui remit quatre douros qu'il venait de recevoir des mains de son ami.

Dépeindre la joyeuse surprise du brave homme serait assez difficile. Un peu plus, les deux chrétiens auraient pu croire qu'il voulait les manger. Heureusement, cela n'entrait pas dans ses intentions. Il se contenta d'appliquer force caresses sur leurs armes et leurs burnous. Mais ils étaient déjà loin de lui, que le chasseur pouvait l'entendre encore invoquer Allah et appeler sur leurs têtes toutes les bénédictions de Mahomet.

— Il paraît, observa Wanderer en marchant,

que ce peuple, soi-disant primitif, ne déteste pas l'argent corrupteur des nations maudites par le propagateur de l'Alkoran?

— Il en est même tellement avide qu'il n'hésiterait pas à vous couper le cou pour s'approprier le vôtre, répondit le chasseur. Tuer un roumy et le dépouiller, est considéré comme une œuvre pie par tout bon musulman. Cachez donc soigneusement celui que vous pouvez posséder, au lieu d'en faire parade, ainsi que vous l'avez déjà si malheureusement fait à l'égard de votre traître d'interprète. Ce serait donner des tentations à des gens déjà assez prévenus contre les chrétiens. Si vous m'en croyez, vous ne parlerez plus d'argent sans m'avoir consulté à cet égard.

Wanderer accéda facilement à ces conseils donnés par la prudence.

Ils continuèrent, côte à côte, de suivre les pas de la petite famille si généreusement décidée à se dévouer à une entreprise capable de la priver à jamais de la douce quiétude dans laquelle elle avait si longtemps vécu.

Certes, si Tueur-de-Lions n'hésitait point à afficher en toutes circonstances son peu d'estime pour la loyauté arabe, il était du moins forcé de s'avouer qu'il n'était pas impossible de rencontrer de nobles cœurs sous les burnous et les haïcks des gens de la montagne.

Après avoir longtemps circulé sur des sentiers

à peine indiqués à travers les ronces et les broussailles des collines inhabitées, la petite caravane s'engagea enfin sur des terrains plus faciles à parcourir.

Pendant le trajet, Tueur-de-Lions ne cessa de bien pénétrer El-Bachir du rôle que lui et les siens auraient à remplir près de leur ennemi commun, c'est-à-dire du Caïd, ou, comme le désignait le chasseur avec animation, du bourreau des femmes.

— Mais tu ne m'as point appris son nom, ni le lieu où se trouve son bordj, dit l'Arabe.

— Son nom? tu l'apprendras là-bas, répondit le Français. Nous l'ignorons nous-mêmes et ce nom nous importe peu, puisque nous lui en avons donné un autre. Quant à sa demeure.... demain nous t'indiquerons le moyen de t'y rendre sans nous.

Soudain Wanderer, plaçant sa main sur l'épaule du Français :

— Ah! ça, savez-vous, mon cher, que je ne m'amuse guère. Vous parlez toujours entre vous d'une affaire qui m'intéresse tout le premier, et je suis le seul de la troupe à ne rien comprendre ce que vous dites.

— Que vous importe, puisque vous savez fort bien que c'est en votre faveur? Nous ne faisons que répéter tout ce qui a été dit déjà.

— Eh bien! s'il en est ainsi, j'aime autant que

vous le repétiez à cheval qu'à pied. Je vous avoue que je ne serais pas fâché de voir mes jambes se balancer de chaque côté d'une selle. J'aperçois un douar là-bas, allons y louer des chevaux.

— Ma foi ! je ne demande pas mieux ; cela nous fera gagner au moins une journée de marche.

Une heure plus tard, tous étaient à cheval, escortés par deux guides chargés de ramener les chevaux au pasteur qui les avait loués.... contre argent comptant bien entendu.

Lorsque le soleil se coucha, les voyageurs campaient à mi-côte des montagnes que, le matin même, ils avaient peine à découvrir dans le lointain.

Le petit jour les retrouva en selle, suivant la direction du nord-est.

Vers quatre heures de l'après-midi, ils avaient fait halte sur un mamelon parsemé de rochers, non loin de la Méditerranée.

Les chevaux enchevêtrés paissaient les quelques brins d'herbes folles se trouvant à leur portée.

Les guides se reposaient, ainsi que Noara et ses enfants.

Les chrétiens et El-Bachir étudiaient curieusement les paysages d'alentour, au moyen d'une longue-vue provenant du carnier de Wanderer.

Tout à coup celui-ci, qui venait de s'en servir, s'écria :

— C'est là-bas, c'est bien là-bas que ce brigand détient prisonnière la malheureuse El-Adjel.

Et son regard étincelait tandis qu'il désignait du doigt une petite éminence lointaine, qui, malgré son élévation propre, était dominée de plus de trois cents mètres par le point où la halte avait lieu.

Guidés par ses indications, les deux autres distinguèrent bientôt à l'œil nu le bordj, objet de leurs recherches.

Le but du voyage étant désormais connu d'eux tous, et sa proximité relative n'exigeant plus l'emploi des chevaux, on les remit aux mains des guides, que l'on congédia, non sans leur avoir fait sentir la munificence de Wanderer, approuvée par Tueur-de-Lions.

Dès qu'ils se furent éloignés :

— Causons, maintenant, dit le chasseur à Wanderer. Le bordj est facile à atteindre, il ne s'agit plus que d'y faire admettre El-Bachir et sa famille. Or, puisque les Arabes vendent leurs filles pour de l'argent, il est plus que probable que les caïds ne se font pas scrupule de louer les terres de l'Etat, moyennant finances à leur profit. Je conseillerai donc à El-Bachir de s'attirer la protection du « Bourreau » par l'offre d'une petite somme en échange d'une concession de terrain. Il se dira réfractaire Tunisien et demandera des petits emplois dans le bordj pour sa femme et ses enfants. Une fois qu'ils seront admis, nous dresserons nos batteries pour l'enlèvement d'El-Adjel.

— Voici ma bourse, répondit le voyageur. Puisez-y sans crainte. Je sais où la remplir plus tard.

En parlant de la sorte, il tendit au Français un sachet de cuir assez volumineux, extrait de son carnier. De l'or, de l'argent et des billets de banque s'y trouvaient pêle-mêle entassés.

Tueur-de-Lions y puisa cinq cents francs et les remit à El-Bachir, à qui il répéta encore une fois ce qu'il venait de dire à Wanderer.

— Tu peux arriver chez lui avant la nuit, ajouta-t-il; tu demanderas à lui parler en secret et, après lui avoir débité la fable convenue, offre-lui cette somme en échange de son appui. N'oublie pas d'ajouter que ta reconnaissance ne s'en tiendra pas là, dès que ta famille t'aura fait parvenir le prix de vente de ce que tu as laissé dans ton douar.

— Compris, compris ! interrompit El-Bachir. La vue seule des douros suffira pour l'attendrir. Le reste me regarde.

— Bien ! fit le chasseur.

Le petit Amar se trouvant près de lui, il lui recommanda la discrétion et l'obéissance à son père, lui promettant en outre que s'il observait fidèlement ses conseils, Wanderer lui ferait cadeau d'un petit fusil double à percussion.

— Sois tranquille, mon frère, répondit fièrement l'enfant, tu verras que je suis un homme.

Il adressa également ses encouragements à Noara, lui remettant en mémoire que leur entreprise avait pour but la délivrance d'une pauvre victime des marchands de femmes.

— Chrétien, lui dit avec noblesse Noara, je vais tenter pour elle ce que tu as jadis tenté pour moi. Je la plains et l'aime déjà sans l'avoir vue. Elle sera libre, je le jure, ou je perdrai mon titre de femme aimée et qui aime, de femme libre et non vendue au marché comme un agneau.

— Et moi, demanda timidement la petite fille, que ferai-je pour le chrétien qui a arraché ma mère des mains de l'homme méchant?

— Tu nous seras utile aussi, ma petite Zora, surtout si tu ne bavardes pas avec les autres enfants.

— Ma kraaf! ma kraaf! (n'aie pas peur), dit-elle, en sautant au cou du Français, qui l'embrassa avec effusion.

— Allons! à cheval et en route, dit El-Bachir; et, se tournant vers les chrétiens : Demain, ici, à midi, je viendrai vous dire comment j'ai été reçu.

La petite famille s'installa de nouveau sur les

deux montures qui lui appartenaient et descendit la montagne à la suite de son chef, dans la direction du nord-est, c'est-à-dire du bordj du caïd.

Wanderer et Tueur-de-Lions, au contraire, s'engagèrent dans un sentier qui les conduisait vers l'ouest.

— A la fin, me voici devenu votre guide à mon tour, s'écria joyeusement Wanderer! (Le chasseur ignorait en effet où son compagnon voulait aller.) Mais, soyez sans crainte, je ne vous égarerai pas. Avant deux heures nous serons à table chez moi.

Trop discret pour l'interroger, mais se doutant bien que, tôt ou tard, il aurait une énigme à débrouiller dans la personne du voyageur, le Français suivit ses pas sans articuler de réponse.

Ils parcoururent ainsi près de deux lieues à travers bois.

Tout à coup, au détour d'un des coudes du sentier, la vue d'une tente installée à l'européenne vint frapper les regards surpris du chasseur.

CHAPITRE III.

SOUS LA TENTE DE WANDERER.

Cette tente, de grandes dimensions et d'une apparence toute confortable, était coquettement ombragée par de touffus oliviers, au pied desquels murmurait une claire fontaine enchâssée dans les interstices d'un rocher. Elle avait la forme des tentes-marquise utilisées par les généraux, en campagne.

— Voici ma demeure ; soyez-y le bienvenu, dit Wanderer en tendant la main au chasseur.

Au son de sa voix, trois hommes vêtus à l'européenne s'élancèrent hors de la tente.

— Indeed ! (en vérité) s'écria l'un d'eux tout en pressant, avec une affection empreinte de respect, les deux mains de Wanderer, indeed !

Je croyiai le maître de nous il était perdu pour nous ! Aoh ! combienne de temps vô étez rester à chercher le lionne ! et combienne de nuits et de jouors je été à chercher vô, dans le mountain !

Une longue conversation en anglais ou américain s'établit alors avec volubilité entre Wanderer et les trois hommes ; après quoi, il la traduisit en partie à Tueur-de-Lions, de même que celui-ci lui avait traduit l'arabe depuis leur rencontre.

Voici quel en était le sujet :

Cette tente appartenait réellement à Wanderer. Ces hommes étaient ses serviteurs. Il les avait quittés sous prétexte d'aller à la chasse au lion. Ne voulant point encore les instruire de son amour et de ses projets sur El-Adjel, il les avait laissés dans l'ignorance qu'il s'était attaché à la piste de la femme du caïd. Maintenant, tout allait changer de face et les serviteurs venaient d'être mis au courant des circonstances. Joe, leur chef, était un brave et digne garçon, très-original, qui depuis un séjour de trois mois à Paris ne voulait plus parler qu'en français pour perfectionner le baragouinage qu'il s'y était acquis assez difficilement.

Tout ceci expliqué, le maître commanda que l'on servît le souper, puis de préparer les lits de voyage pour lui et son compagnon, que chacun dorénavant devait traiter comme lui-même. Il ajouta qu'ils étaient horriblement fatigués et auraient besoin d'une bonne nuit de repos.

Nous allons voir tout à l'heure s'il était en droit d'y aspirer.

Bientôt un repas copieux fut apporté sur la table ; non plus à la mode arabe, cette fois, mais bien à celle plus raffinée des meilleurs restaurants de Londres et de Paris. Gibier, dessert et vins fins n'y firent certes pas défaut.

Commodément assis sur une chaise de jonc à fond de toile, Tueur-de-Lions, peu habitué à la façon de vivre des gens riches et bien élevés, ne put s'empêcher de manifester son naïf étonnement.

— Pardieu ! dit-il, je ne me serais jamais attendu à manger des truffes sur le sol que je foule depuis si longtemps, en quête des carnassiers. Vous m'avez avoué que vos amis vous blâmaient fort de vagabonder par le monde. Eh bien, ma foi ! je consentirais volontiers à vagabonder toute ma vie dans les mêmes conditions.

— Oh ! répondit son hôte en souriant, vagabonder, comme ils l'entendent, ne saurait signifier que je suis un pauvre diable de vagabond sans sou ni maille, allant quêter sa vie sous toutes les latitudes. Je suis riche, très-riche même... je vous l'ai déjà dit. Quant au reste... vous me connaîtrez plus tard ! Contentez-vous pour le moment de savoir ceci : en me présentant à vous, je ne vous ai parlé comme je l'ai fait que par suite des circonstances romanesques dans lesquelles s'est opérée notre rencontre. Très-confiant par nature, j'en suis venu, par expérience, à me défier de tous ceux dont je n'ai pas mis le dévouement à l'épreuve. Vous pouviez être tout autre que ce que vous êtes, c'est pourquoi je vous ai caché une partie de la vérité. Le monde soi-disant civilisé ne m'a occasionné que déboires et déceptions, et j'allais devenir tout à fait misanthrope, lorsque la vue d'El-Adjel est venue ranimer en moi un feu près de s'éteindre. Oui, cette pauvre jeune Arabe, plus chrétienne à vrai dire que musulmane, ignore ce que je suis et quelle est ma fortune. Si elle m'aime, c'est donc pour moi-même, pour moi seul. Ah ! cette idée seule suffit pour me décider à risquer ma vie pour la sauver des griffes de son tyran.

— Espérons que nous en viendrons à bout sans figures ni têtes cassées, dit le chasseur. Mais, permettez-moi de vous dire qu'à votre âge, avec votre figure, votre extérieur avantageux, j'ai lieu d'être surpris de ce que vous n'avez jamais pu vous croire aimé pour vous-même dans le monde civilisé !

— Parce que j'ai toujours eu la preuve du contraire, by God !

— Mais, grâce à votre fortune, il vous a dû

moins été facile de vous procurer des maîtresses.

— Des maîtresses ?... Tenez, je vais vous faire lire quelques lignes d'un auteur français qui vous répondra pour moi. — Joe ! Joe !

A cet appel de son maître, le serviteur ainsi nommé rentra sous la tente :

— Donnez-moi, lui dit Wanderer, le livre que j'ai parcouru la veille de mon départ.

Joe ouvrit une lourde malle placée dans un coin de la tente, en tira le volume demandé, le lui remit et ressortit aussitôt.

Après l'avoir feuilleté un instant, Wanderer, s'apprêtant à lire à haute voix :

— Voici, dit-il, la réponse à votre question; elle est bien supérieure à celle que j'aurais pu y faire moi-même :

« J'ai bien eu par-ci par-là (1), dans quelque
« coin obscur, quelques femmes honnêtes ou à
« peu près, ni belles ni laides, ni jeunes ni vieil-
« les, comme il s'en offre aux jeunes gens qui
« n'ont point d'affaire réglée et dont le cœur est
« dans le désœuvrement. — Avec un peu de
« bonne volonté et une assez forte dose d'illu-
« sions romanesques, on appelle cela une maî-
« tresse, si l'on veut. — Quant à moi, ce m'est
« une chose impossible, et j'en aurais mille de
« cette espèce que je n'en croirais pas moins
« mon désir aussi inaccompli que jamais.

(1) Extrait de Mlle DE MAUPIN, par Théophile Gautier.

« Je n'ai donc pas encore eu de maîtresse et
« tout mon désir est d'en avoir une. — C'est
« une idée qui me tracasse singulièrement; ce
« n'est pas par effervescence de tempérament ni
« bouillon du sang. — Ce n'est pas la femme que
« je veux, c'est une femme qui sache aimer et
« être aimée. »

— Et surtout, continua le lecteur en fermant
son livre, et surtout qui m'aime bien sérieusement pour moi seul et non pour les avantages
qu'elle espérerait tirer de ma position dans le
monde. Or, cette femme, je l'ai trouvée : c'est
El-Adjel. Il me la faut. Je veux l'avoir et je
l'aurai. Elle est esclave, je veux la délivrer. Elle
est chrétienne, je la ramènerai à sa religion. Elle
demande à être heureuse, je la ferai participer à
mon bonheur personnel. Nargue du reste, et des
bandits qui se la sont appropriée pour de l'or !

L'exaspération d'abord contenue de Wanderer menaçait de tourner au crescendo, lorsqu'un
quatrième serviteur vint apporter le thé sur un
plateau d'argent, surchargé d'ustensiles de
même métal.

Durant la longue conversation relatée ci-dessus et qu'il était indispensable de faire connaître
pour bien établir le caractère du cosmopolitain,
le temps avait marché à grands pas.

A la brûlante température du jour avait suc-
cédé la froide humidité des nuits.

Les étoiles scintillant par milliers incrustaient dans l'azur du ciel des myriades de diamants célestes.

L'heure du repos était arrivée depuis longtemps. Les deux chasseurs rassasiés, mais accablés de lassitude, s'apprêtaient à en jouir, lorsqu'une voix de tonnerre, semblant surgir des cavités de la montagne, vint ébranler les échos et annoncer la présence du vrai maître du canton.

— Aoh! devil! aoh! devil (oh! diable), s'écria Joe, en se précipitant sous la tente : Maître! maître! voâlà le lionne! voâlà le lionne! Il s'en aller, certainly, manger les bœufs de les Arabs qu'ils étaient placés mal commodément dans les douars, en bas du mountain. Si maître voulez-vous, il paouvait tuer lui toute de siouite cette soir, dans son petite embuscade.

— Go to bed! (va te coucher), répondit vivement Wanderer. Je suis amoureux et harassé, laisse-moi me reposer.

Le chasseur, quoique bien fatigué lui-même, n'aurait point hésité à aller affronter l'un de ses communs adversaires, mais il ne connaissait pas assez les environs pour pouvoir s'y hasarder à la seule clarté des étoiles. Il imita donc Wanderer et, du lit sur lequel il s'étendit, se contenta d'écouter le noble animal rugir sous bois, à une très-courte distance.

Pendant près de deux heures, la voix redoutable retentit dans les environs. Après quoi, tout fit silence, et les Européens, le croyant parti, s'abandonnèrent en toute sécurité au sommeil de la fatigue.

Mais, dès que la lune parut, c'est-à-dire vers minuit, les serviteurs furent de nouveau mis en alerte par des râlements plaintifs dont ils soupçonnèrent aussitôt la cause.

Ils avaient oublié de mettre à l'abri des bêtes fauves un pauvre âne resté attaché à un arbre, à cinquante pas des deux gourbys bâtis aux environs de la tente.

L'un de ces gourbys leur servait tout à la fois de cuisine et de demeure, grâce à sa division en deux compartiments.

L'autre mettait deux chevaux hors de l'atteinte des maraudeurs de nuit.

— Alerte, maître ! alerte ! et ce fois-ci pour taout de bon, vint crier Joé, escorté de trois camarades.

Wanderer et Tueur-de-Lions, réveillés en sursaut, furent aussitôt debout.

— Quoi ? qu'y a-t-il encore ? interrogèrent-ils tous les deux.

— Il y a, dit Joé d'un air piteux, que le lionne il faisait des beefsteaks de le corps du pauvre porteur de le eau.

— Il mange notre âne ?

— Aoh ! yes, il faisait du craquement avec tous les os à lui.

— By God ! c'est trop d'audace. Quoi ! nous le laissons tranquillement passer son chemin, espérant qu'il sera ravi d'aller souper chez les Arabes, et c'est sur notre pauvre bourricot qu'il vient satisfaire son appétit. C'est un lion bien mal élevé.

— Vous parlez trop longtemps, dit Tueur-de-Lions ; il faut agir et non parler.

— Mais, vous voyez bien que c'est ce que je fais.

En effet, tout en parlant, Wanderer avait visité ses armes, ainsi que le faisait le chasseur lui-même, et ses hommes, sur un signe de lui, étaient allés s'équiper.

Bientôt ils reparurent, armés jusqu'aux dents.

— Savez-vous au juste l'endroit où vous avez attaché votre âne, demanda le Français à Joe ?

— Aoh ! yes, perfectly well (oui, parfaitement). Le corde il était longue et très-forte pour permetté à lui de manger bien beaucoup du l'herbe pendant la nuit.

— Alors, le lion n'ayant pu emporter le baudet, doit le dévorer sur place. C'est bien.

Sur la recommandation du Français, tous se déchaussèrent, et les six hommes s'aventurèrent pieds nus vers l'endroit où le lion devait terminer son repas.

Plus d'un détour fut fait pour masquer cette marche de surprise.

Enfin, Joe s'arrêta et dit à voix basse :

— Ce était là.

On fit halte pour écouter.

Au bout de cinq longues minutes d'immobilité, le bruit du craquement des os sous les puissantes mâchoires du lion parvint à leurs oreilles.

Le chasseur, maintenant édifié sur les difficultés et les avantages de la position, crut devoir transmettre ses dernières instructions à l'oreille de Wanderer. Celui-ci les communiqua avec la même prudence à son voisin, qui agit de même à l'égard de son plus proche camarade. Tous les six, parfaitement d'accord, firent encore quelques pas.

Le lion continuait ses ravages sur le corps de sa victime.

Les chasseurs, dans un silence solennel, entendaient mutuellement battre leur cœur; mais les étrangers, sans doute depuis longtemps aguerris au service de leur maître, ne dénotaient dans leur tenue aucun symptôme d'effroi.

Il était convenable de se rapprocher davantage, afin d'avoir la bête bien en vue.

Mettant à profit l'ombre des roches et celle d'un bouquet de lentisques, fort à propos sur son passage, la petite troupe se glissa sur les genoux jusqu'à vingt-cinq mètres du lion, sans doute trop acharné à sa proie pour prêter aucune attention au bruissement insolite du feuillage ou aux frémissements des herbes desséchées.

De là, tout en restant à couvert sous le taillis, chacun put l'apercevoir aplati sur l'âne, qu'il déchirait sans répit. S'étant convaincu de ce fait, Tueur-de-Lions souffla de nouveau à Wanderer :

— Dites-leur de ne pas se presser; qu'ils ajustent, mais se gardent bien de tirer tant qu'il sera dans cette position : il se confond trop avec l'âne; la moitié des coups seraient incertains. Je vais le faire lever, en toussant. On fera feu à mon commandement, mais d'un coup seulement. Que les revolvers soient prêts :

Cet ordre bien compris, chaque arme s'insinua sans bruit à travers les branchages; les crosses fortement appuyées à l'épaule. Quelques secondes s'écoulèrent.

— Hum ! fit le chasseur.

A cette toux inattendue, le noble animal dressa la tête et fut aussitôt debout, hérissant son opulente crinière et offrant son énorme poitrail aux balles. Ses regards semblèrent flamboyer à l'apect de ses ennemis, mais il n'eut pas le temps de manifester autrement sa fureur.

— Feu !

Ce mot n'était pas prononcé, que la détonation formidable des six carabines mit en rumeur tous les recoins de la montagne. Ce grondement sinistre des rochers interrompus dans leur lourd sommeil fut instantanément suivi d'un effroyable rugissement d'angoisse arraché au lion dans son rude combat contre l'agonie.

La fumée des coups de feu s'élevait à peine en tourbillonnant à travers un dôme de feuillée, que Joe, fier du succès, se redressait en criant :

— Aoh ! yes, je savoir bienne, moâ, que le lionne du Afrique il paouvait se tuer très-bienne, comme la tigre du Indoustan.

Mieux eût valu pour lui de se taire !

Il n'avait pas fini son chant de triomphe, que le mourant, ramassé sur lui-même, réunissant un reste de sa terrifiante vigueur, venait tomber d'un seul bond aux pieds de l'imprudent Anglais.

Fort heureusement les cinq autres compagnons avaient usé de plus de prudence.

Cinq balles tirées à bout portant sauvèrent Joe d'une mort certaine.

— Aoh ! devil ! dit-il sans sourciller, cette grosse coquin il était « very wel » une gaillarde bien courageux ! — Et, en forme de péroraison, il lui déchargea dans la tête ses six coups de revolver.

Un brancard rustique fut établi à la hâte, et moitié porté, moitié traîné, le lion défunt finit par arriver au lieu que ses vainqueurs avaient choisi, comme le plus convenable, pour procéder à sa dépouille.

L'opération se fit à l'instant même, à quelques pas des gourbys, à proximité de la fontaine.

— By God ! dit Wanderer, en contemplant les dimensions et la beauté de la robe de l'animal tué, ce superbe et précieux souvenir de mon passage en Algérie me suivra jusqu'en Amérique. Je regrette cependant, mon cher Joe, ajouta-t-il en anglais, que votre exaspération ait ainsi réduit son crâne en compote.

— Aoh ! devil ! la brigand ne hâvait-il pas mis ma pauvre baudet en bouillie ? répondit l'Anglais. J'ai vengé lui.

— N'en parlons plus. Je ferai réparer cette dépouille et elle servira de tapis à ma bien-aimée El-Adjel.

— Il faudra d'abord avoir réussi à la sauver, dit sentencieusement Tueur-de-Lions.

— Oh ! avec votre aide et celle de mes hommes, cela ne saurait tarder.

..... Le lendemain, vers midi, fidèle à sa promesse, El-Bachir guettait l'arrivée des chrétiens sur le rocher où il leur avait assigné un rendez-vous.

Wanderer et le Français ne tardèrent pas à l'y rejoindre.

— Bonnes nouvelles, cria-t-il à ce dernier :

les cents douros ont été favorablement accueillis. Le caïd m'a promis la concession d'un terrain, quand viendra la nouvelle saison. Il me prend sous sa protection et m'autorise à construire un gourby près de son bordj. Pour le remercier, je lui ai offert les services de Noara, à titre de servante. Il s'est empressé d'accepter, et Noara a passé la nuit près de la chambre des femmes. Elle a même réussi à s'entretenir avec El-Adjel. Cette pauvre victime a été rouée de coups et on la surveille de très-près. Sa joie a été immense, en apprenant que le roumy voulait l'enlever. Certaine de ne pas être trahie par Noara, elle s'est déclarée prête à tout pour fuir de sa prison. Elle demande qu'on lui écrive pour la mettre au fait de ce qui se prépare pour elle, mais il lui faut, aussi, encre, plumes et papier pour qu'elle puisse nous répondre. Tout ceci a été échangé à la hâte entre les deux femmes, de peur d'éveiller de trop prompts soupçons. Tu vois bien que, en si peu de temps, nous ne pouvions guère mieux espérer. Noara, en me racontant cela, ce matin, m'a dit qu'elle aime déjà El-Adjel comme une sœur, et qu'elle se ferait tuer s'il le fallait pour arracher la captive des mains de son bourreau. Tu sais qu'elle appelle ainsi tous les acheteurs de femmes.

Tueur-de-Lions lui ayant traduit le rapport d'El-Bachir :

— Tu es un brave et digne garçon, s'écria Wanderer. Tiens! pour te récompenser, voici une somme égale à celle que tu as donnée à ce gredin.

Si l'Arabe ne comprenait pas son langage, il ne pouvait du moins se méprendre sur les intentions du généreux voyageur.

— Makaïche! (pas de ça) fit-il. Et, s'adressant à Tueur-de-Lions : Dis-lui donc que je n'agis pas pour de l'argent.

Wanderer le comprit à son tour :

— N'importe! murmura-t-il, je saurai bien, plus tard, le récompenser malgré lui.

El-Bachir continuait :

— La seule chose que je désire, c'est de l'aider comme tu m'as aidé, il y a dix ans. Ça, je ne l'oublierai jamais. Si je suis né Arabe, je n'ai pas du moins les vices de ma nation. J'exècre ceux qui achètent les femmes. Oh! par le Prophète! oui, je ne sais que les haïr! Mais le roumy que voici, je l'aime. N'est-il pas ton ami, à toi? Va, tu peux le lui dire : je ferai tout pour lui être utile. Seulement, je ne veux plus qu'il m'insulte en m'offrant une part de ses douros.

— Soit! répondit Wanderer, après traduction obligée de ce nouveau refus : s'il aime, c'est qu'il a du cœur. Un homme de cœur tient peu à l'argent. Dites-lui que je lui offre mon amitié.

L'Arabe pressa contre son front et sa poitrine

la main qu'il lui tendait et embrassa ses propres mains, qu'il superposa sur son cœur.

Cette petite scène d'épanchement mutuel de reconnaissance terminée, Tueur-de-Lions et Wanderer tinrent conseil sur ce qu'il leur restait à faire.

Echouer une seconde fois était condamner El-Adjel à une mort aussi horrible que certaine.

Le maître, deux fois outragé, n'hésiterait point à faire couper son esclave en morceaux.

Donc, le plan d'attaque à mûrir méritait de sérieuses réflexions.

Grâce à la longue-vue apportée par Wanderer, ils s'attachèrent tout d'abord à étudier l'extérieur du bordj. Cela leur était facile du point où ils étaient placés. C'était une enceinte carrée de cent mètres de côtés. Les murailles pouvaient avoir une quinzaine de pieds de hauteur. Au centre, se trouvait la maison élevée de plusieurs étages. Le caïd et ses enfants avaient seuls le droit d'y pénétrer. Tout autre individu mâle qui aurait réussi à s'y introduire par surprise n'en serait pas sorti vivant. C'est dans des prisons de cette espèce que les femmes et les filles des riches musulmans passent leur vie, loin des regards des hommes et uniquement astreintes à obéir aux caprices de ceux qui en ont fait le honteux achat.

Les filles et femmes des tentes et des gourbys,

pour être un peu moins sévèrement cloîtrées, n'en sont pas plus pour cela indignes d'inspirer la pitié. Reléguées au dernier plan comme des êtres d'un ordre inférieur, on les y emploie comme des bêtes de somme, et c'est sans doute en cette qualité que les Arabes les achètent ou se les vendent entre eux. On ne les juge pas même capables de recevoir les notions religieuses enseignées tant bien que mal à leurs maîtres et seigneurs.

Depuis quarante ans et plus, la France, ce pays où le mot de liberté se place dans toutes les bouches et fait, soi-disant, vibrer tous les cœurs, la France devenue maîtresse souveraine de l'Algérie n'a encore rien tenté pour adoucir la servitude de ces victimes du fanatisme et de l'intolérance musulmane. Le monde entier s'est révolté avec raison contre la traite des noirs. Pourquoi donc ne pas aviser par tous les moyens possibles à faire cesser le trafic des blanches, sur un sol conquis par nous?

Les scènes de violences, de rapt, de meurtres et d'assassinats que nous plaçons aujourd'hui sous les yeux du lecteur, ne sont point créées à plaisir. Tous ces actes ont été commis, se commettent encore, et se commettront toujours tant que de nouvelles lois inspirées par l'humanité n'y auront pas apporté un terme.

Sans doute Tueur-de-Lions venait de faire les

mêmes réflexions inspirées par la vue du bordj car, soudainement, il dit à Wanderer :

— Pardieu ! si nous ne pouvons les délivrer toutes, tâchons toujours de leur arracher celle-là !

— Cela en fera deux à votre avoir devant Dieu, répondit Wanderer. Mais pour cela il faut....

— Il faut...... interrompit le Français, il faut que vous écriviez à El-Adjel. Demandez-lui tous les détails possibles sur l'intérieur de sa prison. Dites-lui de répondre à toutes ces questions : A quel étage se trouve sa chambre ? Sur quelle face de la maison se trouve-t-elle ? Y a-t-il des grilles aux fenêtres ? etc., etc. Et surtout recommandez-lui de ne pas confier sa réponse à d'autres qu'à Noara. Celle-ci, du reste, étudiera les lieux de son côté et son mari nous rendra compte de ses découvertes à cet égard. Allons, à l'œuvre ! le temps presse.

Wanderer prit un album à dessin dans son inépuisable carnier, en déchira deux feuillets, écrivit sur l'un des deux, et les remit ensemble, avec deux crayons, au mari de Noara.

Tueur-de-Lions fit alors à l'Arabe les plus sérieuses recommandations sur cet envoi. Sa femme devait engager la captive à répondre le lendemain, si faire se pouvait; pour lui, il devait rapporter la réponse à ses amis au petit camp des chrétiens, dont on lui indiqua avec soin l'emplacement.

El-Bachir retourna vers le bordj ; les autres regagnèrent leur tente.

Un dîner des plus excentriques leur avait été préparé.

Malgré sa drolatique manie de vouloir toujours baragouiner le français, le prévoyant Joe, en cette circonstance, avait agi en pur anglais, ses ordres au cuisinier en font preuve :

Culotte de lion en pot-au-feu, beefsteaks et filets de lion, roast-beef de lion, côtelettes de lion, jambon de lion, ragoût de lion, rognons de lion, foie de lion sauté, cœur de lion idem, langue de lion sauce piquante et langue de lion en vinaigrette. Tout, en un mot, provenait du lion.

En faisant manger le lion, Joe était animé par le désir de venger royalement le baudet dévoré par le carnassier. S'il l'avait mis à toutes sauces, c'était avec l'intention de le faire souffrir davantage.

C'est du moins ainsi qu'il expliqua l'étrangeté du festin.

— Aoh ! devil ! s'écria-t-il en terminant : Si le maître de moâ et le gentleman de son compainie, ils n'avaient pas une grande courage au corps, après avoir mangé de le lionne arabe, vô ne paourrez pas dire à moâ, que ce étiai le faulte à moâ.

QUELQUE EXTRAORDINAIRE ET FABULEUX QUE PUISSE PARAÎTRE UN SEMBLABLE MENU, IL FUT RÉELLEMENT APPRÊTÉ, SERVI ET FÊTÉ DANS CES MONTAGNES.

Les convives le trouvèrent si à leur goût, qu'ils retournèrent plusieurs fois au même plat. Inutile de dire que les quatre serviteurs n'y apportèrent pas plus de scrupules.

Toutes les autres parties du lion, non employées ce jour-là, furent par eux soigneusement préparées, salées et encaquées dans un sac de peau de bouc.

Voulaient-ils conserver cette viande par goût, ou simplement à titre de très-rare nourriture? c'est ce que nous ignorons.... Nous nous bornons à constater le fait.

Une nuit d'un repos parfait succéda à ce plantureux dîner.

Les chasseurs en profitèrent pour se reposer jusqu'à neuf heures du matin.

Vers dix heures, El-Bachir entra dans la tente de ce pas lent et majestueux qui s'harmonise si bien avec le costume biblique religieusement conservé par les Arabes, et qui est l'un des signes les plus accrédités de l'antiquité de leur race.

— Voici la réponse, dit-il, et il sortit du capuchon de son burnous un papier qu'il tendit à

Wanderer. Puis, il s'accroupit sur le sol recouvert d'une natte d'alpha, et ses regards, en apparence indifférents, ne perdirent pas un détail de l'endroit où il pénétrait pour la première fois.

Wanderer s'empressa d'ouvrir la missive et la lut à Tueur-de-Lions.

Tel était son contenu :

« Il n'y a de vrai Dieu que le vôtre. Il était celui de mon père. C'est pourquoi il vous a inspiré l'amour qui doit me sauver de l'esclavage. Ma vie est entre vos mains. Elle est à vous si vous réussissez. Je me tuerai si vous échouez. Le lâche qui m'a achetée m'a rouée de coups et m'a menacée de la mort. La mort, je la préfère à lui. J'ai béni la bouche de Noara, qui m'a apporté du courage. Le Français qui l'a sauvée est avec vous. J'espère en vous deux. Quitter cette terre de malédiction et de bandits, tel est mon rêve. Mon amour, mon cœur, ma vie à vous, si vous me délivrez. Mais comment l'espérer? Ma fenêtre s'ouvre au nord. Elle est garnie de gros barreaux. Ma chambre est au premier. On m'y enferme chaque nuit. Pour y arriver, il faut traverser celle où couche mon bourreau. Au-dessus de moi sont mes gardiens. Mon bourreau garde ma clé sur lui. Le jour, je suis avec les autres femmes. Il faut s'en défier. C'est en secret que je parle avec Noara. Je ne puis écrire que la nuit et je n'ai plus d'huile. Noara pourrait m'en apporter. Plus de cinquante chiens sont lâchés le soir entre les murailles et le bordj. Comment briser tous ces obstacles? Je désespère, mais je crois en vous, comme en votre Dieu. »

— Eh bien! qu'en dites-vous? demanda Wanderer en froissant le billet avec rage.

— Je dis que nous aurons du fil à retordre, répondit Tueur-de-Lions tout pensif.

— Retordre? retordre? Ah! by God! je sais bien ce que j'aurais envie de tordre et de retordre.... c'est le cou de ce gredin qui a maltraité cette pauvre femme. Il l'a achetée? Qu'est-ce que cela me fait qu'il ait dépensé cinq ou six cents francs pour l'avoir? Je les lui rendrai, je lui en rendrai mille, dix mille s'il le faut. Mais, je veux El-Adjel. Elle m'aime et je l'aime, cela me suffit. Toutes les considérations que le monde pourrait m'opposer, je m'en moque! Est-ce que la nature lui a donné le droit d'acheter une femme? est-ce que le bandit qui l'a vendue en avait le droit? Non! mille fois non! je douterais de Dieu s'il en était ainsi.

— Dieu n'entre pour rien là-dedans. Le diable seul a inspiré cette coutume aux Arabes, dit le Français, profitant de ce que Wanderer s'arrêtait pour respirer.

— Le diable? vous avez raison; et puisqu'il aime le tapage, je veux lui procurer le plaisir de lui en faire entendre un à lui assourdir les oreilles. Voilà longues années que Joe, Pat, Bob et Billy sont à mon service; je puis donc compter sur eux. Je vais attaquer le vieux bouc dans son bordj maudit. Je démantibulerai sa maison et le ferai griller sur les ruines. Venez Joe; venez Pat; Bob et Billy, venez, venez !

Le jugeant trop exaspéré par le désespoir pour qu'il fût l'instant de lui faire entendre raison, le Français le laissait donner un libre cours à sa fureur, mais lorsqu'il lui entendit donner l'ordre à ses gens de se tenir prêts pour aller attaquer le bordj, le soir même, il crut devoir intervenir :

— Ce serait le meilleur moyen pour perdre à jamais El-Adjel, dit-il. Renvoyez ces hommes et causons.

Son ton calme et grave sembla rappeler Wanderer à lui-même.

Sur un signe du maître, les serviteurs se retirèrent.

Dès qu'ils furent dehors, le chasseur poursuivit :

— Vous commencez à devenir un peu plus calme ; tâchez de l'être tout à fait. Ce n'est pas par la violence que nous réussirons. Attaquer, à six, les trois cents hommes du caïd, qui, au premier coup de feu, s'abriteraient derrière les murs du bordj, serait folie. Ou nous serions tous massacrés, ou bien on nous livrerait, prisonniers, entre les mains de la justice. Il faut agir de ruse et d'astuce, si nous voulons arriver à nos fins.

— Eh! by God! quelles ruses pourront nous faire arriver à sa chambre fermée, sous la garde du vieillard lui-même? Quelle astuce pourra réduire à néant les précautions qu'il a prises?

— Ce sera à nous d'inventer les premières en mettant en jeu la seconde.

— Et ces chiens, ces chiens de Satan, qui entourent la maison?... Mais, j'y pense, il n'y en avait pas au bordj, lors de mes premiers rapports avec El-Adjel.

— C'est que vous avez visité le bordj le jour, et non la nuit. Du reste, El-Bachir va nous édifier à leur sujet.

L'Arabe consulté, et dont les regards surpris n'avaient cessé de suivre les mouvements désordonnés de Wanderer pendant son accès de furie, répondit que, avant la découverte de l'intrigue de la jeune femme avec le chrétien, il y avait peu de chiens autour de la maison.

— Depuis lors, ajouta-t-il, on en a augmenté le nombre. Le maître du bordj est vieux, laid et méchant. Les femmes qu'il achète sont jeunes, jolies et bonnes. Il a peur des amoureux de nuit. Il suppose que le roumy n'est pas le seul qui fasse la cour à ses femmes. Il a raison : deux des compagnes d'El-Adjel ont donné tout leur amour à des yaoulets meilleurs que lui. C'est ce que m'a dit Noara.

— Ah! ah! fit le chasseur, je ne suis pas fâché d'apprendre cela. Mais tu vois que mon ami le voyageur est trop exalté pour pouvoir agir d'après ses propres idées. Il ne pense qu'à faire parler la poudre de sa carabine. Il ignore ce que tu sais, toi fils de la montagne: l'Arabe n'est pas un ennemi visible; « ce n'est pas un lion superbe, c'est un serpent caché sous l'herbe. »

— Aarby hab! Djib Aarby! (Dieu l'a voulu) répondit sentencieusement El-Bachir; ce que tu dis là est vrai. La moitié du courage de l'Arabe consiste dans sa prudence.

— Tout cela ne nous donne pas le moyen de nous débarrasser de cette meute de chiens endiablés.

— Allah! j'y ai pensé toute la nuit. Il faut les faire empoisonner par Noara.

— Parfait! mais il faut que cela soit fait seulement au commencement de la nuit où nous pourrons, sans craindre les hommes, pénétrer tous ensemble dans le bordj.

— Les hommes?... Eh! on pourrait à la rigueur les traiter comme les chiens; ils valent encore moins qu'eux. Les femmes n'auraient rien à redouter. Elles ne mangent ni à la même heure, ni les mêmes mets. Qui sait! elle seraient peut-être heureuses de nous aider à les débarrasser de leurs gardiens !

— Halte-là, mon cher El-Bachir ! ne poussons pas si loin les choses. Empoisonner des chiens pour sauver une femme, ça passe ! mais des hommes comme nous, ce serait un crime, entends-tu ?

— Aussi, riposta finement l'Arabe, ne t'ai-je parlé de cela que pour te mettre sur la piste du moyen à employer. Est-ce que les Tbibs (médecins) français ne connaissent pas des drogues qui procurent pendant plusieurs heures un sommeil pareil à celui de la mort ?

— Tu as, pardieu ! cent fois raison ; le laudanum pourrait nous être d'un grand secours !

...Restait encore à vider la façon dont on pourrait ouvrir la porte d'El-Adjel, au cas où l'on réussirait à se faufiler sans bruit jusque-là, sans avoir pu s'emparer de la clé dont le caïd était toujours porteur.

Elle fut vigoureusement débattue entre les deux amis et aurait pu l'être plus longtemps encore, lorsqu'une idée soudaine surgit du cerveau du chasseur.

— J'ai trouvé, dit-il. Nous ferons passer un tourne-vis à El-Adjel. Elle s'en servira dans le cas où la serrure se trouverait à l'intérieur. Dans le cas contraire, ce sera à nous d'user du même moyen. Une fois la serrure démontée, un simple coup d'épaule nous ouvrira la porte.

Heureux d'avoir enfin trouvé une solution à tous les problèmes qu'il s'était posés, il allait faire part du fruit de leur conversation à Wanderer, lorsque celui-ci l'interpella lui-même.

— By God ! aurez-vous bientôt fini de parler toujours ensemble cette langue que je ne comprends pas. Avez-vous inventé quelque stratagème praticable ? Je vous avoue que, pour moi, je n'ai rien pu faire jaillir de mon cerveau. Ma pauvre tête s'y perd. C'est à m'en arracher les cheveux.

— Ce serait un tort ou tout au moins une peine inutile, répondit gaîment le Français. Notre plan est en partie arrêté ; il ne tiendra qu'à vous de m'écouter pour qu'il le soit bientôt en entier. Vous verrez alors combien il était extravagant de votre part de songer à incendier le bordj et à massacrer ses habitants pour enlever la captive.

— Très-bien ! j'accepte vos reproches, mais faites-moi savoir au plus tôt ce qui est décidé ; cela vaudra mieux que de me prouver, ce que je sais fort bien, que je m'abandonnais à la douleur comme un enfant.

Tueur-de-Lions l'ayant mis au fait :

— All right ! dit-il ; seulement, au lieu de laudanum, nous emploierons une poudre d'une puissance narcotique plus considérable. Ce sont les Indiens qui m'en ont fait cadeau. Je ne pensais point avoir à en faire usage, mais à tout hasard je l'avais conservée. Elle nous servira à merveille. Comme la dose pour les femmes est moins forte que celle qui devra endormir les hommes, je ferai des paquets bien distincts. Noara, chargée de les mélanger au repas du soir, ne pourra s'y tromper.

— Puisque vous parlez de repas, dit le chasseur, je vous avouerai qu'une tranche de n'importe quoi ne me déplairait pas en ce moment.

— Cela se rencontre bien avec les prétentions de mon estomac personnel. Allons Joe, vite le déjeuner.

— Aoh! yes! toute de siouite; et si vôlez-vô encore du courage, je donnai encore à vô de le lionne.

— Tâchez d'en faire bonne provision vous-mêmes, mes gars! vous en aurez besoin la nuit prochaine. Gare à qui ne fera pas honneur à pareille nourriture!

El-Bachir, bien décidé à s'affranchir des idées superstitieuses de son pays, n'en était point encore arrivé à rompre en visière les prescriptions de l'Alkoran. Il lui répugnait de manger de la viande d'un animal tué contrairement au rite obligatoire pour tout bon musulman. L'opération consiste à tourner la tête de la victime vers le point du globe où se trouve la Mecque, ville dépositaire du tombeau de Mahomet, puis de lui couper la gorge en disant : Béz-mel-lâ Allah ak bar ! (Dieu t'envoie à la tombe.) Faute de se conformer à cette règle, l'Arabe ne peut se permettre de toucher à la chair de la bête mise à mort, pas plus qu'il n'a le droit de faire usage de viande de porc, de vin ou de liqueurs.

Il se contenta donc de quelques œufs, soit à la coque, soit cuits au beurre, qu'il arrosa largement de café noir, à défaut de petit lait (el-ben) dont il usait dans son gourby.

A peine rassasié, Wanderer remit la question de l'enlèvement sur le tapis :

— Plus j'y pense, dit-il, plus je me confirme dans l'espérance que notre plan a été bien conçu. Mais, comme tout ce qui est trop différé aboutit rarement à bien, j'opine pour que nous agissions dès ce soir. Le bourreau, ainsi que l'appelle Noara, pourrait s'effaroucher de ce que nous prolongeons indéfiniment notre séjour sur son territoire. Nous ne saurions donc trop nous hâter. Est-ce aussi votre avis, Tueur-de-Lions ?

— Ma foi ! mon cher confrère, je n'y vois aucun inconvénient, répondit le chasseur, à moins toutefois que la femme d'El-Bachir et ses enfants ne se heurtent à quelque obstacle imprévu, dans la mission délicate dont nous avons à les charger tous les trois.

— Eh bien ! consultez son mari, à cet égard.

El-Bachir répondit ainsi aux interpellations de son ami :

— Aarby ! ce ne sont pas seulement les cent douros qui m'ont attiré les bonnes grâces du caïd ! Les beaux yeux de Noara ont fasciné ce fils de chien, chien lui-même ! Il a osé dire à la fleur de mon gourby qu'elle lui plaisait mieux que toutes ses femmes ensemble ; qu'elle n'avait qu'un mot à dire et qu'il sacrifierait tout pour la posséder. Le misérable ! Ah ! tiens, j'ai toute confiance en celle qui me porte un amour semblable à celui que je ressens pour elle et dont nous avons échangé tant de preuves; et pourtant, la seule idée des offres qu'il lui a faites suffit pour faire bouillir tout mon sang. Je ne respirerai à l'aise que quand elle aura fui pour toujours ce vieux monstre d'impureté. Avant cela, je l'aurais froidement tué si l'intérêt de votre cause l'avait exigé, mais aujourd'hui, je me baignerais avec délices dans le sang de ce mécréant. S'il ne connait pas El-Bachir, la justice d'Allah lui apprendra à le connaître. En attendant, il s'agit de préparer le poison pour les chiens et les drogues de sommeil pour tous les habitants du bordj. Je suis prêt à les porter à ma femme. Amar et Zora lui épargneront une grande partie de la besogne en ce qui concerne les chiens ; elle se chargera du reste. Mon rôle, à moi, est tout tracé. Je vous attendrai dans mon gourby, à l'angle nord de

8.

l'enceinte. Venez m'y trouver à minuit. J'aurai su par Noara ou les enfants si vos ordres ont pu s'exécuter. Si j'ai allumé du feu, c'est que tout aura manqué, et vous n'aurez qu'à battre en retraite; sinon, avancez de confiance : Allah nous aura protégés.

— Dans le premier cas, interrompit le Français, tu reviendrais demain, ici, nous prévenir de ce qui a fait manquer le coup. Aie bien soin surtout de veiller sur la langue de tes enfants.

— Mes enfants ne sont pas les enfants d'un étourneau bavard. Leur langue sait se taire.

— Je n'en doute pas ; mais deux précautions valent mieux qu'une. Ne leur dis pas que c'est du poison que tu veux leur faire administrer aux chiens.

— Makraaf ! yâ mel el hadj. Adik melêh. (N'aie pas peur ! je ferai cela. C'est bien.)

— Tout est convenu, dit Tueur-de-Lions à Wanderer. El-Bachir n'attend plus que les drogues pour aller rejoindre Noara et s'entendre avec elle.

— Parfait ! — Joe ! Joe ! fit le voyageur.

Joe parut :

— Vô hâvez appelé moâ. Quelle chaose il était nécessaire à vô présentemente ?

— D'abord la boîte de pharmacie, puis le coffret de poison pour les hyènes.

Joe sortit et revint peu après, chargé des deux

objets contenant, l'un de quoi guérir, et l'autre de quoi tuer.

— Donne vite ! dit Wanderer.

Il saisit d'abord le coffret, l'ouvrit et y puisa une centaine de boulettes blanches de la grosseur d'une noisette. Ces boulettes exhalaient une odeur assez forte, mais agréable à l'odorat, provoquée par les matières gluantes qui en recouvraient l'extérieur.

— Il y a cinquante chiens seulement, dit-il ; voici de quoi en tuer le double. Les enfants parsèmeront cela à l'entour du bordj ; l'odeur attirera les chiens et les boulettes les guériront instantanément de l'envie de jamais en manger d'autres.

Ceci fut traduit à El-Bachir, qui répondit :

— C'est bien ! les enfants se chargeront de cette besogne à l'heure propice.

Le poison fut soigneusement enroulé dans une forte toile et remis à l'Arabe.

Wanderer prit alors dans la boîte pharmaceutique un épais flacon soigneusement bouché à l'émeri et contenant une poudre de couleur jaune pâle.

Il découpa ensuite des feuilles de papier en plusieurs morceaux, en prit deux et y versa une forte prise de la poudre.

— Combien peut-il y avoir d'hommes adultes nourris dans le bordj ?

A cette question, Tueur-de-Lions interrogea l'Arabe et répondit :

— Huit ou dix.

Il redoubla la dose sur l'un des papiers.

— Combien de femmes et d'enfants?

— Douze à quinze, répondit encore le Français servant d'interprète à El-Bachir.

Il combina encore les proportions de ses doses, plia les deux papiers, refit une vingtaine d'autres paquets infiniment plus petits et remit le tout au chasseur, en disant :

— Voici celui pour les hommes. — Et il marqua l'enveloppe d'un zéro. — Voici celui pour les femmes. — Il n'y fit aucune remarque. — Enfin, tous ces autres paquets sont dosés pour une personne seulement. S'il se trouvait des invités chez le caïd, il faudrait en employer un par tête. Mélangée à la boisson ou aux aliments solides, cette poudre n'a aucun goût. Son action est de vingt fois plus forte que celle du laudanum, et elle agit avec beaucoup plus de rapidité. Aucune douleur ne résulte de son emploi.

Toutes ces explications furent répétées à El-Bachir en lui remettant les paquets.

— Aarby! dit-il. Si c'est comme cela, je crains fort que le caïd, au lieu de me voler ma femme, ne soit fièrement en danger de perdre la sienne. Ah! ynaldin-bouk! din-el-caïd! din-djemel! (vilain-gredin! sale-caïd! vil-chameau!) Tu n'as pas assez de tes cinq femmes ! il faut encore que tu veuilles souiller la mienne ! Par Allah ! j'aurai été la ravir au désert pour la pousser dans tes bras ! Ah ! ynaldin-el-allouf ! (porc dégoûtant !) Je t'en fournirai des Noara pour ton sérail ! Ah ! si je pouvais fourrer dans ton gosier une des boulettes destinées à tes chiens, tes crimes seraient arrivés à leur terme. Ah ! si la poudre que j'emporte ne te fait pas dormir, celle de mon pistolet, je te le jure, se chargera de te procurer un bon sommeil.

Il était effrayant en parlant ainsi. Ses noirs regards lançaient des flammes, et sa main fébrile se cramponnait avec force sur la crosse de l'arme passée dans sa ceinture.

Tandis qu'il donnait ainsi un libre cours à la fureur provoquée par les propositions honteuses faites à sa femme, Wanderer avait écrit la lettre suivante à El-Adjel :

« Tu m'as avoué que tu m'aimais. Moi, je
« t'aime, et je prépare tout pour notre réunion.
« De minuit à une heure, nous arriverons près
« de toi. Si la serrure de ta chambre est en de-
« dans, sers-toi de l'instrument que je t'envoie
« pour la dévisser. Dès que tu seras certaine de
« notre présence dans la chambre de ton bour-
« reau, enlève-la. Si elle se trouve de notre côté,
« c'est nous que cela regarde. Courage ! tiens-toi
« prête, l'heure de ta délivrance est venue. »

El-Bachir ayant reçu la lettre et un double tourne-vis qui servait au démontage des fusils des chrétiens, s'éloigna de la tente, après avoir dit :

— Aarby hab! Djib âarby! A minuit, à mon gourby, si vous n'y voyez pas de lumière.

Le Français l'entendit pendant quelques minutes encore vociférer contre le caïd :

— Dine sarak! Dine kelb! ben-el-kelb! stenna!

CHAPITRE IV.

DANS LE BORDJ.

— Joe !
— Voilà, maître.
— Fais tout préparer pour la levée du camp. Que la tente soit roulée et les bagages mis en ordre. Tu as jusqu'à dix heures du soir pour cela. Pas un quart d'heure de retard. Prépare des vivres pour n'avoir pas de feu à faire pendant au moins quarante-huit heures. Veille surtout à la mise en état des armes et approvisionne-nous de munitions. Envoie chercher au douar les chevaux que nous y avons placés en garde. Loue ou achète deux ou trois bêtes de somme de surplus. Equipe les trois meilleurs chevaux pour moi et deux autres personnes. Paie grassement

les Arabes qui nous ont servis, ainsi que le *Maltais, notre interprète engagé.* Il viendra avec nous, mais qu'importe! paie-lui toujours ses gages échus. Conserve quelques Arabes comme guides. Tu restes avec moi, ainsi que Pat et Bob. Billy dirigera le reste de la troupe et les bagages vers le village-frontière où nous avons séjourné avant de camper ici. Tu as bien tout compris?

— Aoh! yes, perfectly well! (parfaitement). Les toutes choses ils seront faites comme vous disez à moâ.

Le serviteur disparut pour aller exécuter les ordres du maître. Celui-ci pouvait compter qu'il serait exactement obéi.

Resté seul avec Tueur-de-Lions, il lui demanda s'il était convenablement pourvu de munitions.

La réponse étant affirmative, comme ils n'avaient point à s'occuper personnellement des apprêts du départ, ils ne virent rien de mieux à faire que de s'exercer l'œil et la main en brûlant quelques cartouches.

Tueur-de-Lions, tout bon tireur qu'il fût, avait rencontré son maître.

Le but était une pierre de la grosseur d'une tête d'homme.

La distance dépassait cent mètres.

Wanderer frappa la pierre dix fois sur dix coups.

Le Français réussit huit fois seulement sur dix cartouches brûlées.

— Vous perdez, dit Wanderer, mais cela ne vous enlève pas le droit d'être fier de votre adresse. Mes hommes, qui sont bons tireurs, sont loin de vous égaler. Je suis content de vous, et, pour vous le prouver, ce soir je vous régalerai de champagne.

Lorsque le soleil, au déclin de sa course, s'apprêtait à plonger dans la mer de pourpre de l'horizon lointain, maître, convive et serviteurs se réunirent à la même table, c'est-à-dire sur l'herbe touffue des abords de la fontaine.

Au dessert, une petite caisse de six bouteilles de champagne fut apportée, et bientôt les timbales d'argent se remplirent de la pétillante liqueur que l'univers nous envie.

Wanderer s'étant mis debout, les autres l'imitèrent. Sa figure se revêtit d'une expression de solennité qui doublait le charme imposant habituel à sa physionomie.

Il prit la parole en anglais.

— Vieux amis, compagnons fidèles des vicissitudes que j'ai affrontées depuis dix ans; consentez-vous à faire preuve pour moi, sur cette terre d'Afrique, du même dévouement que vous avez déployé dans les autres contrées que nous avons parcourues ensemble.

— Yes ! yes, Mylord ! s'écrièrent d'une commune voix les quatre hommes interpellés.

— Diable ! se dit le Français tout décontenancé en entendant ce mot de mylord qu'il savait n'être applicable qu'aux membres de la haute noblesse des Iles Britanniques, et qui était le seul qu'il eût compris dans tout ce qui venait de se dire. — Diable ! quel peut être ce mystérieux personnage, qui traite si amicalement un pauvre chasseur tel que moi et qui porte un si beau titre ? Avec ça qu'il est riche comme un Rothschild, à en juger par la façon dont il sème l'argent !

Mais il se vit forcé de borner là ses conjectures. Cinq verres se tendaient vers le sien pour trinquer à la française dans le but de lui faire honneur. Il s'empressa de répondre à cette politesse.

Les timbales vidées et remplies de nouveau eurent bientôt mis à sec les cinq premières des bouteilles.

Les six hommes ainsi groupés formaient un ensemble réellement digne d'intérêt.

Leurs figures bronzées par le hâle et le soleil, leurs regards respirant l'audace et le courage, les revolvers de leurs ceintures, les longs couteaux de chasse pendus à leurs flancs, et pardessus tout les redoutables carabines doubles reposant à leurs pieds, eussent donné à réfléchir à quiconque, passant par là, eût eu la velléité de leur chercher une querelle.

Enfin arriva le tour de la dernière bouteille.

Elle fut vidée après un toast porté à l'accomplissement des désirs de Wanderer.

Dieu sait si les hurrahs anglais, les bravos français et les hip! hip! américains accompagnèrent ce toast proposé par le bon Joe.

— Bas les coupes maintenant, et en route pour la besogne!

Sur cet ordre de Wanderer, les timbales et autres ustensiles ayant servi au dîner reprirent leur place dans un caisson de voyage; les chevaux furent amenés et chacun se mit en selle.

— Toi, Billy, qui es chargé de la conduite des bagages, dit le maître, Joe t'a donné mes instructions; pars tout de suite pour le village-frontière. Demain, nous t'y rejoindrons. Garde bien le silence, sur ce que nous allons tenter, auprès du Maltais. Il ne manquerait pas d'en bavarder avec les guides. C'est ce qu'il faut éviter. Allons, en route.

Billy se mit en devoir d'obéir.

Wanderer, Tueur-de-Lions, Joe, Bob et Pat, — ce dernier tenant en main un cheval tout équipé, — prirent le chemin conduisant aux rochers, au centre desquels rendez-vous avait été antérieurement donné à El-Bachir.

Ils y arrivèrent à dix heures du soir, et mirent pied à terre.

Bob fut désigné pour la garde de tous les chevaux, avec ordre d'en amener deux à cent mètres de là, au-devant de son maître, dès qu'il reconnaîtrait sa voix.

Les quatre autres se dirigèrent à pied vers le bordj, où le caïd était loin d'attendre leur visite.

A minuit, à travers bois, ils se glissaient aux abords de l'enceinte.

Noara avait-elle pu accomplir ce que son mari lui avait dit de faire? Ils allaient bientôt le savoir.

Aucune lumière ne brillait dans le bordj.

Le gourby d'El-Bachir ne lançait vers le ciel aucune trace de fumée.

— Bon! dit Wanderer, le vieux mécréant doit dormir. Si ses hommes et lui ont absorbé seulement la cinquième partie de mon cadeau, ils ont au moins pour quinze heures de sommeil dans le ventre.

S'étant tout doucement rapprochés du gourby d'El-Bachir, ils trouvèrent celui-ci tout prêt.

— Hâtons-nous, leur dit-il! Mahomet a tout bien conduit. Toutes les portes sont ouvertes, à l'exception de celle d'El-Adjel.

Wanderer bondit de joie en écoutant la traduction de cette bonne nouvelle.

— Et tes préparatifs à toi, sont-ils terminés? demanda le chasseur.

— Tout est en état. Mes chevaux sont sous la garde d'Amar et de Zora. Je les ai dissimulés dans les taillis bordant le sentier, à cent mètres d'ici. Dépêchons-nous d'aller chercher El-Adjel. Noara, poignard en main, veille à la porte du bordj, pour éviter toute méprise. Partons!

En quelques enjambées, ils atteignirent la principale entrée de l'enceinte.

Sur le seuil, ils trouvèrent en effet Noara prêtant l'oreille au moindre bruit.

Dès qu'ils l'eurent franchi, elle les précéda pour leur servir de guide.

Un nombre considérable de chiens empoisonnés jonchaient le sol sur leur passage.

A la porte du bordj, ils firent halte, s'assurèrent que leurs cinq carabines étaient armées ainsi que leurs revolvers; puis, les canons en avant, s'engagèrent dans l'obscurité d'un long couloir, sur les pas de leur conductrice. Marchant à tâtons dans des ténèbres bien plus épaisses que celles de la nuit extérieure, ils se tenaient prêts à faire feu au moindre symptôme d'attaque.

Soudain une vive lueur jaillissant au milieu d'eux les fit tous frissonner, à l'exception de Wanderer qui l'avait occasionnée à l'aide d'une allumette-bougie.

— Ne craignez rien, dit-il doucement; leur sommeil doit être solide. Seul, je connais le pouvoir du narcotique qui les y a plongés. Un coup de canon tiré ici pourrait les faire tressaillir, mais ne les réveillerait pas.

Et, pour prouver ce qu'il avançait, il augmenta le volume de sa voix, sans tenir compte des conseils du chasseur qui blâmait son inopportune témérité, et alluma une vraie bougie.

— Non, non, répéta-t-il, rien n'est à craindre ici!

Le voyant agir et marcher sans précaution aucune, l'assurance prit la place de la crainte dans le cœur de ses compagnons.

Une vaste pièce, que Noara leur faisait traverser en ce moment, offrit à leurs yeux une demi-douzaine d'Arabes enroulés dans leurs burnous et profondément endormis sur des nattes d'alpha. Leurs armes grossières, de tout genre et de toute espèce, étaient appendues au-dessus d'eux à la muraille.

Wanderer approcha sa lumière de l'un des dormeurs et l'on put voir une forte sueur ruisseler sur son visage, aux traits contractés par ce sommeil involontaire.

— Vous voyez que tout va bien, dit-il. Qu'avons-nous à redouter de gens dans un tel état de torpeur?

A l'extrémité de la pièce, opposée à l'entrée, se présenta un escalier de pierre.

Avant d'en franchir les marches, le voyageur donna ordre à Pat de rester là, pour faire le guet.

A l'étage supérieur, qui se trouvait être le premier de l'édifice, la porte d'une chambre était grande ouverte.

Noara y pénétra sur la pointe du pied, les autres y mirent moins de façons.

Trois jeunes femmes d'une réelle beauté reposaient sur des tapis et des coussins installés à l'orientale. De longs haïcks en tulle revêtaient négligemment leurs corps, sans en voiler les charmes.

De l'autre côté, six vieilles femmes, drapées d'étoffes plus communes, étaient pêle-mêle espacées sur des nattes de palmier.

C'étaient les servantes et gardiennes des épouses achetées, que le caprice du maître pouvait à chaque instant appeler à l'honneur peu désiré de partager la couche du barbon.

La lumière approchée des ravissantes figures des jeunes dormeuses décela de nouveau la présence d'une abondante transpiration. Le sein entier de l'une d'elles se livrait sans défense aux regards de ses nocturnes visiteurs. Sans doute, sa lutte contre un assoupissement forcé avait occasionné cet attrayant désordre de toilette de nuit.

Tandis que Wanderer s'assurait ainsi de l'efficacité de sa poudre somnifère, Joe n'avait pas assez d'yeux pour admirer les appas si inopinément offerts à sa vue.

Enfin, il ne put contenir davantage l'expression de ses sentiments :

— Aoh ! dit-il à son maître, cette vieil caïd il était réellemente une fier coquine de garder en cage, pour son vieux barbe toute seule, de si jolis petites oiseaux. Si vôlez-vô bienne, maître de moâ, je emportai aussi ce petit colombe avec le madame de vô ?

— Veux-tu te taire, malheureux ! si elle se réveillait pendant notre fuite, ses cris suffiraient pour révéler nos traces et nous faire couper le cou, à tous tant que nous sommes !

— Aoh ! no, no, no. Il ne réveillera pas lui, certainly ! vô avez dit à moâ de prenez le drogue pour chloroformiser le baoureau, si baoureau il réveillait lui, eh bienne ! si le petite oiseau il ouvrait son-z-yeux, je vôlai aussi chloroformiser son petite bec ! Aoh ! permettez à moâ de emmener un madame pour Joe ?

— Allons ! assez sur ce sujet. Chloroformise, si tu veux, mais, surtout dans le cas où l'une de ces femmes ferait mine de bouger. Reste donc ici, et fais bonne garde pour notre salut.

— Par ici, dit Noara en poussant une autre porte !

Wanderer, Tueur-de-Lions et El-Bachir se trouvèrent alors dans la chambre du maître du bordj.

Inutile de noter que le cœur battait avec force chez les deux derniers. Le plus grand sang-froid persistait dans la tenue de Wanderer.

Le vieillard, enveloppé d'un burnous en soie et laine, frangé d'or, était voluptueusement couché sur un large divan en guise de lit. A ses côtés sommeillait une jeune musulmane, plus belle encore que ses trois compagnes.

Le voyageur s'approcha intrépidement de ce couple disparate. Des signes évidents de l'action de la poudre indienne se lisaient sur leurs traits.

Autant la charmante physionomie de la femme pouvait causer une sympathique émotion, autant la face du vieux mécréant était monstrueusement répulsive. Cette face dure et hideuse empruntait aux circonstances une expression plus défavorable encore que celle à laquelle l'avait condamnée la nature.

— Go ahead! (en avant) dit Wanderer.

S'armant d'un tourne vis et d'une petite pince, il se mit aussitôt en devoir de démonter la serrure qui le séparait seule d'El-Adjel, et que Noara venait de lui désigner du doigt.

Tandis qu'il travaillait ardemment à cette besogne d'où dépendait le succès, El-Bachir s'approcha pieds-nus du divan. Sa main armée d'un poignard acéré se leva sur le dormeur :

— Ynaldine-el-Chitoun ! (sacré diable) articula-t-il à mi-voix, si tu te réveilles, moi, je vais te rendormir ! et il ajouta : Ah ! tu voulais me prendre ma Noara ! attends à demain, gredin ; tu riras à ton réveil !

Tueur-de-Lions n'assistait point impassible à cette étrange scène. Debout au milieu de la pièce, appuyé sur sa carabine, tout armée, son cœur battait à rompre sa poitrine, pendant qu'il envisageait en silence la gravité de l'entreprise à laquelle le hasard l'avait associé.

Ses regards, parcourant la chambre dépourvue de tout autre meuble que le divan-lit au-dessus duquel brillaient les armes à portée de la main du maître, erraient constamment de Wanderer à El-Bachir, et de ceux-ci aux deux dormeurs.

Le premier luttait avec acharnement contre les obstacles que lui opposait son opération. Les vis de la serrure, depuis longtemps rouillées, se refusaient à obéir aux efforts du tourne-vis.

Le second, la main toujours levée, dardait ses yeux enflammés sur celui dont il aurait voulu pouvoir fouiller les flancs avec son poignard, pour venger l'insulte faite à son amour-propre, et semblait un démon attendant l'heure de punir un damné.

Inconscients du danger abattu sur leur demeure, les autres sommeillaient toujours et, n'eût été le souffle haletant de leur respiration, auraient pu passer pour des statues symbolisant, l'une la hideur et l'autre la parfaite beauté.

Tueur-de-Lions, ainsi préoccupé, se demandait s'il n'assistait pas aux préliminaires d'un drame qui pouvait se terminer d'une façon effroyable ; drame dans lequel, à la fois spectateur et acteur, il serait appelé à verser le sang d'autrui pour défendre sa propre vie !

La chute de la serrure mit un terme à ses poignantes réflexions. La porte s'ouvrit sous l'effort puissant de la vigoureuse épaule du voyageur, et El-Adjel parut.

Tremblante comme la feuillée et pâle comme une morte arrachée à sa tombe, elle s'affaissa dans les bras de Wanderer, empressé à l'y recevoir.

Vêtue à l'orientale, sa toilette était, ainsi que celles de ses quatre compagnes, en rapport avec la fortune du vieux libertin qui les avait achetées.

— Pas de temps à perdre en syncope, dit le chasseur; en route, et le plus vite que nous pourrons !

Wanderer reprit sa carabine d'une main, de

l'autre enlaça la taille d'El-Adjel, et, imitant Noara, tous repassèrent par la chambre où dormaient paisiblement les autres femmes. Mais El-Bachir ne quitta la place qu'après avoir adressé de nouveaux gestes de menaces au mari dépouillé de sa femme.

Ils retrouvèrent Joe gravement occupé à passer et repasser un flacon sous les narines de la belle qui l'avait charmé. Au signe que lui fit le chasseur d'avoir à les suivre, il répondit par un autre les engageant à le précéder.

Pat, relevé de sa faction, au bas de l'escalier, se joignit aux autres, et tous ensemble au bout de dix minutes étaient rendus dans le taillis où El-Bachir avait caché ses chevaux.

Les deux enfants avaient fidèlement exécuté leur consigne. On les plaça sur une des montures. El-Adjel fut hissée sur l'autre, devant Noara chargée de l'y maintenir vu l'état de sa faiblesse.

El-Bachir, tenant le premier cheval par la bride, entama la marche au pas et fut suivi par le reste de la troupe. De peur de faire du bruit, pas une parole ne fut échangée pendant le premier trajet qui, en une heure, les amena au pied du rocher où Bob gardait les chevaux.

On s'arrêta, et les oreilles se tendirent pour épier les bruits lointains.

Rien ne troublait le silence solennel imposé par la nuit à tous les environs.

— Joe! dit à voix basse Wanderer. Joe! Joe!... Mais Joe ne répondit pas.

— Joe! accentua plus fort le voyageur...... Même silence!.... On se chercha, on se compta; Joe ne se trouva pas.

L'inquiétude commença à gagner ses compagnons. Que pouvait-il lui être arrivé? Comment ne les avait-il pas suivis? A quel fâcheux incident attribuer son absence? Les portes du bordj étaient restées ouvertes pour lui comme pour les autres! La nuit était trop avancée pour que l'on pût en employer une partie à sa recherche. Tout au plus avait-on le temps de fuir vers un lieu de refuge assuré!

Toutes sortes de conjectures s'offraient aux esprits tourmentés, lorsque Bob, attiré par leurs voix, vint les rejoindre avec deux chevaux, ainsi que cela lui avait été recommandé.

— Tout a bien marché? demanda-t-il.

— Parfaitement pour moi, répondit Wanderer; mais, pas pour Joe, sans doute, car le brave garçon n'est pas revenu avec nous. Je ne puis croire pourtant qu'il lui soit arrivé malheur, puisque nous n'avons entendu aucun bruit de lutte. Où diable peut-il s'être fourré?... En tous cas, il connaît le lieu de rendez-vous assigné à Billy pour les bagages; il viendra nous y retrouver..... Prends Pat avec toi et va chercher le reste des chevaux.

El-Bâchir s'offrit de lui-même à aller les aider dans cette courte mission.

Un quart d'heure ne s'était pas écoulé que la cavalerie se trouva au grand complet.

Chaque homme enfourcha sa monture, et, voyant que celle de Joe était libre, on parlait d'y jucher le petit Amar, afin de n'avoir pas à la conduire en laisse, lorsqu'une voix, partant des broussailles, s'écria :

— Aoh ! no, no ! Laissez la cheval de moâ pour moâ ! je hâvai certainly bienne besoin de lui !

En reconnaissant cette voix amie, le chasseur laissa retomber sur sa selle l'arme qu'il avait déjà instinctivement épaulée au bruissement des feuilles.

Une masse informe, noire et blanche, se dégagea en cet instant du fourré et Joe continua gaiement :

— Aoh ! no, no ! master Frenchman, il fallait pas faisé feu sur bon Joe et son petite femme !

— Mais c'est lui ! c'est parfaitement lui, dit Wanderer ; eh ! que peut-il donc nous apporter là ?

— Je portai le petite madame à moâ, aoh ! yes. Cela faisé ne pas du tort à vous. Je avai arraché aussi une oiseau de son cage. Aoh ! si les autres ils avaient faite comme moâ, demain, cette vieux gourmand de femmes, il n'aurait plus eu un seul des siennes pour caresser son barbe grise.

— C'est pourtant vrai, s'écria le voyageur, en mettant pied à terre ; c'est une femme qu'il a sur le dos !

— Yes, myl... master, fit Joe en se reprenant, et je étiai bien obligé à vô de me aider à placer lui devant moi sur ma coursier.

— C'est juste ! Puisque tu l'as prise, il faut que tu la gardes ! Monte, je te la ferai tenir.

Joe une fois en selle, il hissa vers lui un corps tenant plus du cadavre que de la femme.

— Aoh ! maître, prenez garde de réveiller lui !

— Mais, malheureux, je crois qu'elle est plutôt morte qu'endormie !

— No ! no ! sa petite cœur il battait toujours beaucoup fort sur l'épaule de moâ en venant.

Le reste de la troupe s'émerveillait en silence de l'idée qu'avait eue Joe. El-Adjel en semblait ravie :

— Tant mieux, disait-elle ! Ce sera une autre victime de moins de la bestialité de notre tyran. En se réveillant, elle sera bien heureuse d'être sortie de ses griffes. Si elle en meurt, elle n'aura plus à regretter l'epouvantable existence qu'il lui faisait endurer ainsi qu'à moi !

— Puisque tout s'est accompli au gré de chacun, conclut Wanderer, partons, mes amis, partons.

Il n'avait pas confié à d'autres le soin de tenir El-Adjel devant lui. Les enfants d'El-Bachir étant aussi bons cavaliers que bien des écuyers d'Europe, on pouvait, sans danger pour eux, marcher à toutes les allures. La route à parcourir était large et belle. On partit donc au galop.

CHAPITRE V.

LE LENDEMAIN D'UN RAPT.

A l'heure où l'aube allait paraître, la conformation du terrain changea subitement.

Au lieu de fouler le sol d'une surface plane, les chevaux commencèrent à gravir les escarpements d'une des montagnes les plus pittoresques que l'imagination puisse rêver.

Lorsque le soleil parut, la caravane se trouva engagée dans les solitudes d'une gorge, ayant à son centre une clairière dont l'herbe verdoyante invitait à s'y reposer.

Capricieusement découpée par la nature, seule maîtresse en ce lieu, elle s'encadrait dans de hautes futaies, empiétant çà et là sur le tapis de gazon. Cette irrégularité dans le dessin de la bordure ajoutait un charme de plus à la beauté du paysage.

Une paisible fontaine laissait s'écouler sans bruit le trop plein de ses eaux limpides sur les pentes de la prairie, y entretenant ainsi une éternelle fraîcheur.

— Par Allah ! dit El-Bachir au chasseur, penses-tu que j'aurais pu choisir un lieu plus favorable pour faire une halte, nécessaire à chacun de nous ?

— Non certes ! répondit le Français, et je défie bien le caïd de venir nous relancer ici.

— C'est pour cela que je vous ai guidés vers ce désert introuvable pour ses limiers. Le pied de l'homme y laisse rarement son empreinte. Le hasard seul me l'a fait découvrir il y a quelques années. Nous pouvons sans nulle crainte y goûter quelque repos, en attendant l'heure de notre fuite plus avant.

Cet avis, communiqué à Wanderer, eut pour conséquence de faire mettre pied à terre à la petite caravane.

Les chevaux, débridés et entravés, furent abandonnés à leur instinct pour chercher leur nourriture dans des herbages à leur choix. Ils n'avaient pas à courir bien loin pour s'y enfoncer jusqu'au poitrail.

Les hommes, avec les femmes et les enfants,

se dirigèrent vers la fontaine. Assis en rond sur la pelouse, l'étrangeté de leur situation, loin de les engager à échanger mutuellement leurs idées, les condamna tout au contraire à quelques instants de réflexions personnelles et de mutisme absolu. Leurs regards se parlaient seuls, mais ils en disaient assez.

Avoir conçu, entrepris et mené à bonne fin, en si peu de temps, une expédition si périlleuse, donnait en effet largement matière à réfléchir.

Ce qu'ils venaient d'accomplir là était bel et bien un double rapt. En vain se disaient-ils, pour leur excuse, que les femmes enlevées par eux étaient de pauvres esclaves victimes de la rapacité des gens qui les avaient vendues et de la brutalité du maître qui les avait achetées, ils n'en étaient pas moins forcés de s'avouer, *in petto*, que si le gouvernement français venait à être saisi de cette affaire, ils pourraient peut-être payer cher leur manie de vouloir se transformer en réformateurs de torts.

Une exclamation de Wanderer mit fin à ces embarrassantes rêveries.

— By God! s'écria-t-il, le plus difficile est fait! ne nous tourmentons pas de ce qu'il reste à faire!

— Pardieu! vous avez raison, répondit le chasseur.

Le diapason élevé de leurs voix sembla éveiller

un écho dans l'ouïe de la jeune Arabe enlevée par Joe. Elle tressaillit convulsivement, un long soupir s'exhala de son sein, ses paupières s'entr'ouvrirent, mais devant l'éclat éblouissant du jour se refermèrent aussitôt.

— Indeed ! je croyai certainement que le petite madame il allait réveiller lui ! exclama Joe.

Et, s'emparant des mains de la belle endormie, il les frictionna avec vigueur entre les siennes, dans le but de dissiper les dernières influences du somnifère absorbé par elle.

Au contact électrique des larges doigts de l'Anglais, la dormeuse s'éveilla soudain. Les regards effarés de ses grands yeux noirs se portèrent tour à tour sur les personnages inconnus qui l'environnaient. Un sentiment de sourde terreur commençait à s'y révéler, quand la vue d'El-Adjel et de Noara vint le transformer en une simple expression de vive surprise.

— Qu'est-il arrivé ? Où sommes-nous ? Quels sont ces hommes ? Sommes-nous vivantes ou mortes ?

A ces questions précipitées, El-Adjel répondit :

— Nous sommes bien mieux que vivantes, nous sommes libres ! La chaîne d'esclavage qui nous liait au caïd est rompue ; nous n'avons plus rien à craindre de lui !

— Mais qui nous nourrira ?

— Ceux qui nous ont délivrées, au péril de leur vie, et de la nôtre aussi.

— Quel motif les poussait à cela?

— Le dévouement d'un de ces chrétiens pour moi, et l'amour que j'ai pour lui !

— Bien ! mais, moi, je ne connaissais aucun de ces roumys! L'un d'eux m'aimerait donc? Lequel ?

El-Adjel, un peu embarrassée par cette question empreinte d'une impatiente curiosité, demanda en français à Wanderer, dont les bras s'enroulaient amoureusement à sa taille, quel était le sauveur de Mesaouda. Tel était le nom de sa compagne.

— Aoh ! devil ! ce était moâ, dit vivement Joe. Yes ! je hâvai vu elle dans la sommeil et ma cœur il s'était toute de siouite enflammé pour son personne ; et maintenant que je hâvai pu admirer son beaux yeux, je aimai lui plus fortement encore, yes ! Disez ça à lui, s'il plaisait vô !

Mais, sans attendre qu'El-Adjel eût fini de traduire cette burlesque déclaration, il enlaça Mesaouda sur son cœur et un sonore baiser, résonnant doublement sur les fraîches joues de la jeune femme, ne lui laissa plus un doute sur la personnalité de son amant improvisé.

Comme une biche effrayée, elle se dégagea de cette étreinte un peu sans gêne et courut se réfugier à la droite d'El-Adjel.

—Tu es bien heureuse, lui dit celle-ci, de n'avoir pas eu à endurer toutes les transes qui m'ont assaillie avant et pendant les longues heures employées à notre délivrance ! Remercie Dieu de t'avoir amenée ici sans avoir subi les angoisses alternatives de la crainte et de l'espérance ! Toi, tu t'es endormie esclave pour te reveiller libre, sans même l'avoir désiré. Moi qui, depuis longtemps, aspirais à rompre mes fers, j'avais continuellement présentes à l'esprit les tortures qui m'attendaient si mon projet eût échoué !

Là-dessus, elle lui raconta en détail tous les incidents de sa liaison avec le chrétien assis à ses côtés. Le riant tableau qu'elle lui fit du bonheur dont elles allaient jouir loin de leur commun tyran ne fut pas étranger à la façon moins effarouchée dont Mesaouda accueillit Joe, lorsqu'il vint reprendre place auprès d'elle. Du reste, en le regardant sans frayeur, elle finit par reconnaître qu'il était fort bel homme et d'une physionomie franche et sympathique. L'ignorance de la fille des montagnes ne pouvait être un obstacle à sa juste appréciation d'un extérieur avantageux. Sa pensée, le comparant à son vieux maître, devait nécessairement faire pencher la balance en faveur de l'Européen.

À défaut de paroles pour se faire comprendre l'un à l'autre, leurs regards intelligents les mirent bientôt d'accord.

Mais toute l'attention de la troupe portée sur les amours de Joe et Mesaouda ne faisait pas le compte de Wanderer, qu'El-Adjel semblait négliger en faveur de sa compagne.

— Ah ça! dit-il d'un ton d'ironique gaieté, depuis quand les amours du serviteur prennent-ils le pas sur ceux du maître? Tueur-de-Lions, mon camarade, priez donc la femme d'El-Bachir de raconter à Mesaouda tout ce qui peut l'intéresser sur les événements accomplis au bordj... Je ne serais pas fâché de pouvoir à mon tour profiter de la conversation d'El-Adjel. Et vous remarquerez en passant que Joe, tout aux petits soins aux pieds de sa conquête, n'a même pas encore songé à me remercier de la lui avoir procurée.

— Aoh! devil! no myl... master (oh! diable! non, mil... maître). Je ne hâvai point oublié le remerciement à vô, indeed! (en vérité). Il était là, dans ma cœur, au plus profondémente de mon poitrine.

Et Joe, en s'exprimant ainsi, pressait avec reconnaissance la main que Wanderer lui avait tendue pour amortir l'effet de ce que le brave garçon aurait pu prendre pour un reproche sérieux.

Tout entier alors à son entretien particulier avec El-Adjel, Wanderer prit plaisir à lui retracer combien il se trouvait heureux d'avoir réussi, sans encombre, à la rapprocher de lui, et de quel bonheur il projetait d'entourer désormais l'existence de la jeune femme.

— Je vous crois ; je veux vous croire, répondit timidement El-Adjel, mais ce bonheur, après lequel nous allons courir, sommes-nous bien sûrs de l'atteindre ? Je me croirai seulement délivrée le jour que mon pied ne foulera plus la terre maudite où la vente des femmes est permise.

— Vos souhaits seront bientôt exaucés, madame, dit galamment Wanderer. Dès que nous aurons atteint un port de mer, le premier bateau en partance cinglera pour nous vers l'Europe. De là nous gagnerons l'Amérique, seul pays qui dorénavant puisse être habité par moi.

Qui eût étudié le voyageur en cet instant, eût été surpris de la transformation complète opérée en lui. Ce n'était plus l'aventurier au ton brusque, à la parole brève, aux gestes saccadés, aux manières rudes comme celles d'un braconnier de profession ; ses regards, naguère si faciles à irriter, ne semblaient plus pouvoir refléter que l'urbanité et la douceur. Non, tout cet extérieur de commande avait disparu ! Il avait fait place aux dehors avantageux d'un homme du meilleur monde, se sachant en présence d'une femme, et désireux de s'attirer ses bonnes grâces.

— En attendant l'heure de toucher ce port désiré, continua-t-il en se rapprochant du groupe dont ils s'étaient quelque peu éloignés, il nous faut songer un peu aux nécessités du présent.

Les enfants dormaient près de leur mère, assoupie elle-même sur le gazon; Tueur-de-Lions et El-Bachir fumaient; Bob et Pat jouaient aux dés sans se menacer de coups de couteaux, preuve évidente qu'ils n'étaient pas Espagnols, et Joe, en contemplation devant Mesaouda, inventait les mots les plus baroques pour arriver à lui faire comprendre son amour naissant.

Les ayant rejoints, Wanderer entra avec eux en explication touchant le parti à prendre :

— Je voudrais, leur dit-il, gagner au plus vite un point d'embarquement. Pas sur le territoire algérien, par exemple ! Le caïd est au service de la France; la trahison de mon interprète lui fera naturellement penser que l'enlèvement de ses femmes n'a pas eu d'autre auteur que moi ; aussitôt réveillé, il n'aura rien de plus pressé que de me signaler aux autorités françaises. Aucune chance de lui échapper en se trouvant de ce côté, il faut en chercher une ailleurs.

En parlant ainsi, il mit à jour, hors de son carnier, une tuyau de fer blanc et en sortit une boussole, accompagnée d'une carte très-détaillée de tout le littoral.

Après l'avoir étudiée quelques instants en silence et s'être rendu compte du lieu où il se trouvait :

— En combien de jours pourrions-nous arriver à Tunis ? demanda-t-il au chasseur.

— En six jours, répondit celui-ci, témoignant sa vive surprise d'une telle question.

— Sommes-nous éloignés des frontières réelles de la Tunisie ?

— D'une journée au plus.

— Bon ! Eh bien, cette nuit, nous ferons notre possible pour les franchir. Demain, nous prendrons librement la direction de Tunis.

— Librement ?... La direction de Tunis ?... Par terre ? s'écria le chasseur. Et sa voix semblait vouloir parcourir la gamme de la stupéfaction, à mesure qu'il scandait ces lambeaux de la phrase de Wanderer. — Mais, malheureux ! votre gorge est donc bien pressée de faire connaissance avec la lame des yatagans des bandits de la frontière ? On voit bien que vous ignorez ce que sont ces pirates de terre, dix fois plus à redouter que ceux qui, jadis, infestaient la Méditerranée. Non, non ! Cette voie-là est impraticable pour nous ! Pourquoi ne pas aller à la Calle ? nous y serions dans deux jours ?

— Et vous, avez-vous déjà perdu la tête ? La Calle est le dernier port français, à l'est. Je n'y aurais pas mis le pied, que je serais arrêté avec ces deux femmes arabes. N'oubliez pas la fureur dans laquelle le caïd doit être après moi. Aller à la Calle, serait me fourrer dans la gueule du loup, comme on dit en France.

— Oui-da ! Et sur les frontières, les griffes des tigres à deux pieds, pensez-vous qu'elles soient moins à redouter pour nous ?

— Bah ! s'il faut faire parler la poudre, on la fera parler, by God ! En faisant bonne contenance devant les bandits, rien ne dit que nous n'arriverons pas à leur échapper ! Je serais donc d'avis de partir pour la frontière, à l'instant même, si nos bagages étaient ici.

— Partir de jour serait folie ! Déjà des cavaliers doivent être lancés à nos trousses dans toutes les directions. Tentons le voyage à Tunis, puisque cela vous plaît, mais de nuit seulement. Et rappelez-vous bien ceci : il ne s'accomplira pas sans combat !...

— A la grâce de Dieu ! dit Wanderer, pour clore la discussion.

Néanmoins, sur un nouvel avis du chasseur, il se décida à détacher Bob vers son camarade Billy, chargé de la conduite des bagages. Il lui portait l'ordre de venir le rejoindre en toute hâte, après avoir congédié les Arabes d'escorte avec leurs bêtes de somme ; d'en louer d'autres, auxquels il donnerait de fausses indications sur le pays où il voulait se rendre, et enfin de conserver à son service le Maltais, dont on a déjà incidemment parlé dans un précédent chapitre.

Cet homme interprétait d'une façon suffisante le français, la langue anglaise et l'arabe. On avait tout intérêt à ne pas s'en séparer, et, pour se l'attacher davantage, Wanderer lui faisait parvenir une gratification, avec promesse de payer son voyage de retour, une fois l'expédition arrivée à son but.

Tout étant bien convenu, Bob partit pour sa mission, avec El-Bachir pour guide.

Pendant ce temps, Pat prit la précaution de parquer les chevaux sous un épais massif de feuillages, les attacha, côte à côte, par les pieds, pour empêcher les hennissements, et leur servit une grosse provision d'herbe d'alpha, nourriture très-fortifiante et salubre pour ces coursiers montagnards. Puis il revint prendre place sous les arbres ombrageant la fontaine, près du maître et de ses compagnons.

Vive l'amour ! s'écrient les jeunes gens à leurs débuts dans la vie ! Vive l'amour ! murmurent tout bas les fillettes, le jour où, pour la première fois, elles sentent frémir sous leur corsage l'organe souverain maître de leurs futures destinées.

Une chaumière et son cœur ! soupirent les naïfs garçons. — Serai-je belle le jour de mes noces ? se demandent les jeunes filles. — Si je pouvais encore aimer ? pensent les vieillards. — Pourquoi ne m'aimerait-on plus ? disent coquettement les vieilles femmes, en se mirant dans leur miroir.

Et ni les uns ni les autres n'accordent une pensée aux exigences de la vie réelle, dès que leur cœur a parlé.

Mais il existe un tyran qui, du fond de la sombre retraite d'où il lance ses impérieux et inexorables décrets, ne se gêne pas pour les ramener, au moins deux fois par jour, à l'accomplissement envers lui de leurs devoirs d'humbles serviteurs et sujets. S'il parle, le cœur se tait. S'il souffre, la machine humaine est incapable de mouvoir ses rouages endoloris. Sur le trône ou sous un gourby, dans les villes comme au désert, tous les êtres créés doivent fatalement obéir à ses lois. C'est le seul vrai maître du monde ! On le nomme : l'Estomac !

Or, l'estomac faisait depuis longtemps entendre de sourdes plaintes à chacun des voyageurs.

Quelle que fût la puissance de l'amour mutuellement partagé entre Wanderer et El-Adjel, et celle des désirs naissants communiqués à la belle Mesaouda par les regards de Joe, force fut aux amoureux de se rendre compte, aussi bien que les témoins muets de leur félicité, que l'instant était venu de songer à réparer leurs forces rudement battues en brèche par leur cavalcade nocturne.

11.

— Allons, Joe ! à déjeuner, et promptement, commanda Wanderer !

Cet ordre fut accueilli avec un visible plaisir. Il est de fait que chez les hommes, tout autant que chez les femmes et les enfants, l'appétit avait eu le temps de croître depuis le repas de la veille. On put bientôt s'assurer que Joe avait agi avec prudence en bourrant tous les carniers de plantureuses provisions.

Le tapis naturel de verdure servait tout à la fois de nappe et de siéges. Rarement salle à manger plus splendide fut offerte à des fuyards.

Il pouvait être neuf heures du matin. Les rayons du soleil, déjà insupportables au centre de la clairière, rendaient plus sensible encore la jouissance d'être à l'ombre des prodigieux rameaux dont le dôme feuillu surplombait la claire fontaine.

Les suaves odeurs des myrthes, des lentisques et des tamarins se mariaient aux rustiques parfums exhalés par des myriades de fleurs sauvages, amoureusement enlacées aux branches des arbres.

Ce charmant paysage, perdu au fond d'une gorge dominée de toutes parts par les flancs abrupts, mais non dépouillés de végétation, de la montagne, avait été admirablement choisi par El-Bachir pour servir de premier témoin à la réunion des deux couples amoureux.

— Pardieu ! s'écria Tueur-de-Lions, je ne me refuserais point à être l'Adam de ce petit paradis, si je connaissais une Eve qui voulût consentir à y vivre avec moi !

Wanderer subissait sans doute l'influence des charmes de cette délicieuse retraite, car, après en avoir longuement admiré tous les détails :

—Je vous le jure, dit-il à El-Adjel, si je n'avais à redouter pour vous les poursuites des Arabes, je planterais volontiers ma tente ici. Je me déciderais sans peine à y passer ma vie à vos côtés.

— Quoi ! vous abandonneriez sans regret votre patrie pour une pauvre fille des montagnes ?

— Sans aucun regret, puisque je vous aime ! Et vous, m'aimez-vous ?

— Comment, si je vous aime ? Je serais vile et ingrate en ne vous aimant pas, après ce que vous avez fait pour moi ! Mais je n'ai point attendu cela pour vous aimer. Mon cœur vous appartient du premier jour où je vous vis. J'ignore qui vous êtes, mais fussiez-vous le plus pauvre et le plus malheureux des chasseurs, El-Adjel est à vous et ne sera plus qu'à vous.

— Merci, mon Dieu ! dit religieusement Wanderer, élevant les yeux vers le ciel ; j'ai donc enfin trouvé la femme que j'ai si longtemps rêvée !

Et attirant la jeune femme dans ses bras, il la pressa avec effusion contre sa large poitrine.

— Aoh! et moâ aussi, je hâvai trouvé une pour moâ! dit Joe entre deux bouchées. Et il paraissait que le amour de lui pour moâ, il faisait pas grande tort à son appétit, car, indeed (en vérité), son petites dents ils faisaient fort bienne leur service, aoh! yes!

Mesaouda, en effet, sans craindre de blesser l'amour-propre du brave garçon, semblait bien moins occupée de lui que des mets dont il la bourrait.

L'estomac parlait chez elle et laissait dormir son cœur. C'était logique après tout. A peine connaissait-elle Joe, et la faim la talonnait! Ventre affamé n'a pas d'oreilles!

Tueur-de-Lions avait terminé son repas en silence. Mais, lorsqu'il eut allumé sa pipe, s'accoudant à l'aise sur l'herbe :

— Je ne serais pas fâché, dit-il, d'apprendre par quel moyen El-Adjel, fille des montagnes, a pu arriver à parler et surtout à écrire si correctement la langue française.

— J'éprouve la même curiosité, répondit Wanderer. Voyons, ma charmante amie, éclairez-nous à ce sujet. Nous avons du temps devant nous, puisque les hommes et les bagages ne sont pas encore près d'arriver. Edifiez-nous sur votre origine et sur votre passé. Quels qu'ils soient, ils ne peuvent rien changer à mes projets sur vous. Je vous aime, vous m'aimez ; c'est là tout ce qui peut avoir de l'importance à mes yeux.

— Tout ce que j'aurai à dire à cet égard est bien triste, répondit lentement El-Adjel, mais, du moins, je n'aurai pas à en rougir, puisque ce qui s'est passé a eu lieu contre mon gré et conformément aux usages du pays où je suis née.

— Vous pouvez réserver pour moi seul tout ce qui aurait l'air d'une confession publique, dit vivement Wanderer.

— Non, reprit-elle avec force, El-Adjel n'a rien à cacher ! Si El-Adjel n'est plus la jeune vierge qu'un amour tel que le vôtre avait le droit de réclamer, ce n'est point à elle que la faute doit en être imputée ! Ce sont les lois barbares de ces contrées qui ont jeté la pauvre enfant dans la couche d'un vieillard qu'elle a toujours méprisé. Jamais nul autre que ce vieux misérable n'a eu le droit de lever le voile de la fille, achetée par lui. Si c'est là ce que vous appelez une confession, je ne vois pas pourquoi je ne la ferais pas devant vous et vos amis. La seule coupable là-dedans, c'est la loi de ma tribu. Maintenant, je vais parler de mes parents.

CHAPITRE VI.

ORIGINE D'EL-ADJEL.

« Je suis chrétienne et fille d'un chrétien. Je l'ai écrit dans le premier billet que j'ai pu dérober à la surveillance de mes gardiens.

« Mon père était Français. Il s'appelait Joseph, avec un autre nom que j'ai oublié. Par quel hasard vint-il habiter ces montagnes ? je vais le dire.

« Sous-officier d'un régiment qui manœuvre des canons, il avait une amie dans la ville de Bône. Cette amie était en butte aux poursuites d'un officier du même régiment qu'elle ne pouvait souffrir.

« Un jour qu'elle parlait avec mon père dans la rue, l'officier passa et les vit ensemble.

« Le lendemain, pour un motif futile, il punissait de huit jours de prison le rival plus favorisé que lui, et, pendant que ce malheureux était enfermé, il recourait jusqu'à la violence pour lui ravir son amie.

« Rendu à la liberté, Joseph apprit de cette dernière tout ce qui s'était passé.

« Exalté par la colère et la jalousie, il ne craignit pas, après l'avoir inutilement provoqué, de frapper son supérieur au visage.

« On le reconduisit en prison, où il réfléchit à l'aise à la folie de sa conduite. Sa faute était de celles que les Français punissent de mort. Il était brave et ne craignait pas la mort, mais l'idée de périr comme un criminel l'effrayait.

« A l'aide de quelques amis, il parvint à s'évader. Ne pouvant retourner en France, il s'enfonça dans les terres vers le sud. Il fut parfaitement accueilli par les habitants des tribus ayant pour cheik un vieil homme qui venait d'acheter ma mère.

« En peu de temps, il apprit à parler la langue arabe.

« Le cheik, mari de ma mère, s'était marié très-jeune, à l'âge de quinze ans ! Il avait eu de ses premières femmes des garçons dont l'âge dépassait celui de ma mère le jour où il l'acheta.

Elle était destinée à remplacer sa cinquième femme, morte depuis peu.

« Le cheik, voyant l'importance que prenait chaque jour le gouvernement des chrétiens sur le sol arabe, jugea prudent de faire enseigner le français à tous ses fils.

« Il espérait, à l'aide de cette langue, obtenir pour eux des emplois au service des vainqueurs.

« La présence de Joseph sur son territoire lui avait suggéré cette idée.

« Il le fit donc appeler et lui proposa de se charger de l'instruction de ses enfants.

« Le Français accepta, réfléchissant que ce serait un moyen pour lui de se perfectionner dans la connaissance de l'Arabe et d'adoucir les rigueurs de sa position de fugitif chez des gens au milieu desquels il était désormais condamné à vivre.

« A partir de ce jour, il fut installé sous l'une des tentes du cheik et commença à donner des leçons aux jeunes Arabes.

« De fréquents rapports s'établirent bientôt entre lui et leurs mères. La mienne accompagnait souvent celles-ci. Joseph était jeune et bien fait ; elle l'aima et s'en fit aimer.

« Bien qu'il eût en apparence adopté les coutumes musulmanes, il refusa toujours de prendre pour femmes des filles de la tribu. Les plus belles, cependant, lui furent souvent offertes. Mais, indépendamment de ce que l'achat d'une compagne lui répugnait, son attachement pour ma mère avait fermé son cœur à tout autre sentiment.

« Une année s'écoula ainsi, au bout de laquelle ma mère me mit au jour. »

...... Arrivée à cette partie de son récit, El-Adjel, violemment agitée par ses souvenirs, ne put contenir plus longtemps deux grosses larmes brillant comme des perles sur les cils de ses beaux yeux, et pleura abondamment. Mais, bientôt remise de cette passagère émotion, elle poursuivit ainsi :

« Je grandis progressivement, bercée sur les genoux du Français. Même étant toute petite, il prenait plaisir à jouer avec moi. J'étais beaucoup plus sensible à ses caresses qu'à celles, assez rares du reste, de celui que j'appelais papa. Que vous dirai-je ? j'en vins instinctivement à l'aimer de tout mon cœur, au grand contentement de ma mère !

« J'avais à peine quatre ans, lorsque le professeur se hasarda de faire au cheik la proposition d'instruire ses filles, comme il l'avait fait pour les garçons.

« Le rude observateur des lois de l'Alkoran fit la sourde oreille. Confier de grandes filles à la loyauté d'un ancien roumy ne pouvait lui convenir. Mais il fit une exception en ma faveur, parce que j'étais toute petite.

« Il faisait si peu attention à moi, qu'il ne s'apercevait pas des soins que le Français apportait à mon instruction. Il est vrai que, très-souvent, je recevais ses leçons en cachette.

« A mesure que j'avançais en âge, j'apprenais mieux le français que l'arabe. Bientôt, je pus lire assez couramment, à la grande stupéfaction des autres enfants, y compris ceux du cheik, précédemment instruits par Joseph.

« Celui-ci, ne se contentant plus d'être professeur de français, se mit à enseigner l'arabe aux arabes eux-mêmes. La tribu préférait sa méthode à celle des maîtres du pays.

« Grâce aux livres qu'il faisait acheter et qui traitaient des deux langues, il en était venu à ne plus distinguer laquelle il connaissait le mieux.

« C'est par l'entremise personnelle du cheik que ces livres lui arrivaient. Cet homme ne comprenant rien au français, Joseph profitait de son ignorance pour se procurer des livres de religion et de mœurs chrétiennes. Il me les remettait, et, soit sous ses yeux, soit en son absence, car je ne tardai pas à être assez savante pour les étudier moi-même, je poursuivis le cours de mon instruction dans la foi de ses pères. Lorsque j'avais mal compris, il redressait mes erreurs.

« Il m'apprit de même à écrire, me traçant

des exemples, que je copiais à l'insu de tous, à l'exception de ma mère. Loin de me détourner de cette voie, elle m'engageait, les larmes aux yeux, à persévérer dans mon désir de m'instruire et dans la vive affection que je portais au Français.

« J'atteignis ainsi quatorze ans, ignorant toujours la cause de l'amitié dont il me donnait tant de preuves.

« Hélas ! ce furent sans doute les preuves trop visibles de cette amitié qui le perdirent.

« On finit par soupçonner sa liaison avec ma mère. De là à les épier, il n'y avait plus qu'un pas.

« Un horrible guet-apens leur fut tendu par le cheik. L'amour les y fit tomber.

« Surpris l'un près de l'autre, pendant une profonde nuit, ils succombèrent ensemble sous les coups de l'acheteur de ma mère.

« Le lâche mécréant ne recula pas, pour se venger, devant un double assassinat.

« A ses cris et au bruit de la détonation de ses armes, toute la tribu accourut près de nos tentes.

« La curiosité naturelle à mon âge m'entraîna à la suite de mes sœurs plus grandes.

« Quel spectacle s'offrit à ma vue !

« Ma mère et mon professeur étaient là, baignés dans leur sang et râlant côte à côte.

« Je me précipitai sur ma mère et l'étreignis de mes caresses. Elle, enlaçant ma tête de ses bras, murmura à mon oreille : — « Embrasse le « chrétien; donne-lui le premier et le dernier « baiser de sa fille... il est ton père ! Ne le laisse « pas mourir sans lui faire savoir que tu le re- « connais pour tel ! »

« Ces paroles déchirèrent le voile d'ignorance qui m'avait si longtemps caché la vérité. Je compris tout, et m'abaissant à mon tour près de l'oreille de celui qui cessait pour moi d'être un étranger :

« — Adieu, mon père, dis-je en français, allez « m'attendre dans le ciel du vrai Dieu ! »

« Le son de ma voix le fit tressaillir; ses yeux, déjà voilés par la mort, s'entr'ouvrirent; un effort suprême lui permit de se soulever à moitié de sa couche ensanglantée, et, me pressant sur sa poitrine, il articula avec peine ces mots que je n'oublierai jamais : — « Ma fille... ma fille « chérie !... Tu seras chrétienne, n'est-ce pas ?

« — Je le promets, lui dis-je ! »

« Un rayon de joie illumina son visage, ses bras se séparèrent de moi, son corps retomba lourdement... il avait cessé de vivre. Mais il me sembla que son âme, en quittant sa mortelle dépouille, venait de s'incarner en moi !...

« Lorsque mon visage voulut de nouveau interroger celui de ma mère, mes regards n'eurent plus à consulter que la face d'un cadavre.

« Dans sa férocité jalouse, l'assassin m'avait faite deux fois orpheline.

« Les lâches bandits qui m'entouraient riaient de ma douleur et maltraitaient à coups de pied les malheureuses victimes du cheik, en hurlant après moi comme des démons :

« — Va, va, fille de chien, tu es maudite ! ton
« père était un chrétien ! et Mahomet renie ta
« mère ! »

« Tenez ! dit El-Adjel, interrompant pour la seconde fois son récit, il me serait impossible de continuer en ce moment. Les sanglots que je cherche en vain à comprimer finiraient par m'étouffer ; laissez-moi, je vous en prie, leur donner un libre cours. »

Effectivement, le souvenir de l'horrible scène que la jeune femme venait de retracer d'une façon si naïve, l'avait si fortement émue que Wanderer crut un instant qu'elle allait se trouver mal.

Un déluge de larmes vint à propos la soulager, et sa douleur communicative réussit à mouiller les yeux de ses auditeurs attendris.

— Par ma carabine ! s'écria Wanderer, en pressant El-Adjel sur son cœur, si j'ai jusqu'ici douté de pouvoir rencontrer une femme qui sût se faire loyalement aimer de moi, je serai forcé désormais de croire tout le contraire. Pleurez, mon amie, pleurez à votre aise, mais, by God! ces pleurs seront les derniers que vous aurez à verser, je vous le jure, si vous tenez à voir toujours des yeux secs à celui qui sera bientôt votre légitime époux !

Et du revers de ses mains il s'essuya les paupières.

Joe semblait n'avoir attendu que cet instant pour agir de même. Mais comme ses mains n'auraient pas suffi pour effacer les traces de son attendrissement ruisselant sur sa large figure, il eut recours à son mouchoir.

Tueur-de-Lions, plus habitué aux scènes de meurtres dont il était si souvent témoin dans ces barbares contrées, semblait moins impressionné. Puis, il n'était pas amoureux et ne demandait pas à l'être. Cependant, s'il lui eût fallu parler, il est probable que sa voix eût dénoté un enrouement subit, que ses compagnons, sans erreur, auraient parfaitement pu attribuer à l'influence du récit de la jeune montagnarde.

Les dernières paroles de Wanderer avaient agréablement résonné aux oreilles d'El-Adjel. Ses regards, à travers ses larmes, cherchaient à lire sur les traits du voyageur le sentiment réel qu'elle devait y attacher.

Après un certain temps passé dans le silence,

et employé par chacun à résumer ses idées sur ce que l'on venait d'entendre :

— Vous m'aimez donc réellement, et vous ne me voulez pas pour esclave ? dit-elle.

— Esclave ? répondit Wanderer en bondissant; est-ce que je suis un Arabe, moi ! pour faire de ma femme une esclave ? Non, non, rassurez-vous ! Si je vous ai arrachée au supplice de vivre parmi les tortureurs de votre corps, ce n'est point pour vous tourmenter à mon tour. Vous serez ma femme, femme chérie et respectée, la joie et la consolation de mes années à venir.

— Quoi ! reprit-elle avec l'accent de la joie la plus vraie, vous seriez à moi seule, de même que je serais seule à vous ? Oh ! je ne regrette plus le passé, si c'est à lui que je dois le renouvellement de ma vie !

Et ses deux mains palpitantes de reconnaissance pressèrent avec effusion celles de son libérateur.

— Je l'ai dit et je tiendrai ma promesse, reprit Wanderer, touché de son geste plus encore que de ses paroles. Mais, maintenant que vos beaux yeux ne sont plus obscurcis par les pleurs, reprenez votre récit, je vous en prie, et dites-moi d'abord comment il se fait que, vous sentant, comme chrétienne, un objet de haine pour ces misérables, vous n'ayez pas eu, au moins une fois, la tentation de les fuir ?

— Vous oubliez que je n'étais qu'une enfant, répliqua El-Adjel. Où serais-je allée me réfugier? Le triste sort qui m'attendait sous nos tentes n'eût-il pas été le même, sinon plus misérable encore, chez les gens d'une autre tribu? Le cheik, que j'avais pris en horreur, ne m'aurait-il pas fait poursuivre et ramener chez lui? Pendant sa grande colère, il avait d'abord songé à me tuer comme mon père et ma mère; l'avarice l'en empêcha. Il calcula que la beauté que l'on m'attribuait déjà pourrait lui rapporter plus tard une bonne quantité de douros. C'est à ce honteux espoir que je dus la vie. Mais j'avais à peine quinze ans qu'il s'empressa de vendre mon corps au vieux tigre des griffes duquel votre générosité m'a tirée.

— Dites plutôt mon amour, interrompit-il avec passion.

Elle le remercia de ce mot par un long regard au sens duquel il ne pouvait se tromper, et poursuivit :

— Cette vente infâme rapporta mille francs au cheik. Moi, je venais de quitter un enfer pour retomber dans un autre. Dieu sait ce que mon nouveau bourreau me fit souffrir.

La jeune femme se tut un instant, un soupir douloureux souleva sa poitrine, mais comprimant aussitôt les sentiments tumultueux qui l'oppressaient :

— Ah ! je vous en supplie, s'écria-t-elle, remettons à une autre fois la description des tortures infligées aux pauvres femmes arabes, de par la loi de l'Alkoran, et auxquelles j'ai dû me soumettre comme mes infortunées compagnes. Aujourd'hui, je n'aurais plus la force de vous en donner une idée !...

— Elle a raison, dit Tueur-de-Lions, venant à son secours ; elle est réellement trop émue pour traiter cet infernal sujet plus longtemps. Parlons plutôt des diverses chances appelées à accueillir notre fuite.

— Oh ! fit El-Adjel, toute frissonnante et s'adressant à Wanderer : si l'une d'elles devait nous être contraire, jurez-moi de me tuer, plutôt que de me laisser retomber au pouvoir du caïd !

— Je le jure par ceci, répondit-il ; et sa main brandissait sa redoutable carabine. Oui, El-Adjel, je jure que tout Arabe assez audacieux pour mettre la main sur vous recevra de cette arme fidèle son passe-port pour l'éternité. Ma vie, jusqu'à son dernier souffle, sera consacrée à votre défense. Qu'avons-nous à redouter d'ailleurs ? Ne sommes-nous pas près des frontières ? Une fois sur le sol tunisien, le caïd n'aura plus droit qu'à recevoir nos balles. Qu'il y vienne... on le recevra !

Un sourd grondement s'échappa en cet instant de la poitrine de Joe, en guise de soupir.

Il était là, contemplant sa belle qui, machinalement, abandonnait ses mains à ses caresses.

L'air stupéfait de Mesaouda témoignait suffisamment combien il lui était difficile de se rendre compte de ce qui se passait autour d'elle.

— Aoh! bonne madame, dit Joe à El-Adjel, vô qui parler le arabe, disez donc pour moâ à cet petit colombe que je souffrir beaucoup fort de voâr sa petite cœur dans le gonflement du tristesse. Je aimai déjà lui, comme ma maître il aimer vô, aoh! yes; et je vaoulai faire avec lui le mariage, quand le maître de moâ il faisait mariage avec vô, indeed! (en vérité).

El-Adjel, dans le but de rassurer sa compagne, s'empressa de lui dire :

— Pourquoi cette tristesse? qu'as-tu à craindre ici? rien. Tout, au contraire, devrait t'y sourire. Souviens-toi des livres chrétiens que je te traduisais là-bas. Quand j'y lisais que les femmes des roumys étaient libres, à l'égal de leurs maris, tu disais que c'était impossible. Tu verras, avant peu, que les livres disaient vrai! Nous marchons déjà ensemble sur le chemin de l'amour et de la liberté. Si nous échouons en route, nous succomberons ensemble. La mort n'est-elle pas préférable à l'existence de brutes à laquelle nous étions condamnées. Fuir le vieux bouc pour suivre ces jeunes chrétiens, n'est-ce pas échanger l'enfer contre le paradis? Nous allons être les uniques compagnes de ces hommes qui nous aiment. Ils ne nous relègueront pas, pendant notre vieillesse, dans un coin de leur demeure, pour y servir de gardiennes et d'espionnes aux femmes plus jeunes que nous! C'est le sort que l'on nous réservait dans le bordj maudit. Moi, je te le répète, je lui préfère le repos de la tombe.

— El-Adjel, répondit timidement Mesaouda, je ne sais que croire ou penser. N'importe! j'ai toujours eu confiance en toi. Quand tu me dépeignais un monde plus beau et meilleur que le nôtre, je fermais les yeux et je m'imaginais faire un rêve! Tu m'affirmes aujourd'hui que ce rêve est une réalité. Soit! je ferai ce que tu feras. Que la volonté d'Allah soit obéie. Dis à cet homme que je lui appartiens, mais à une condition, c'est que l'on ne nous séparera jamais l'une de l'autre.

— Aoh! yes, jamais! jamais! jura Joe informé du résultat de l'entremise d'El-Adjel; vô paouvai dire à lui que Joe il ne quittera son maître que pour le mort et que le maître de lui il jamais ne quittera le bon madame El-Adjel.

Entièrement remise de ses incertitudes craintives, la figure charmante de Mesaouda se rasséréna soudain, et, par contre-coup, celle de Joe reprit un air plus riant.

— Que la volonté de Dieu s'accomplisse, murmura une seconde fois la jeune femme.

Tueur-de-Lions, muet spectateur de cette scène, traduisit ce vœu à Joe.

— Aoh! fit celui-ci tout joyeux; la volonté de Dieu il était que je embrassai son deux joues!

Et il le fit comme il l'avait dit.

Le retour d'El-Bachir, de Billy, de Bob et des autres ne se fit plus longtemps attendre.

Ils parurent suivis de mulets chargés de vivres et de bagages. Ayant mis pied à terre, chacun se hâta de décharger les bêtes de somme pour leur faire prendre quelques heures de repos.

L'heure du départ avait été fixée à la nuit tombante.

L'interprète maltais, plusieurs fois cité antérieurement par Wanderer, et appelé à jouer par la suite un rôle assez important dans les péripéties multiples et dramatiques de notre histoire, était au nombre des arrivants.

Interrogé par le voyageur sur les incidents de leur retour :

— La bizonia s'est bien passée, dit-il, mais, sangue di Dio! ze ne te conseille pas de retourner près du bordj. Des spahis du caïd ils sont à recercer toi de tous les côtés. Il prétend que toi et les tiens vous avez commis oune petite espèce de vol chez lui. Mais, par la Madona! ze ne l'ai point cru! Oun sidi (un maître) si zénéreux qué toi, il n'est pas oun bolour (voleur). Si zamais lou coquinn il sonze à t'attaquer, ze mettrai tout mon couraze à toun service, perché (parce que) tout m'as touzours bien paga (payé).

Le Maltais tutoyait son maître, à la mode arabe; mais, plus tard, voyant à qui il avait affaire, il ne lui adressa plus la parole qu'en serviteur européen. Rien de tel que le danger pour rendre les gens polis. Il en fut de même de Tueur-de-Lions, à l'égard d'El-Adjel.

— Parle en anglais, ordonna Wanderer, je te comprendrai mieux.

..... Leur conversation terminée :

— By God ! dit-il à Tueur-de-Lions, qu'il prit à part, les fins limiers sont déjà sur nos traces. Pas de temps à perdre ! Vite, que chacun se restaure au galop; nous ne savons pas quand il nous sera loisible de faire un nouveau repas. Nous n'attendrons pas la nuit pour partir.

Une des cantines fut ouverte. Chacun y puisa un morceau à son gré et le dévora debout.

A peine les chevaux et les bêtes de somme avaient-ils eu le temps d'ébaucher un semblant de nourriture, qu'ils furent promptement sellés, bridés et rechargés.

— Que se passe-t-il donc, interrogea El-Adjel devenue inquiète à la vue d'apprêts de départ si précipités.

— Peu de chose, répondit tranquillement Wanderer, occupé à inspecter ses armes. Seulement, je crains d'avoir trop longuement bivouaqué ici.

A cette affirmation indirecte d'un danger pressant :

— Mon Dieu ! dit la jeune femme frémissante d'inquiétude, le bourreau de mon corps serait-il donc déjà sur notre piste ? Partons, alors, partons !

Sur l'invitation du chasseur, El-Bachir n'hésita pas à accompagner les fuyards avec sa famille :

— Je ne connais pas assez la contrée pour servir avantageusement de guide, dit Tueur-de-Lions ; toi, au contraire, tu pourras nous être de la plus grande utilité. De Tunis, tu regagneras La Calle, par mer, avec le Maltais. Une fois débarqués, toi et les tiens, vous reprendrez sans danger la route de votre gourby.

—Comme tu voudras, répondit philosophiquement l'Arabe, tout ce qui m'appartient est à ton service.

Le Français n'était point sans appréhensions fâcheuses à l'égard du périlleux voyage entrepris par Wanderer, et cette famille de surplus dans la caravane pouvait augmenter le nombre de ses défenseurs, en cas d'attaque de la part des brigands tunisiens.

CHAPITRE VII.

SUR LA FRONTIÈRE DE TUNIS.

Le soleil était encore suspendu à une heure au-dessus de l'horizon, lorsqu'on se mit en route.

A deux cents mètres environ en avant du gros de la troupe, El-Bachir et le Maltais servaient de guides.

Les femmes occupaient le centre de la caravane, ayant, à droite et à gauche, Wanderer et Joe.

La marche était fermée par Tueur-de-Lions, Pat et Billy.

Leurs chevaux ne portant que les cavaliers, ceux-ci pouvaient sans inconvénient s'attarder de quelques centaines de pas en arrière, pour éviter toute surprise. Les armes, en bon état, ne demandaient qu'à être mises à l'épreuve.

Tueur-de-Lions, il faut bien le dire, s'amusait peu en compagnie des deux Anglais. Il ignorait le premier mot de leur langue, et les autres ne comprenaient ni le français ni l'arabe.

Aussi, à peine la nuit les eut-elle plongés dans les ténèbres, qu'il rejoignit Wanderer et l'engagea à commander une courte halte, sous prétexte de se consulter sur la véritable voie à suivre.

On prit pour lieu d'arrêt un petit col encaissé, à peu de distance du chemin frayé.

Interrogé sur sa parfaite connaissance des lieux, El-Bachir répondit :

— Jusqu'à une journée de marche, au delà des limites françaises, je suis sûr de moi. Plus loin j'hésiterais. Mais, une fois sur le territoire tunisien, cela importe peu, puisque nous y serons à l'abri des poursuites du caïd. Ce que je redoute, c'est la rencontre des kroumirs (bandits), tout aussi dangereux pour nous, s'ils ne le sont davantage.

— Ne sommes-nous pas en forces suffisantes pour les repousser, demanda le Français ?

— Peut-être ! En tous cas, si d'autres qu'eux nous interpellent, et cela peut arriver, toi et le Maltais, qui parlez arabe, vous direz que vous fuyez le pouvoir de la France, pour vous réfugier en Tunisie.

— Et les étrangers, qu'en dirons-nous ?

— Nous les présenterons pour ce qu'ils sont, des Anglais.

— Et tu penses que cela suffira pour les mettre à l'abri de toute insulte comme roumys ?

Sans doute ! Beaucoup d'Anglais parcourent ce pays pour y vendre de la poudre et des armes de contrebande. La France doit bien le savoir, puisque c'est avec ces munitions que l'on se révolte si souvent contre elle.

— Et si je me faisais passer pour Anglais aussi ?

— Tu ferais bien ; on les aime, ici, mieux que les Français. Quant à moi et à ma famille, nous serons censés vous guider jusqu'à Tunis, d'où vous reviendrez avec des approvisionnements de guerre que vous vendrez dans l'intérieur.

—Tu as raison. Comme cela, il nous reste seulement les bandits à redouter. Mais, Dieu aidant ! ils trouveront en nous des gens prêts à leur répondre.

— Certainement ! car les gens de tribu, espérant votre retour avec de la poudre, n'auront aucun intérêt à entraver votre marche.

Les recommandations d'El-Bachir lui paraissant de bon augure, le chasseur en fit aussitôt part à Wanderer, qui déclara être prêt à s'y conformer.

Par surcroît de précautions, on décida de voyager la nuit seulement. On espérait ainsi éviter plus facilement les rencontres fâcheuses.

On convint de camper le jour au plus épais des forêts, assez communes sur le parcours à suivre.

La marche fut reprise dans le même ordre, avec cette différence que Pat veilla sur les femmes avec Joe. Wanderer le remplaça à l'arrière-garde.

Ce changement s'était opéré sur la demande de Tueur-de-Lions, désireux d'avoir près de lui quelqu'un à qui il pût parler.

Vers deux heures du matin, la caravane mettait les pieds sur le territoire du bey de Tunis.

Arrivés là, les deux Arabes, loueurs des bêtes de somme, refusèrent d'aller plus loin. Ils craignaient, disaient-ils, d'être assaillis à leur retour par les bandes de maraudeurs.

Ceci ne faisait pas l'affaire de Wanderer. Aussi arma-t-il sa carabine, après avoir consulté Tueur-de-Lions et El-Bachir. Par son ordre, ce dernier leur signifia qu'il était malhonnête d'abandonner ses maîtres dans l'embarras, pour n'importe quel motif :

— Si tu as peur pour vos bêtes, dit Tueur-de-

Lions à son tour, vendez-les-nous et retournez tous les deux à pied chez vous.

— Combien veux-tu les payer? interrogea celui à qui il s'adressait.

— C'est à vous de faire votre prix. Nous le pèserons ensuite.

Les gredins n'hésitèrent point à en demander quatre fois la valeur.

— Répondez-leur que j'accorde la moitié de leurs exigences, dit vivement Wanderer, et en route tout de suite ! nous n'avons pas de temps à perdre en discussions.

Il fut obéi aussitôt. Les deux Arabes voulaient s'opposer au départ, mais le poing formidable de l'Anglais s'abattit comme une massue sur le crâne de l'un d'eux, qui alla rouler par terre en hurlant comme un écorché.

Ces cris pouvaient devenir funestes aux émigrants, en appelant sur ce point l'attention de quelque tribu campée dans les environs. Wanderer, l'ayant compris, mit aussitôt pied à terre.

Son couteau de chasse à la main, il se précipita sur le criard, et le saisissant par la longue mèche de cheveux implantée au sommet de sa tête :

— Choisissez vite, dit-il : venir avec nous ou accepter l'argent, voilà ce que je vous propose.

Sinon je vous saigne comme un chien que vous êtes !

Tueur-de-Lions traduisit promptement ces propositions à l'Arabe.

Pendant ce temps, El-Bachir disait à l'autre, qu'il tenait en respect, le pistolet sous le nez :

— C'est comme ça, vois-tu, avec les roumys : chose promise, chose due ! Accepte vite ce qu'a offert le maître et décampe plus vite encore. Tu n'auras pas à te plaindre... il t'offre le double de la valeur de vos bêtes.

—Ou-Allah ! (de par Dieu) Paie à moi l'argent, s'écrièrent-ils d'une commune voix. Vous êtes nos seigneurs et nos maîtres ! Dieu vous bénira ! Le roumy est plus généreux qu'un croyant !

Et tout ceci psalmodié sur le ton traînard de mendiants faux et vils, caractéristique de l'Arabe dompté par plus fort que lui.

D'une des doubles-poches de son carnier, Wanderer se hâta d'extraire sept cents francs en or, qu'il lança avec dédain au visage de ces fourbes. Leur premier soin fut de s'assurer, par le son, si les pièces étaient de bon aloi. Rassurés à ce sujet, ils tournèrent les talons.

El-Bachir les rappela lorsqu'ils furent à quelque distance de son cheval :

— Hahaïe ! là-bas, les amis !

— Ouasch-bik (qu'est-ce qu'il y a ?) firent-ils.

— Quand vous serez rentrés chez vous, rendez-moi donc le service d'aller trouver, de ma part, le caïd qui gouverne la chaîne de montagnes, à l'ouest de votre tribu.

— Nous le connaissons, répondirent les muletiers, mais toi, nous ne savons qui tu es.

— Je suis le fils de la femme de mon père, et le caïd n'a pas besoin de savoir mon nom pour me reconnaître. Dites-lui seulement que je suis le mari d'El-Noara, il saura ce que cela veut dire. Vous ajouterez que je pars avec ma femme, en compagnie d'El-Adjel et de Mesaouda, pour la Mecque. Nous allons y adresser des prières pour lui sur le saint tombeau du prophète. Allez, mes frères, allez! Le caïd sera ravi de cette nouvelle. Il ne manquera pas de vous remercier d'avoir rempli ma commission.

— Par Allah! nous n'y manquerons pas, répondirent sérieusement les deux Arabes que le seul nom de la Mecque avait rendus pleins de foi dans les dires d'El-Bachir.

Tueur-de-Lions, égayé par la jovialité de son ami, ne put s'empêcher de rire en songeant à la singularité de la réception qui attendait les deux drôles chez l'ex-maître d'El-Adjel.

— Quoi vous rend donc si joyeux, demanda Wanderer, surpris de cet accès d'hilarité?

Mis au fait de la plaisanterie, il y applaudit de bon cœur. Puis, pour regagner le temps perdu, chaque membre de la troupe accéléra le pas de sa monture.

Ils arrivèrent ainsi à mi-côte d'une montagne rocheuse qu'ils contournaient dans le sens de sa déclivité.

L'imperceptible lueur de la lune, en partie masquée par un gros nuage, permettait à peine de discerner les objets à une très-courte distance. Mais l'œil expérimenté du chasseur avait le don de percer l'espace par les nuits les moins sereines.

Il lui sembla distinguer, sur sa droite, d'immenses vallons sévèrement encaissés dans les flancs de la montagne, et propices, à son idée, pour cacher à tous les regards leur bivouac du lendemain.

Il appela El-Bachir à ses côtés et lui communiqua ses suppositions.

— Non, non, dit celui-ci : ce n'est point là le lieu sûr où il convient de s'arrêter. Encore une heure de marche, et nous atteindrons une vaste forêt située au bas de la côte. Les tribus les plus rapprochées en sont distantes de quatre heures de pas de cheval. Les Arabes y pénètrent rarement. Elle n'offre partout que des chênes-liége immenses et de hautes bruyères qui ne leur sont d'aucune utilité.

— Faute de savoir les exploiter, pensa le Français.

El-Bachir poursuivit :

— Cette forêt étant toute plate, le trajet en est facile. Cela diminuera les difficultés de notre départ de ce soir. En outre, il faut penser à nos chevaux. Ils trouveront là-bas de l'eau et de l'herbe à volonté. Il y a tout au plus un an, j'y passai avec un convoi de poudre, que nous avions achetée *sur les marchés des tribus insoumises aux Français,* pour la revendre au delà des frontières.

— Joli commerce pour un agriculteur riche en bestiaux, fit le chasseur d'un ton de reproche !

— Eh ! aarbi ! riposta El-Bachir, cela me fit gagner deux cents douros, ce qui n'est pas à dédaigner, quand on a femme et enfants. Mon cousin, le gros mangeur, était mon associé ; il a empoché la même somme. Mais ce n'est pas cela qui doit nous occuper. Je te dis que je connais l'endroit et nous y serons à merveille.

— Allons-y donc, répondit le Français.

CHAPITRE VIII.

ATTAQUÉS PAR LES KROUMIRS.

La clarté douteuse de la lune se disséminait en fins rubans argentés à travers les cimes de grands arbres faisant face à l'orient, lorsqu'ils s'arrêtèrent près d'un étroit ruisseau allant se perdre sous bois. Les eaux limpides, contrariées dans leur cours par des fragments de rochers leur barrant le passage, faisaient entendre un doux murmure, qui seul troublait en ce moment le silence de la nuit.

— Nous sommes arrivés, dit le mari de Noara. Le roumy peut faire décharger et débrider les bêtes, mais je ne lui conseille pas de les faire desseller. On ne sait pas ce qui peut arriver.

— C'est juste, répondit Tueur-de-Lions : la prudence est mère de la sûreté.

Les événements devaient bientôt leur prouver qu'ils avaient eu tort de ne pas méditer ce proverbe davantage !

Bêtes et gens n'en pouvaient plus. Les premières avaient fourni une double traite. Les seconds, à l'exception de Noara et des enfants, n'avaient pas dormi depuis deux jours.

Mesaouda elle-même aspirait au repos. Son sommeil léthargique de la veille lui avait été plus pénible que favorable.

Mais le sommeil n'eût pas suffi à ranimer leurs forces. Une collation copieuse était indispensable. On pourvut donc au plus vite aux exigences de la faim.

Les chevaux et les mulets étaient déjà à l'œuvre dans l'herbe voisine du ruisseau. On avait suivi à leur égard les prescriptions d'El-Bachir, sans oublier toutefois leurs entraves ordinaires.

— Ouf! fit Wanderer en s'installant sur le gazon devant la cantine préparée par Bob et Billy ; j'ai un furieux appétit et une envie plus furieuse encore de dormir sous la voûte de ces chênes.

— Je vous en dirai autant, répliqua le chasseur.

Pour prouver qu'il ne mentait pas, il s'empara d'un énorme tronçon de pain, y joignit une perdrix rôtie et se mit à y mordre à belles dents.

Tous les autres suivirent son exemple, à l'exception, bien entendu, d'El-Bachir et de sa famille.

Le père, la femme et les enfants se contentèrent d'accompagner leur pain de quIques dattes et figues sèches. Quelques gouttes l'essence de café dans de l'eau leur servirent de boisson.

— Puisque je vais vivre avec ls chrétiens, avait dit El-Adjel, je veux m'habituer à manger comme eux.

Mesaouda, sur ses instances, mais non sans se faire prier, se décida à imiter sa compagne.

Elles firent donc honneur aux provisions de viandes préparées contrairement aux rites de Mahomet.

— Dieu l'a voulu ! c'était érit ! dit la fiancée de Joe. Conformons-nous donc aux usages de ceux qui promettent de nous faire connaître les terres d'amour et de liberé.

Joe, Pat, Bob et Billy s'étaient attribué pour part un gros lièvre bien rôti. Le Maltais, fidèle à ses goûts, dévorait un long saucisson pesant bien près d'une livre.

Tous étaient donc fort occupés et pendant quelques minutes le craquement des mâchoires fut le seul entretien mis en jeu. Mais, dès que les cris de son estomac en révolte furent apaisés :

— Indeed ! s'écria Joe, nous avez été bienne raisonnables de baourrer la ventre de cette caisse de taoutes ces bons chaoses-là ! Les arbres de ce forêt ils n'auraient pas donné à nous un mangement aussi restaurateur. Aoh ! no, indeed !

Et son poignard, activement manœuvré, eut bientôt réduit à l'état de squelette la large part de lièvre qu'il s'était attribuée.

Mais, en dépit de la gaîté naturelle de Joe et des efforts de Wanderer pour distraire El-Adjel et Mesaouda de leurs préoccupations visibles, toute la troupe était loin d'éprouver le calme qu'elle affectait.

El-Bachir surtout semblait tourmenté par de sourds pressentiments. Ses regards ne perdaient pas les fusils de vue. Son oreille inquiète ne cessait d'être aux aguets.

Le bruit le plus imperceptible ne lui semblait pas indifférent. Les feuilles mortes tombant dans l'eau du ruisseau, les ébattements silencieux des oiseaux dans les branchages, lui faisaient redresser la tête et arrêtaient la main portant la nourriture à sa bouche.

Tueur-de-Lions, croyant deviner ce qui se passait en lui, lui adressa quelques mots à la dérobée :

— Oui, répondit-il, je suis loin d'être sans inquiétudes. Ton ami a eu tort de payer si largement les deux mulets. Quand les vendeurs ont été payés, ils ont jeté un singulier coup d'œil sur la poignée d'or que le roumy a sortie de son carnier !... Aarby ! nous aurions plus sagement agi en leur cassant la tête qu'en les indemnisant ainsi de la perte de leurs bêtes !

— Tu crains donc quelque trahison de leur part ?

— On doit tout craindre de tels drôles, quand on leur a fait voir de l'or !

Wanderer, s'apercevant de ce dialogue établi à voix basse, leur dit :

— Qu'avez-vous donc à chuchoter ensemble ? Faites plutôt comme nous, en vidant cette bouteille de bordeaux à la réussite de notre voyage de salut. Nous sommes hors de la portée des griffes du caïd. Buvons donc, et félicitons-nous de lui avoir si facilement escamoté ses femmes !

— Aoh ! yes, le maître de moâ, il disait le vérité. Nous devoir être tous dans le grand gaieté, Biouvons à le amour de lui et à le amour aussi de moâ.

Le vin fut versé et les timbales se choquèrent, mais entre chrétiens seulement.

El-Adjel elle-même, quoique ayant très-bien mangé à l'européenne, s'abstint de toucher au bordeaux.

— Et toi, Amar, dit le chasseur au fils d'El-Bachir, ne veux-tu pas goûter à ce bon vin ? Cela te donnera du courage.

— Lala, ennen makache ! (non, pour moi pas du tout) répliqua fièrement l'enfant : je n'ai pas besoin de demander du courage au vin, car, par la tête de ma montagne ! si les voleurs viennent, j'en tue deux avec le fusil de mon père.

Et l'enfant désigna du doigt le fusil double d'El-Bachir, placé près de lui contre un tronc d'arbre.

— Soua-soua ! (bien, bien !) dit le Français, enchanté d'entendre manifester tant de résolution par une une si jeune bouche !

Les estomacs n'ayant plus rien à réclamer, vint le moment désiré de se livrer au sommeil. Ce n'était pas sans besoin ; les paupières de la plupart se fermaient tout en parlant.

Il fut convenu que Bob et Billy feraient sentinelle pendant trois heures, après quoi ils seraient relevés par Pat et le Maltais. De cette façon, ils auraient à leur tour le temps de prendre du repos, le départ devant avoir lieu seulement à la nuit suivante.

Les couvertures de campement furent étendues au pied des chênes. Chacun y prit place à son gré.

En pareille circonstance, on se montre peu difficile sur la nature de la couche et surtout de l'oreiller. Les têtes prirent donc pour points d'appui, soit les sacs, soit les carniers, soit même un fragment d'écorce des arbres-liége.

Il va sans dire que Wanderer et Joe placèrent entre eux deux les ex-femmes du caïd.

Chaque dormeur avait son arme allongée à

14.

son côté; et tandis que Billy veillait sur leur sommeil, Bob ne perdait pas de vue les chevaux et les mulets. Les heures de leur faction s'étant écoulées sans encombre, Pat et le Maltais leur donnèrent la faculté d'aller se coucher à leur place.

Toute la journée se passa sans donner raison aux sinistres pressentiments d'El-Bachir. Mais, vers six heures du soir, une alerte soudaine vint renouveler les angoisses des femmes fugitives.

Tous étaient accroupis en cercle et terminaient le repas précurseur de la mise en route, lorsque le mari de Noara, plaçant un doigt sur sa bouche, leur fit signe de se taire et d'écouter.

Le silence se fit, et pendant quelques minutes ne fut troublé par aucun bruit de fâcheux augure.

Mais alors le son élevé de plusieurs voix retentit à quelque distance, puis se rapprocha peu à peu.

— Allah! je m'en doutais, soupira El-Bachir! ces chacals de muletiers auront ameuté contre nous les kroumirs de la contrée!

— Bridons vite les chevaux et fuyons, commanda Wanderer!

— Nous n'en aurions pas le temps, observa le chasseur!

En effet, les voix s'élevaient maintenant si près

de là, qu'ils purent parfaitement saisir le sens des paroles échangées.

— M'ennâ! M'ennâ! (par ici! par ici!) disait l'une d'elles. Voilà les traces des pas des chevaux.

— C'est vrai, répondit une voix plus lointaine, elles cessent sur le chemin! Prends garde! peut-être sont-ils tous à l'eau qui est près d'ici.

— Je ne m'étais pas trompé, dit El-Bachir. C'est bien nous que l'on recherche!

Ainsi que tous ses compagnons sachant parler l'arabe, il n'avait pas perdu un mot de ce dialogue.

La terreur se peignit sur le visage des femmes; le front des hommes se rembrunit.

— Armes en main, exclama le chasseur, nous allons être attaqués!

Cet ordre était superflu. Chacun avait déjà senti la nécessité de préparer les siennes et de s'embusquer de son mieux derrière les chênes-liége ou au plus épais des broussailles.

Wanderer, saisissant El-Adjel par la taille, l'entraîna derrière un énorme tronc d'arbre mort renversé sur l'herbe, à quelques pas de là. La jeune femme se coucha à plat ventre sur le sol entre lui et ce monstrueux bloc de bois, long de plusieurs mètres, et dont l'épaisseur pouvait défier la puissance des balles les plus meurtrières.

Impossible de rêver une meilleure barricade.

Dès qu'il se fut mis à couvert d'une attaque par surprise, il appela à lui ses compagnons.

En moins de dix secondes, Noara, Mesaouda et les deux enfants furent abrités des balles par le procédé employé par El-Adjel, et Joe, El-Bachir et Tueur-de-Lions réunis près de Wanderer.

Accroupis derrière le rempart improvisé, leurs coudes appuyés sur le dos des femmes, ils ajustèrent leurs doubles carabines par-dessus le tronc d'arbre protecteur et attendirent l'apparition de l'ennemi.

A peine, en tirant, auraient-ils à montrer leurs têtes au-dessus du chêne-liège.

Bob et Billy s'étaient blottis ensemble au pied d'un autre colosse de la forêt. Parfaitement abrités tous les deux, ils pouvaient faire face à l'ennemi, chacun d'un côté de l'arbre qui les masquait.

Restaient Pat et le Maltais à embusquer. Mais aucun recoin ne semblait convenable à leur idée.

Ils tournaient et retournaient sur eux-mêmes, ou couraient d'un point à l'autre, sans réussir à se fixer. Pat mit le premier un terme à toutes ces incertitudes. La carabine à l'épaule, il se dissimula en entier sous le feuillage vert de myrtes agglomérés à trois pas du principal groupe, et s'y condamna, jusqu'à nouvel ordre, à la plus parfaite immobilité.

Mais le Maltais était incapable de prendre aussi promptement une sage résolution.

Ses regards hébétés voyageaient de-ci et de-là, tandis qu'il marmottait des prières incohérentes, s'adressant à la Vierge en italien, à Dieu en français et en arabe à Mahomet.

Sa main fébrile agitait dans le vide un revolver, dont le voyageur l'avait armé. N'ayant jamais manié un fusil, cette arme seule pouvait lui être utile, et encore à bout portant seulement!

Enfin, soit que la Madone lui eût envoyé une saine inspiration, soit qu'il fût uniquement, mais fort heureusement, guidé par l'instinct de sa conservation personnelle, il finit par découvrir l'endroit où il serait le mieux niché... au réel comme au figuré.

L'épaisse voûte de feuillage d'un chêne lui en suggéra l'idée. En deux bonds, il en atteignit le pied. C'était justement l'arbre défenseur de Bob et de Billy. Celui-ci lui faisant remarquer qu'il n'y avait pas place pour trois, il lui déclara que son intention n'était pas de venir gêner leurs mouvements, mais bien de grimper à l'arbre. Billy s'empressa de lui faire la courte échelle, et, grâce à son habitude de marcher pieds-nus, il disparut en un clin d'œil parmi les branches, où l'œil le mieux exercé n'aurait pu le découvrir.

Il était temps. Une minute de plus et Mahomet aurait eu peine à le tirer d'embarras.

Une vingtaine d'Arabes, à pied et à cheval, venaient de pénétrer dans le bois.

Ils débouchèrent bientôt dans la partie de la petite clairière opposée au lieu occupé par la caravane.

Porteurs de physionomies sinistres, ils étaient à demi nus. Des lambeaux de vieux et sales burnous étaient rattachés à leur ceinture par une courroie de cuir supportant un sabre recourbé.

Du plus loin qu'ils furent aperçus, on reconnut qu'ils étaient guidés par les deux conducteurs de mulets.

— Allah! c'était écrit! nous sommes perdus, dit El-Bachir! Ces chiens, fils de chiens, nous ont vendus à une tribu de kroumirs qui ne vivent que de meurtres et de brigandages. Ils tuent et volent sur le territoire français et revendent aux Tunisiens le fruit de tous leurs crimes! Ils vont d'autant plus chercher à nous massacrer pour piller nos bêtes et nos bagages, que les deux coquins, en les mettant sur notre piste, leur auront dit que nous étions chargés d'argent. Pas de merci à attendre de ces hyènes à deux pieds! Aarby! Il ne nous reste plus qu'à nous défendre......

— Comme des lions, interrompit le chasseur,

et alors, malheur aux hyènes! puisque hyènes il y a!

Et sans tarder il traduisit aux autres ce qui venait d'être dit.

— A mort! à mort! dit Wanderer, complétant l'idée émise par le Français. Visons bien et vite! Je me charge du plus grand des deux traîtres; à vous le petit gredin! Leur trahison doit se payer de leur vie. Toi, Joe, vise sur les cavaliers, et surtout mets de la précision dans ton tir; que pas une balle ne se perde. Attention! et tirons seulement lorsqu'ils nous auront découverts.

— Yes, yes! fit Joe avec calme.

— Mais vos autres hommes? dit Tueur-de-Lions. Ils ne sont pas prévenus. Ils tireront trop tôt?

— Ne craignez pas cela. Ni l'un ni l'autre ne donnera signe de vie avant moi. Je les connais!

Chacun tira une poignée de cartouches de son carnier et les déposa à sa portée.

Une autre poignée fut répartie dans les poches des vêtements pour accélérer le tir. Chose facile, étant tous armés de carabines doubles à bascule, à l'exception d'El-Bachir : son fusil était à baguette.

Tandis qu'il s'apprêtaient résolûment au combat, la bande de pillards explorait la clairière à cinquante mètres de là. Soudain l'un d'eux s'arrêta à la vue de fraîches empreintes d'un pas de cheval, sur le bord du ruisseau.

— Ils sont ici, dit-il !

— Voilà leurs chevaux, ajouta un second.

Les bêtes, en effet, broutaient l'herbe sur la droite de l'embuscade.

Un hourra formidable s'échappa des bouches de ces bandits à faces de démons !

Ce fut à qui, parmi eux, aurait le plus rapidement armé et brandi son fusil en l'air, en vociférant :

— Ah ! laennen ! ah ! laennen ! (ah ! ici ! ah ! ici !) Les lièvres roumys sont encore au gîte !

Plus de cent voix de forcenés leur répondirent de tous les points de la forêt.

Ces clameurs féroces, comparables aux seuls rugissements de tigres furieux, portèrent au comble l'effroi d'El-Adjel.

— Hélas ! hélas ! fit-elle, j'aurais pourtant bien voulu mourir libre et chrétienne !

— Ne craignez rien, lui dit paternellement Wanderer, tout ce tapage n'est pas fini. Espérez encore en Dieu !

— Je crois parbleu bien ! que ce n'est pas fini, pensa tout haut le chasseur, nous n'avons pas encore commencé.

El-Bachir pressait en silence les mains de sa femme et de ses enfants.

Les plus avancés de la horde infernale fondirent comme la foudre sur les chevaux des chrétiens, dans le but de s'en emparer. Les autres se précipitèrent avec des cris de joie sur les caisses et bagages, à vingt pas au plus de Wanderer et ses amis.

L'impossibilité de fuir était amplement démontrée à la caravane. Avant de s'être rendu compte du grand nombre des agresseurs, elle aurait pu se livrer à l'espoir d'une retraite à travers les bois, en abandonnant aux kroumirs ses chevaux et ses provisions. Désormais il fallait renoncer à cette douteuse branche de salut.

Commencer le feu et vendre leur vie le plus cher possible, telle était l'unique ressource laissée aux fugitifs.

Intimement convaincu de ce fait, Wanderer fit signe au Français d'obéir à ses instructions.

— Allons-y, dit gaîment le Français : Feu !!

Une double détonation retentit, mettant tout en rumeur dans les profondes solitudes de la forêt. Les brigands terrifiés virent rouler sur le sol les deux muletiers, leurs associés d'un jour !

L'affaire était engagée. Le coup de carabine de leur maître avait trouvé de l'écho dans celles des trois Anglais espacés non loin de lui.

Une fusillade bien nourrie décimait les kroumirs de trois points différents.

Une douzaine de ces bandits rougissaient le sol de leur sang, sans avoir pu deviner de quel côté la mort leur arrivait. Ceux qui étaient simplement blessés poussaient des cris de douleur et de vengeance, appelant à leur secours, quand ils ne vomissaient pas les plus outrageantes injures contre leurs invisibles ennemis.

Ils appartenaient à la fraction de leur bande acharnée à se disputer la possession des bagages que Wanderer et ses compagnons pouvaient mitrailler à l'aise, vu le peu de distance qui les en séparait.

L'autre partie, maîtresse des chevaux et des mulets, s'était remise en route, satisfaite d'avoir pu opérer sans coup férir une si avantageuse razzia. Le bruit des armes à feu ne l'inquiétait guère, pensant qu'il était occasionné par les leurs, occupés à fusiller les voyageurs surpris.

Pourtant, aux appels pressants et douloureusement énergiques de leurs camarades moins heureux qu'ils ne l'avaient supposé, ils firent volte-face pour venir à leur aide, s'il en était encore temps.

Encouragés par ce surcroît de forces, les survivants des premiers engagés au feu tirèrent sur les chrétiens une décharge de dix ou douze coups de fusils.

Leurs balles vinrent en petit nombre s'incruster dans le tronc d'arbre ou s'y aplatir. Le reste ne fit de mal qu'aux branchages environnants.

Leurs adversaires étaient en ce moment rasés

près de terre et rechargeaient précipitamment leurs armes.

Ignorant la rapidité employée par les chrétiens à utiliser leurs cartouches, une quinzaine de kroumirs à pied, précédés de deux cavaliers, se lança avec furie dans leur direction.

Les uns, sûrs de leur victoire, brandissaient déjà leur yatagan ; les autres, portant un fusil déchargé sur l'épaule, tenaient en main le pistolet prêt à partir.

Mais sitôt que Wanderer et les autres les virent à trente mètres de leurs canons, ceux-ci furent mis en joue...

Les trois quarts des assaillants se couchèrent sur le sol pour ne plus se relever.

Décrire les hurlements, les cris de rage ou de douleur, et les appels suprêmes à leur secours, dont les lâches brigands assourdirent alors les oreilles de leurs courageux antagonistes, serait impossible. Un mot stoïquement héroïque de Tueur-de-Lions en fera bien mieux saisir l'épouvantable horreur :

— Vrai Dieu ! dit-il en essuyant d'un revers de main la froide sueur de son front, si je n'étais pas certain que je vais mourir ici, j'aurais presque peur ! ! !

— Moi de même ! répliqua Wanderer, usant du même sang-froid.

Les voleurs laissés intacts par les foudroyantes

décharges restèrent cloués en place pendant plus d'une minute, comme s'ils eussent été pétrifiés par l'effroi.

Il n'en fallut pas davantage aux canons des carabines pour être prestigieusement basculés et rechargés à nouveau.

Un cavalier, resté en selle, essayait en vain de manœuvrer son cheval, atteint d'une balle au flanc droit.

— By God ! dit Wanderer en serrant les dents, si ton cheval a reçu une balle, perdue pour nous, celle que je vais t'envoyer ne le sera pas pour toi !

Il ajuste, presse la détente, un éclair jaillit... l'Arabe tombe foudroyé aux pieds du pauvre animal, qui, lui-même épuisé par la perte de son sang, s'affaise en râlant sur le sol.

Mais, hélas ! l'heure est arrivée où l'infortuné El-Bachir doit à son tour payer bien cher le service que le Français lui rendit jadis !

Forcé de se démasquer plus que les autres pour charger son arme à baguette, il s'offrait de temps à autre en point de mire à un blessé qui le guettait patiemment.

L'attention des tireurs ne s'était pas portée sur ce misérable, considéré par eux comme mort.

L'instant propice s'étant enfin offert à lui, il fit feu.

El-Bachir, la poitrine percée d'outre en outre, tomba à la renverse dans les bras de Noara :

— Je meurs, dit-il avec effort en portant la main à son cœur : battez-vous sans pitié, car vous êtes perdu... Amar, Zora, adieu !... Adieu, Noa...

Sa voix s'éteignit. Il avait cessé de vivre !!

Deux larmes silencieuses lui servirent d'oraison funèbre de la part de Tueur-de-Lions.

— Mon père ! mon père ! cria le petit Amar en se précipitant sur le corps de celui qui ne l'entendait plus.

— Mort ! dit-il en se relevant, il est mort !... Eh bien, reprit-il après une seconde de réflexions, je vais le venger avec son fusil !

Et mettant à exécution ce qu'il venait de dire, il courut vers celui qui le faisait orphelin.

En le frappant de deux balles en plein corps :

— Tiens ! chien, dit-il, je t'ai vu par dessous l'arbre ; c'est toi qui as assassiné mon père ; va lui dire qu'Amar-ben-El-Bachir l'a vengé !

Le vaillant enfant était sur le point de regagner sa cachette, lorsqu'un autre blessé le mit en joue. La carabine de Billy fit à temps justice de ce misérable gueux.

Quatre ou cinq fuyards avaient regagné le bois. Leurs perçants cris d'alarme réussirent à rallier une certaine quantité de nouveaux bandits.

Mais la place était bien gardée. Les regards vigilants des chrétiens ne permettaient à aucun de venir les espionner de trop près.

La clairière ne présentant qu'une soixantaine de mètres de longueur, quiconque tentait d'y pénétrer était assuré de faire connaissance avec des projectiles manquant rarement le but.

La poignée d'hommes, cernée par une bande de lâches coquins dix fois plus nombreuse, avait le coup d'œil aussi juste que le cœur solide. La braver en face était chose peu aisée.

Sans doute les brigands en jugèrent ainsi, car peu à peu ils s'éloignèrent, abandonnant sans scrupules leurs morts et leurs mourants.

Le soleil, à son déclin, épanchait les teintes rougeâtres de ses rayons affaiblis sur les cimes des vieux chênes, témoins muets et inconscients de cet horrible et sanglant massacre.

Seraient-ils partis? auraient-ils renoncé à la lutte? dit Tueur-de-Lions après dix minutes de silence et d'anxiété.

— Si cela était, répondit Wanderer, nous pourrions courir à la recherche d'un meilleur refuge, quitte à abandonner les bagages, n'ayant plus de bêtes pour les porter !

— Attendons encore un peu, reprit le chasseur !

Cinq nouvelles minutes s'écoulèrent...

— M'ennen ! m'ennen ! (par-là ! par-là !) s'écria soudain avec frayeur le petit Amar.

Il désignait du bout de son fusil, qu'on lui avait rechargé, la direction opposée à celle où le premier combat s'était engagé.

Mais, déjà il était trop tard ! Une vingtaine de kroumirs avaient contourné l'embuscade et s'en étaient rapprochés sans bruit, à travers bois.

Prévenus par l'enfant, les chrétiens voulurent se retourner pour faire face au danger qui les menaçait ; ils n'avaient pas eu le temps de le faire, qu'une fusillade, partie des broussailles voisines, jetait à bas Bob et Billy. Les fidèles serviteurs criblés de balles tombèrent sans pousser un soupir ! Etaient-ils réellement tués ? Impossible à leur maître d'aller s'en assurer.

Malgré cette perte doublement sérieuse et pouvant compromettre le sort du reste de la petite troupe, sept Arabes tombèrent sous les coups de ceux sur lesquels ils allaient se précipiter !

Profitant de l'hésitation des autres, Wanderer et les siens franchirent le tronc d'arbre, et, une fois de l'autre côté, se trouvèrent en mesure de faire face à toute nouvelle attaque.

Cette manœuvre, en effet, plaçait de nouveau entre eux et leurs ennemis la barricade naturelle.

A peine était-elle exécutée qu'un kroumir de taille gigantesque et porteur de la plus repoussante physionomie surgit des broussailles et se montra à découvert ; sa main, brandissant un long sabre recourbé, lui donnait l'air d'un chaouch prêt à décoller la tête d'un condamné.

— Indeed ! dit Joe, voilà une vilaine visage ! Il falloir envoyer lui chez sa maître sir Satan ! Le diable il être contente de inviter lui à souper !

Tandis qu'il l'ajustait avec précaution, le colosse manifestait par ses cris la joie qu'il éprouvait de ne plus entendre résonner les carabines :

— Ya oualdi, ya oualdi ! Ma-kraaf ouch ! (ah ! ah ! fils ! n'ayez pas peur !) les chrétiens sont tous morts ; venez leur prendre la tête ! Ils...

Qu'allait-il dire encore ?... la carabine de Joe empêcha de le savoir.

Atteint en plein corps, le misérable pivota sur lui-même, ses mains lâchèrent son sabre et se cramponnèrent rageusement aux herbes et aux feuilles sèches sur lesquelles il tomba de tout son poids. Pendant quelques secondes, il se tordit encore dans des convulsions atroces, fouillant le sol avec ses dents et essayant par de rauques exclamations d'exciter la fureur vengeresse de ses camarades. Puis, ses bras et ses jambes battirent l'air convulsivement, un dernier râle d'agonie se fit soudainement entendre et tout fut dit pour lui !

L'infortunée Mesaouda, affolée par la terreur,

n'avait pas franchi le tronc d'arbre en même temps qu'El-Adjel et ses défenseurs. Elle voulut le faire au moment où le grand kroumir expirait.

La nuit était arrivée, et sans doute la jeune femme eût réussi à masquer ses mouvements aux regards qui l'épiaient, si la blancheur de son costume n'eût vivement tranché sur la couleur foncée du vieux chêne.

Les reins percés d'une balle, elle vint rouler sur Joe.

— Aoh! vous être blessée! dit l'Anglais en sentant couler sur lui le sang chaud de la pauvre Arabe.

Le coup porté à Mesaouda ne resta point sans réponse. Wanderer l'avait vu partir. Une de ses balles alla frapper celui qui l'avait lancé.

Une nouvelle trêve eut l'air de vouloir s'établir entre les combattants. Le frémissement seul du feuillage annonçait encore la présence des kroumirs aux environs.

Joe profita de cet instant de répit pour se rendre compte de la blessure de son amie. Il constata avec désespoir que la balle, entrée par le dos, était ressortie vers le milieu du ventre, d'où le sang jaillissait avec abondance :

— Yâ, Aarby! (ah! mon Dieu!) soupira-t-elle en se roidissant de tout son corps, je suis morte! Pourquoi ai-je rêvé un paradis des femmes sur la terre? Mais toi, mon Dieu! tu ne veux pas que je le voie!

Et elle rendit le dernier soupir en disant:

— Enfuyez-vous tous! ou vous êtes tous morts!

— Elle a raison, dit El-Adjel, les yeux pleins de larmes. La nuit peut nous protéger; fuyons!

En s'exprimant ainsi, elle voulait entraîner Wanderer.

— Fuir! dit Joe bondissant sur place et écumant de rage! No! no, moâ, je tuer, toute seul, cette infernale troupeau de loups!

Mais son exaltation lui avait fait oublier les lois de la prudence. A peine, en se dressant, son corps avait-il dépassé la hauteur du petit rempart, qu'il se renversait à son tour grièvement frappé en plusieurs endroits:

— Aoh! yes, continua-t-il néanmoins, le madame de vô, mylord, il disait le raisonnemente vrai. Il fallait partir vô toute de siouïte. Le mort de moâ il était *perfectly* décidée; le mort de vô, mylord, il ne empêcherait pas lui. Les brigandes ils être trop nombreuses pour paouvoir combattre eux, indeed! Vô partir, moâ rester pour tuer encore plusieurs unes de ces voleurs. Je faire feu du carabine et du revolver, et eux croire bienne que vô étiez toujours ici. Vô et les autres partir au large.

— Brave et fidèle ami, répondit Wanderer dont l'attendrissement était visible, ne pouvant te sauver la vie, que ne puis-je du moins veiller à l'ensevelissement de ton corps !

— Aoh ! ma corps, une fois il était fini, lui dormir aussi bienne ici que partoute le terre, fit Joe replacé sur son séant et resaisissant ses armes. Vô partir, mylord, et Dieu veiller sur vô !

En quelques mots rapidement échangés à voix basse, Tueur-de-Lions et El-Adjel firent comprendre à Wanderer que c'était le seul parti à prendre. Les détonations des armes de Joe protégeraient leur fuite en maintenant dans l'esprit des Arabes l'idée de leur présence derrière le chêne-liége. Mais lorsque Noara fut invitée à les suivre avec ses enfants, elle s'y refusa. Montrant le revolver d'El-Bachir dont elle s'était emparée et le fusil replacé aux mains d'Amar :

— Non, dit-elle, notre devoir est de mourir ici ! Mais ce ne sera pas sans avoir prouvé combien mon mari m'était cher ! Dieu l'a voulu ! C'est écrit !

Sachant bien qu'il serait impossible de la faire renoncer au sacrifice de sa vie, que l'amour lui imposait, tout autant que le fanatisme de la vengeance, ils se virent, quoique à regret, forcés d'abandonner la malheureuse famille à son horrible destinée.

El-Adjel, tenant en main le revolver qu'à tout hasard elle avait pris dans les caissons au début du voyage, s'avança en rampant la première à travers les broussailles, après avoir dit :

— Si nous avons une chance de salut, c'est celle-ci, il faut la tenter !

Wanderer n'hésita plus devant la détermination désespérée de sa future compagne.

Se laissant glisser à plat-ventre parmi les herbes pour se masquer davantage, il s'engagea sur ses traces avec autant d'élasticité et de prudence qu'aurait pu en déployer un boa à la piste d'une biche égarée dans un fourré.

Le bouquet de lentisques dans lequel son serviteur Pat avait trouvé un refuge croisait la route qu'ils suivaient :

— Viens ! lui dit-il en rampant à ses pieds.

Pat se mit en devoir d'obéir. Malheureusement le frôlement des branches agitées par lui avec trop de vivacité donna l'éveil à quatre brigands, tapis à son insu à quelques pas de là.

Mis sur pieds en un clin d'œil, ils assaillirent les trois fuyards. Pat tomba à la renverse sous leur quadruple décharge. Seul il était debout, seul ils l'avaient visé.

Wanderer, à demi soulevé sur un coude, brûla à bout portant la cervelle des deux premiers.

Mais les deux autres, yatagans au poing, s'apprêtaient à lui trancher la tête, lorsqu'une double explosion, retentissant derrière eux, les renversa l'un sur l'autre avant d'avoir pu lever le bras sur le voyageur.

La carabine de Tueur-de-Lions venait de régler leur compte.

— Merci ! dit Wanderer au Français qui l'avait suivi et venait seulement de le rejoindre.

— Pas de compliments! Filons! répond celui-ci.

Et tous deux s'empressent de s'enfoncer dans le bois avec El-Adjel.

Leurs premiers pas furent protégés par des incidents dont ils eurent plus tard connaissance.

Au bruit de la mousqueterie, si violemment engagée à nouveau, plus de cinquante kroumirs, embusqués au loin, s'étaient empressés d'accourir et s'élançaient furieux sur le théâtre des affreuses scènes, où Mesaouda et les autres avaient succombé.

Dès qu'ils furent à demi-portée du chêne-liége, ils y furent tenus en respect par la vigoureuse défense de Joe, de Noara et du petit Amar.

La petite Zora, accroupie aux pieds de sa mère, sans pleurs et sans cris, agitait convulsivement dans ses petites mains innocentes le grand couteau d'El-Bachir.

Les coups de carabine et de révolver faisaient de temps à autre des vides dans les rangs des nouveaux venus et les confirmaient d'autant plus dans la pensée que tous les chrétiens étaient encore réunis et ne pourraient leur échapper.

Mais ceux qui n'avaient pas quitté le lieu du combat les eurent bientôt fait revenir de leur erreur. Certains désormais de n'avoir à affronter que deux ou trois ennemis, ils se précipitèrent avec rage de tous les côtés à la fois sur Joe et Noara n'ayant plus pour compagnons que les deux petits enfants ! !

Pendant ce temps, Tueur-de-Lions, El-Adjel et Wanderer poursuivaient leur marche à travers des fourrés inextricables devant lesquels il leur fallut, plus d'une fois, rebrousser chemin.

En dépit des inquiétudes inspirées par leur situation personnelle, ils ne pouvaient effacer de leurs idées le spectacle effroyable de la mort de leurs amis tués sous leurs yeux, et se retraçaient sous des couleurs plus épouvantables encore les péripéties du drame dont le lieu du combat devait être en ce moment témoin.

— Pauvre Joe ! pauvre Noara ! pauvres enfants ! pensaient-ils.

La nuit, de plus en plus noire, entravait leurs pas, tout en les protégeant. Mais la certitude de s'éloigner sûrement, bien qu'avec lenteur, de leurs féroces adversaires, ranimait leur courage. Leurs forces semblaient s'accroître, à mesure qu'ils gagnaient du terrain.

Ils en étaient venus à se croire presque sauvés,

lorsque, au détour d'un fort taillis qu'ils n'avaient pu traverser, ils se trouvèrent face à face avec une vingtaine de bandits.

Reculer n'était pas possible. Heureusement ils les avaient les premiers découverts dans leur embuscade.

Un moment d'hésitation et ils eussent été entourés, c'est-à-dire : perdus !

— En avant ! s'écria Tueur-de-Lions. En avant, répéta l'Anglais dans sa langue maternelle.

Et les deux coups de chacune de leurs carabines, déchargés de très-près, mettent quatre guetteurs hors de combat. Les autres, quoique surpris, s'opposent de force à leur passage.

Dépourvus de munitions et seulement armés de leurs poignards, ils cherchent à lutter corps à corps contre les chrétiens. Ceux-ci ayant déchargé leurs carabines, ils les supposent sans défense du côté des armes à feu.

Mais les revolvers, dont les mécréants ignorent la multiple puissance, n'ont pas encore parlé. C'est à leur tour d'entrer en jeu, et Dieu sait avec quel succès ils vont être manœuvrés !

N'importe ! le nombre des brigands, décimés par plusieurs décharges consécutives, est encore trop grand pour permettre de les affronter plus longtemps ainsi.

Mettant à profit l'état d'ahurissement dans

lequel les plongent les crépitations des cartouches, El-Adjel s'empresse de disparaître à travers les broussailles. Wanderer, protégeant sa fuite, s'éclipse de même à la faveur de l'obscurité. Le Français, resté seul à combattre, profitant de ce qu'il a vaincu un nouvel adversaire, franchit son corps expirant et réussit, non sans peine, à se frayer à son tour un passage dans les buissons.

Deux Arabes se sont mis à sa poursuite ; le bruissement des feuilles et le grincement des épines leur servent de guides ; déjà ils se croient maîtres de lui.

Par bonheur pour Tueur-de-Lions, il atteint avant eux une petite clairière. Ses regards exercés de chasseur nocturne lui permettent d'en sonder l'étendue favorable à ses projets ; il la parcourt en quelques bonds, et lorsque les kroumirs y débouchent sur sa piste, ils s'arrêtent irrésolus. Aucun indice de la route qu'il a prise ne se révèle à leurs oreilles.

Des Arabes ordinaires, et par conséquent superstitieux, auraient été portés à croire que le roumy, par quelque sortilége de sa religion, avait fini par s'envoler ; les ravages des revolvers sur leurs camarades, tenant en quelque sorte du miracle, il n'y aurait eu à cela rien d'étonnant.

Mais, pour des sacripants, voleurs de grands

chemins, détrousseurs de voyageurs et pillards de tribus des frontières, comme l'étaient ces kroumirs, cette disposition subite ne pouvait s'interpréter ainsi. Maîtres passés en fait de ruses, ils cherchèrent aussitôt à se rendre compte de celle que le Français avait pu employer pour les mettre en défaut.

— On ne l'entend plus courir, se dirent-ils, donc il s'est arrêté ! Cherchons, nous le trouverons.

Et ils se mirent à fouiller le massif qui encadrait la clairière. L'un ayant pris par la droite et l'autre par la gauche, ils se retrouvèrent bientôt côte à côte à l'extrémité opposée au point d'où ils avaient entamé leurs périlleuses recherches.

Périlleuses est bien le mot. Il est vrai que s'ils avaient eu conscience du sort qui leur était réservé, ils s'y seraient pris autrement.

Le chasseur avait avec calme utilisé le temps perdu par eux en hésitations et allées et venues. Toutes ses armes remises en état sans le moindre bruit, il les attendait de pied ferme derrière un buisson.

Sitôt qu'il les sentit, plutôt qu'il ne les vit, au bout de ses canons, il pressa deux fois la détente, et deux fois un corps tomba, pour ne plus se relever.

Débarrassé de ceux-ci et ne demandant pas à

les voir remplacer par d'autres, il reprit du mieux qu'il put sa course à travers les taillis.

Après un assez long détour, il chercha à s'orienter, de façon, s'il le pouvait, à marcher dans la direction prise par El-Adjel et Wanderer.

Mais comment se guider avec certitude au milieu des ténèbres épaisses planant sur cette sombre forêt ? En admettant que la direction qu'il suit soit bien celle où Wanderer a engagé ses pas sur ceux d'El-Adjel, cela lui donne-t-il l'assurance qu'il parviendra à les retrouver ? N'ont-ils pu dévier plus loin de la voie primitivement suivie ? Eh ! qui sait s'ils vivent encore ? Qui pourrait affirmer qu'il n'est pas le seul survivant de la caravane, si joyeuse il y a deux jours, aujourd'hui si misérable !

Et pendant qu'il se livrait ainsi sans réserve aux pensées les plus décourageantes, ses jambes, incessamment mues par le sentiment de la conservation, l'entraînaient de plus en plus vite sans savoir où sa raison aurait désiré le conduire.

Enfin, vers minuit, harassé de fatigue, les habits en lambeaux, l'estomac creux et l'esprit vide, il se laissa choir au pied d'un rocher contre lequel il appuya sa carabine.

Il était temps pour lui de songer à s'arrêter. Un pas de plus en avant et le malheureux allait plonger dans un abîme béant sous ses pieds. Il n'en put juger la profondeur, à cause de l'obscurité, mais elle devait être immense, car il n'entendit pas remonter à lui le bruit de l'arrivée en bas d'une grosse pierre qu'il y avait fait involontairement rouler.

Un assez long espace de temps s'écoula ainsi. Tel était son abattement physique et moral qu'il ne savait à quoi se résoudre. Il en fut tiré par un incident de nature à captiver son attention en toute autre circonstance, et par conséquent ne pouvant manquer de la fixer violemment en cette triste conjoncture.

Six coups de feu retentirent soudainement dans le lointain. Chaque détonation avait lieu de seconde en seconde, avec une mathématique régularité. Les sons provenaient de l'est, direction que le Français savait avoir été prise dans leur fuite par El-Adjel et Wanderer.

Les armes des kroumirs ne pouvant être déchargées d'une façon aussi régulière, il n'en fallut pas davantage pour le convaincre qu'il entendait le revolver de l'Anglais lançant un signal d'appel à son intention. Sa décision fut aussitôt prise. Coûte que coûte, il lui fallait y répondre !

Sans s'inquiéter si les bandits étaient à portée de l'entendre, il brûla les six cartouches de son revolver, en ayant soin d'espacer les coups comme l'avait fait Wanderer.

A peine avait-il rechargé son arme, par une mesure de prudence facile à comprendre, que le premier signal se renouvela, partant du même point.

Il n'y avait plus de doutes possibles, c'était bien par un ami qu'il lui était envoyé.

L'espoir de le rejoindre rendant des forces à son corps épuisé, il s'élança au plus vite dans la direction indiquée.

Mais, à peine a-t-il abandonné son rocher, qu'un nouveau sujet de surprise et d'inquiétude vient l'arrêter dans sa course.

A deux cents mètres de lui, six nouvelles explosions se font entendre ! De même que les premières elles résonnent à intervalles égaux. La même main n'a pu les produire. Les unes ont eu lieu dans le lointain, les autres dans son voisinage.

Qu'est-ce que cela peut bien signifier ?... N'importe ! quel que soit le tireur le plus rapproché, il est urgent d'aller le reconnaître.

Et le chasseur se dirige, à travers les ronces qui le déchirent, vers l'endroit d'où sont partis les derniers coups, en disant à part lui : Quel est donc celui qui aura réussi à s'échapper ?

Une voix bien connue le tire promptement d'embarras. *C'est celle du Maltais.*

Le pauvre diable, accroupi dans un ravin, s'écrie piteusement :

— Ack Allah! santa Maria! santa Madona! Francese ou English! toi venir à moun secours!

— L'interprète! exclama Tueur-de-Lions; pardieu! je l'avais tout à fait oublié!

Guidé par la voix du pauvre diable, au risque de se rompre vingt fois le cou, il fut bientôt près de lui.

Il le retrouva tout tremblant, autant de peur des Arabes que du bruit qu'il venait d'occasionner personnellement en faisant feu d'une arme dont il n'avait osé se servir qu'avec une secrète appréhension de la voir éclater dans ses mains.

Néanmoins, il pria instinctivement le chasseur d'en renouveler les charges.

Tueur-de-Lions s'empressa de le faire, tandis qu'il continuait de marmotter ses doléances :

— Santa Madona! disait-il, que il Diavolo il emporte vous tous! Ah! questo voyaze dans cet enfer, il tuera, c'est bien certain, le figlio di mi padre! Ah! sangue di Dios! zamais la Madona n'a passé ici!

— Assez de toutes ces jérémiades, dit rudement le Français. Tiens, reprends cette arme et tâchons de nous tirer de là du mieux que nous pourrons.

Ravi d'avoir retrouvé un aussi solide appui, en cas de nouvelle attaque, le Maltais suivit ses pas.

Naturellement, ils se dirigèrent vers la partie de la forêt où l'Anglais était supposé s'être réfugié.

Leur marche était lente et pénible, passant brusquement des fourrés les plus inextricables aux ravins les moins aisés à franchir.

Au bout d'une assez longue traite et ne sachant réellement plus s'il était sur la bonne voie, le chasseur jugea à propos d'établir de nouveaux rapports aériens entre lui et ceux qu'il cherchait.

L'expérience des six coups de revolver fut donc recommencée. Les intervalles entre chaque détonation furent rigoureusement observés ; puis, il attendit en silence qu'une réponse y fût faite.

Il la reçut seulement une minute après.

En calculant avec soin la distance que le son avait eu à parcourir, il s'assura, à sa grande joie, qu'il s'était beaucoup rapproché de ses amis.

Une demi-heure plus tard, après avoir surmonté des difficultés et des obstacles sans nombre, il atteignit enfin son but.

Wanderer, assis près d'El-Adjel, épiait son arrivée avec une impatience facile à concevoir.

— God bless my soul ! (Dieu bénisse mon âme!) En voici deux au lieu d'un, dit-il. Ah ! mon cher ami, que je suis heureux de vous revoir sain et sauf. Comment avez-vous échappé à ces damnés gredins?

— Ce n'est ici ni le lieu ni l'heure d'échanger des confidences, repartit le chasseur. Fuyons et fuyons au plus vite. Nos coups de feu ont peut-être, déjà, déchaîné sur nous tout ce qui reste de la bande infernale!

Ce qu'il disait paraissait trop vrai pour que l'on n'eût pas à en tenir compte.

Aussi Wanderer et la jeune femme furent-ils promptement debout et prêts à suivre ses traces.

Mais, tout en marchant, l'Anglais ne put s'empêcher de dire à l'interprète :

— Et vous aussi, pauvre garçon! vous avez réussi à sortir vivant des griffes des misérables?

— Ah! oui, par la protection de la Madona, du bon Dieu et de Mahomet! j'y ai réussi! Mai zamais ze ne pourrai oublider toutes les atrocités que mes deux yeux ils ont vues! sangue di Dio! non!

— By God! c'est juste; je n'y pensais plus. Tu étais resté juché sur ton chêne, à l'abri de tout danger. Que s'est-il donc passé, après notre départ? Comment s'est terminé le sanglant massacre de mes pauvres amis!

— Ah! ah! ah! santa Madona! fit le Maltais, s'arrêtant tout à coup pour essuyer les larmes qui jaillirent sur son visage, et appuyant à un arbre son corps tremblant de terreur : ze voudrais vous le dire, ze ne le pourrais pas en ce moment! Ah! sangue di Dio! Mahomet il le sait bien! zai peur rien que d'y penser!

— Eh bien! si tu as peur, interrompit Tueur-de-Lions, ce n'est pas en t'arrêtant ici que tu pourras la faire passer. Les bandits sont peut-être sur tes talons, prêts à recommencer le carnage.... et à tes dépens, cette fois!

— Sans doute! sans doute, dit El-Adjel, au lieu de tant pleurer le passé, agissons pour l'avenir. Fuyons vite et sans bruit!

Ces paroles produisirent un effet électrique sur le triste poltron et semblèrent donner des ailes à ses jambes. Ce fut bientôt à ses compagnons d'avoir de la peine à le suivre.

Se suivant rigoureusement à la file, pour n'avoir pas à craindre de s'écarter les uns des autres, ils persistèrent, tant qu'il fit nuit, à rester dans les profondeurs de la forêt. Les difficultés de passage s'y multipliaient, il est vrai, à l'infini, mais ils s'y sentaient aussi moins exposés à être découverts. Les ronces et les épines avaient beau s'accrocher à leurs vêtements réduits en loques, et même à leurs chairs labourées en plus d'un endroit, ils n'en continuaient pas moins courageusement leur route.

Lorsque les cimes moins rapprochées des géants de la forêt leur en donnaient le loisir, ils consultaient les astres pour se maintenir dans la direction de l'est.

S'éloigner rapidement des kroumirs et se rapprocher de Tunis, telles étaient leurs intentions.

Aux approches du matin, ils pouvaient avoir parcouru un espace de cinq lieues. Leurs pas venaient d'aboutir à la lisière de cette partie des grands bois.

En face d'eux, à quelque distance, se dessinait dans les brumes matinales la silhouette imposante d'une haute montagne :

— Ah ! si nous pouvions y arriver sans être aperçus, dit Wanderer, nous pourrions peut-être trouver un refuge certain contre les hommes dans un repaire de bêtes fauves ! Il ne doit pas en manquer dans les gorges que je distingue d'ici !

— Pardieu, non ! dit le chasseur approuvant son idée. Nous y serons d'autant mieux en sûreté que les Arabes fréquentent plus rarement les hauteurs que les plaines et les vallées.

— Hâtons donc le pas pour les atteindre avant le grand jour, proposa Wanderer.

— Oui ! répliqua encore le Français, et quand il sera levé, nous serons en bonne position pour nous orienter et étudier un peu le pays environnant.

Le soleil franchissait à peine le sommet des

nions, qu'ils étaient à même de voir combien leurs vœux avaient été exaucés.

Ils se trouvaient alors à mi-côte de la montagne. De la forêt jusque-là, rien ne les avait inquiétés.

Le plus magnifique repaire à lions que le chasseur eût jamais rêvé s'étalait sous leurs regards. Hâtons-nous de dire que ce mot de repaire ne signifie nullement un trou, une grotte, une caverne ou enfin une cavité quelconque. Une vallée tout entière sert parfois de demeure au lion. On peut y rencontrer des grottes, ainsi que nous allons le démontrer tout à l'heure, mais ce n'est pas à la grotte elle-même qu'il convient d'appliquer le nom de repaire. Un même animal possède une dizaine de repaires séparés les uns des autres de plus de douze, quinze, dix-huit et même vingt kilomètres. Il passe indifféremment ses journées dans l'un ou dans l'autre, suivant qu'il en est plus ou moins rapproché à l'heure du lever du soleil. Il s'y couche majestueusement à l'ombre d'une saillie de roc ou sous les épais feuillages des massifs qui le préservent des grandes ardeurs du jour. Le soir, il reprend ses courses nocturnes et le lendemain va se reposer ailleurs. Il n'y a de repaire attitré que lorsque la lionne a des petits. Alors, elle va, pendant la nuit, leur chercher de la nourriture le plus loin possible de sa retraite, et non point aux environs, comme on pourrait le supposer. Le lion (célibataire) vagabonde à son idée. Croire qu'un repaire à lions n'est qu'un immonde charnier où s'entassent les ossements des victimes est une grave erreur. Les squelettes de chevaux, bœufs, moutons, etc., ne peuvent figurer que dans les tableaux servant aux chasseurs en chambre de matière à savantes descriptions.

Ils proviennent *uniquement* des animaux apportés par les parents à leurs lionceaux. Dès que ceux-ci peuvent suivre les mères, on n'apporte plus au repaire les animaux dérobés dans les campagnes. *Les grands félins adultes dévorent leurs proies* SUR PLACE, *sinon à très-peu de distance de l'endroit où ils en ont fait capture.* De même que les chats domestiques, qui après tout sont considérés comme des diminutifs de leur race, ils sont ennemis-nés de toute malpropreté, soit sur eux-mêmes, soit aux alentours de leurs lieux de repos. Ils se gardent bien de se coucher auprès de leurs excréments. Ceux-ci, faciles à reconnaître par la grande quantité de petits ossements qui y sont agglomérés, sont toujours déposés à distance, sur un point où l'herbe croît vigoureusement, et, à défaut d'herbe, sur des amas de feuilles desséchées. Les traces de grattage qui les environnent prouvent que les lions font le simulacre de les recouvrir, absolument comme le font les matous dans les habitations.

Le repaire que le chasseur et ses compagnons venaient de découvrir était vraiment admirable.

Figurez-vous une étroite et assez longue vallée perdue au fond d'une gorge taillée en forme d'entonnoir dans les flancs de la montagne et n'ayant pour issue que la crevasse par laquelle ils venaient d'y pénétrer. Une herbe épaisse et non foulée en tapissait le sol. L'empreinte du corps du lion s'y révélait seule en maint endroit. Le lion, en effet, se repose rarement à la même place, dans le but de se soustraire aux taquineries des mouches et moustiques que les émanations propres au roi des quadrupèdes attirent en foule partout où il lui plaît de séjourner.

Des chênes-liége, des lentisques, des touffes de *dish* et d'*alpha* rompaient la monotonie du tapis de verdure que la main de l'homme n'avait jamais fauché, que les animaux domestiques n'avaient jamais brouté. Arbres et plantes avaient servi à aiguiser les griffes du maître de ce séjour. L'écorce des chênes était déchirée jusqu'à la hauteur d'environ trois mètres; les plants de *dish* et d'*alpha* semblaient avoir été soumis à l'action d'une machine à teiller le chanvre ou à celle des cardes de fer employées dans les fabriques. Se faire les ongles pendant ses longues journées de solitaire ennui, telle est l'unique occupation du seigneur à la grosse tête. A défaut de limes pour les façonner, il a recours aux végétaux ligneux que la nature, également impartiale pour les bons et les méchants, place partout à sa portée.

De rares bouquets de bois et taillis divers s'échelonnaient sur les flancs rocailleux de la ravine. En hiver, le fond du gigantesque entonnoir devait être submergé par l'eau des pluies, mais on n'y voyait alors que de rares flaques d'eau encaissées dans des fragments de roches naturellement creusés en forme de petits bassins.

— Santa Maria! s'écria le Maltais, ze vais donc pouvoir apaiser à moun aise la maudite soif qué la peur elle a dounnée à moun pauvre corps.

— Pas avant de l'avoir rendue potable, au cas où elle ne le serait pas, dit Wanderer. Elle est très-claire, mais la grande quantité de feuilles pourries qui garnit le fond de ces réservoirs peut lui avoir communiqué des qualités malfaisantes; des animalcules ont pu y germer, et...

— Comment vous y prendrez-vous pour l'assainir si elle est insalubre? demanda le chasseur.

— De la façon la plus simple du monde, ainsi que vous l'allez voir, répondit l'Anglais.

Déposant son carnier sur le sol, il en sortit une petite bouteille et un flexible coco en cuir, provenant d'un genou de veau auquel le mégissier avait conservé sa forme primitive. Ces sortes de gobelets en demi-cône sont de beaucoup préférables à ceux en caoutchouc ou fabriqués avec un genou de poulain. Ces derniers surtout sont beaucoup trop durs et, par suite, prennent trop de place dans un carnier.

Ayant rempli d'eau son commode ustensile, il y laissa tomber une seule goutte du contenu de sa bouteille, et s'adressant au Maltais :

— Tu peux boire sans crainte, dit-il, cette eau est maintenant une des plus pures que l'on puisse désirer. La goutte d'esprit de sel dont je viens de me servir aurait détruit tous les insectes invisibles s'il s'y en était trouvé, ou dissipé les malignes influences que la pourriture des feuilles aurait pu y concentrer.

Pendant cette expérience si simple à mettre en pratique et que nous engageons tous les chasseurs à ne point négliger en pareil cas, El-Adjel s'était éloignée d'eux d'une centaine de mètres.

— Venez ! leur cria-t-elle, je viens de découvrir une retraite où nous pourrons nous reposer, aussi bien à l'abri du soleil que des regards trop curieux.

A cet appel engageant, ils s'empressèrent de la rejoindre.

Elle les attendait à l'entrée d'une grotte assez profonde, formée par l'éboulement de quelques roches enchevêtrées les unes sur les autres. Le sol en était raboteux, mais propre, et ils ne firent aucune difficulté pour s'y installer à l'instant.

CHAPITRE IX.

AFFREUX RÉCIT DU MALTAIS.

Nous ne serons pas mal ici, vraiment, dit Wanderer, en déposant ses armes au fond de la grotte : à défaut de vivres solides, le liquide du moins ne nous fera pas défaut. Si nous ne pouvons manger, nous serons à même de nous rafraîchir pendant la grande chaleur du jour.

— Eh! pourquoi ne mangerions-nous pas, répondit le chasseur ?

— Parce que nous n'avons rien à nous mettre sous la dent.

— Bah ! n'avons-nous pas de la poudre et du plomb ?

— Sans doute! mais il peut suffire d'une explosion pour attirer de nouveau les bandits sur nos traces !

— Non, non ! celles de nos revolvers auraient obtenu ce résultat fâcheux, cette nuit, si ces gredins avaient persisté à lutter contre nous. Heureux d'avoir pillé nos bagages et massacré nos infortunés compagnons, ils ont repris la route de leur douar; j'en suis sûr.

— Mais si nous avons définitivement échappé à cette bande, ne pourrions-nous pas retomber dans les filets de voleurs de même espèce ?

— Oui ! mais aussi, n'oubliez pas que la faim fait sortir le loup du bois. Mieux vaut risquer de mourir d'une balle en plein corps que de périr faute d'aliments, ayant de la poudre à notre service. Nos armes sont faites pour nous nourrir, autant que pour nous défendre. Du reste, agissons avec prudence. Tirons seulement sur un gibier de bonne valeur et de poids.

— C'est juste ! une seule charge bien employée peut nous tirer d'embarras pour plus d'un jour.

— Ah ! santa Madona, fit le Maltais d'un air contrit, z'aimerais mieux manger des racines, ou gagner Tunis sans manzer, ou même voir le corps di mi se dessécher de faim que de zamais rétoumber dans los manos de los brigands ! Ah ! Allah ! ah ! Mohamed ! si signor, z'aimerais mieux...

— Allons ! pas tant de pleurnichements, interrompit Wanderer, personne ne t'invite à nous suivre. Reste ici caché avec El-Adjel. Le Français et moi nous trouverons facilement à tuer un lièvre ou deux dans les clairières voisines.

— Chose aisée à faire, appuya Tueur-de-Lions, car voici l'heure de la rentrée des bouquins au gîte.

— Moi ! hurla le Maltais se tordant la tête à deux mains ; moi rester seul avec cette femme ! Lalla, makache ! Ah ! sidi, si les brigands trouver moi tout seul avec elle ! Ah santa Madona, qu'est-ce que moi faire ?

— Cesse tes cris et obéis, ordonna l'Anglais. Tu resteras... ou tu partiras seul, sous la garde de Dieu !

Cette menace produisit son effet. Le poltron effrayé se blottit à côté d'El-Adjel au fond de la grotte.

— Et s'il vient une bête maudite, demanda-t-il, faudra-t-il que ze la tire ?

— Non, dit Wanderer en riant de tout son cœur ; tu la prieras d'attendre l'arrivée de nos carabines. Quel stupide animal, dit-il au chasseur qu'il rejoignit à trois pas de là ; il nous sera plus nuisible qu'utile. Si ce n'était un cas de conscience, je l'abandonnerais solitairement à son sort.

Deux cents mètres plus loin ils s'arrêtèrent pour échanger leurs cartouches à balles contre des charges de gros plomb. Ils venaient d'apercevoir un lièvre se trémoussant sur l'herbe à une courte distance. Mais à peine achevaient-ils cette opération, qu'il leur fallut de nouveau recourir à leurs cartouches primitives.

Une bande de marcassins d'environ cinq à six mois, sous la protection de leur mère, déboucha d'un petit taillis et s'empressa de fouiller le sol à cent pas au plus des chasseurs.

— Ah ! by God, articula tout bas Wanderer, voici qui est bien préférable au capucin (lièvre). Une seule de ces bêtes, bien rôtie, nous procurera des vivres pour deux jours au moins.

— De peur de vendre la peau de la bête avant de l'avoir tuée, répondit de même Tueur-de-Lions, chargeons à balle explosible. Le coup sera plus certain.

Les apprêts terminés, ils tentèrent l'approche des bêtes en se glissant de broussaille en broussaille.

Ils n'en étaient plus qu'à trente mètres, lorsque la laie, flairant l'air de leur côté, poussa un *ouf!* d'alarme, destiné à éveiller l'attention de ses petits.

— Visez le plus rapproché qui vous présente le travers, recommanda le Français, je ne brûlerai ma cartouche qu'en cas d'insuccès de votre part.

Wanderer n'attendit pas la fin de ce conseil ;

il pressa la détente, le coup retentit et le marcassin foudroyé tomba tandis que toute sa famille disparaissait dans le taillis.

Le chasseur n'avait plus à réparer une maladresse commise par son ami.

Celui-ci chargea le produit de sa chasse sur ses épaules. Ils reprirent ensemble le chemin de la grotte où El-Adjel se reposait sous la garde du peu courageux interprète.

— Nous avons sagement agi, dit l'Anglais ; tuer une deuxième bête était inutile, sinon dangereux pour nous. Nous aurions eu des vivres de surcroît, et en admettant que la détonation de mon arme n'ait pas révélé notre présence ici, un second coup de feu nous aurait peut-être fait découvrir.

Le Français, de plus en plus émerveillé du rare sang-froid de l'insulaire, ne put davantage résister à l'envie de lui adresser une question, jugée jusqu'alors par lui comme trop indiscrète :

— Mais enfin, qui donc êtes-vous, demanda-t-il à brûle-pourpoint.

Wanderer s'arrêta, le regarda fixement entre les deux yeux, sourit et poursuivit sa marche en disant :

— Que vous importe? surtout en ce moment? qu'il vous suffise de savoir que je vous considère comme un homme au cœur ferme et loyal, digne de toute ma reconnaissance et de celle de tous les miens. Vous êtes pour moi un sincère et véritable ami. Un ami comme je n'avais plus l'espoir d'en trouver un sur ce globe rongé par l'astuce, le mensonge et l'hypocrisie ; de même que jusqu'au jour où j'ai découvert El-Adjel, je n'avais pas rencontré de femme digne d'être aimée par moi. Plus tard, je vous en dirai davantage. Pour aujourd'hui, ne songeons qu'à aller réparer nos forces.

Voyant qu'il n'en obtiendrait rien de plus à ce sujet, le chasseur se résigna à le suivre en silence.

Bientôt ils furent de retour à la grotte. Laissant tomber son marcassin devant l'entrée :

— Tiens, dit Wanderer au Maltais accouru au bruit de leurs pas, ceci ne te paraîtra-t-il pas plus succulent et substantiel que les racines que ta poltronnerie nous offrait pour nourriture ?

—Ack Allah ! que la santa Madona elle est une bonne mère de nous avoir envoyé ce zoli animal ! Par Mohamed ! ze vous ferai bien mirer que ze n'ai pas peur d'une lame de couteau.

Et saisissant un long couteau-poignard engagé dans sa ceinture, il se mit gaiement en devoir de dépouiller le petit sanglier.

En moins de vingt minutes sa besogne fut terminée et la bête prête à faire cuire.

Un bon feu de troncs desséchés fut allumé au

fond de la grotte, afin de produire à l'extérieur le moins de fumée possible.

L'urgence de cette précaution se démontrait d'elle-même. Aucun signe de la présence d'êtres humains ne se révélait aux environs, mais rien n'affirmait pourtant que, en réalité, quelques tribus indigènes ne fussent masquées par les replis de la montagne.

Quand le marcassin eut été vigoureusement découpé par larges grillades, et que le foyer ne fournit plus qu'un épais brasier sans fumée, le Maltais y étendit à tour de rôle les morceaux de venaison.

La rôtisserie improvisée marchait à merveille, sauf, bien entendu, quelques poivrades de cendres qui s'y attachaient, en dépit des soins que le cuisinier apportait à son œuvre.

Il y était du reste encouragé par les bravos de Wanderer, auxquels El-Adjel et Tueur-de-Lions ne se firent pas faute de joindre les leurs.

Néanmoins, telle était la frayeur intérieurement ressentie par le pauvre diable, qu'il ne pouvait s'empêcher d'aller de temps à autre s'assurer à l'ouverture de la grotte qu'aucun visiteur importun ne venait s'emparer de son repas.

Enfin, un peu réconforté par Wanderer qui cherchait de son mieux à lui remonter le moral, en lui parlant, tantôt en anglais, tantôt en français, il finit par ressentir un peu moins l'influence d'une sourde terreur dont les autres se rendaient difficilement compte.

Ils ne tardèrent point à savoir qu'il n'était point ainsi tourmenté sans raisons valables.

— A table! dit-il enfin, asseyez-vous; je vais vous servir.

Il remplaça sur le feu la viande cuite à point par une nouvelle série de grillades, et, après avoir ranimé la vigueur de son foyer en retournant les charbons, il présenta d'un air triomphant la nourriture préparée.

— Ack Allah! Santa Maria! dit-il d'un ton joyeusement affecté en déposant sur un carnier les appétissantes tranches de chair. Voilà, sidi, oun fricot qu'il vallait mieux à mirer que la fricassée d'arbicots que vous avez laissée là-bas.

— Puis, d'une voix altérée : — Santa Madona! continua-t-il, eux aussi, les assasins, ils ont horriblement arrangé nos pauvres camarades!

Le malheureux avait cherché à faire preuve de courage en recourant à un jeu de mots bas et vulgaire, mais les larmes qui jaillirent violemment de ses yeux démentaient ses paroles et prouvaient surabondamment que son cœur était étranger à ce que prononçaient ses lèvres.

Wanderer jugea à propos d'interrompre le cours de ses pleurs en le faisant parler:

— Puisque tu agites en nous la pensée du triste sort de nos amis, dit-il, rappelle-toi que tu nous as promis de nous raconter ce que tu as vu en dernier lieu sur cet épouvantable théâtre de meurtre et de carnage. Nous avons le temps de l'écouter. Parle, dis-nous vite ce que sont devenus les derniers survivants, laissés par nous aux prises avec ces féroces kroumirs. Devons-nous leur adresser un éternel adieu?

(*Nous jugeons à propos d'enlever son baragouinage* RÉEL *au Maltais, pendant le récit qui va suivre.*)

— Adieu! vous l'avez dit; c'est le seul mot que vous ayez à leur adresser, répondit le Maltais de plus en plus frémissant de terreur. N'espérez plus les revoir! qu'Allah et la sainte Madone me donnent le courage de vous raconter ce que j'ai vu après votre départ. Ce dont vous avez été témoins n'est rien, absolument rien, en comparaison des atrocités qui se sont passées sous mes yeux!

— Mais commence, commence donc! commenceras-tu? intima Wanderer avec une impatience marquée.

Le Maltais fit le signe de croix et reprit en tremblant :

—Santa Maria! je jure en votre saint nom que jamais autre homme que moi n'a été involontairement témoin de faits aussi effroyables que ceux dont on me demande le récit. Je dirai ce que j'ai vu, uniquement ce que j'ai vu, absolument rien que ce que j'ai vu.

— Nous te croirons sur parole, s'empressèrent de dire ses trois auditeurs, fortement impressionnés par ce solennel début.

— J'étais donc, poursuivit le Maltais, perché sur mon chêne, où pas un ennemi n'a pu me soupçonner d'avoir pris place. A peine aviez-vous pris la fuite qu'une partie de la bande des voleurs s'est précipitée vers Joe qui n'était pas mort et s'est défendu comme un tigre.

« Noara et ses deux enfants, appuyant la défense, ont un instant tenu tête aux misérables.

« Mais, ne voyant plus tomber aucun des leurs, dès qu'ils se furent emparés de Joe et l'eurent lié et garrotté malgré ses blessures, la fureur des kroumirs ne connut plus de bornes.

« Leurs criailleries infernales appelèrent près d'eux les bandits qui venaient de faire main basse sur nos caisses et nos bagages.

« Alors... oh! alors... Ah! santa Madona! accordez à ma mémoire le don de se rappeler!

— Allons, voyons, courage! dit Wanderer, profitant du moment où l'interprète, pressant son front de ses deux mains crispées, cherchait à invoquer en lui de douloureux souvenirs. Nos amis sont morts, nous le savons. Mais ce que nous ne savons pas, c'est combien de jours il nous aura été donné de leur survivre. Pourquoi donc pleurer ainsi sur le passé ? Tes larmes et ta frayeur à leur égard n'ont plus raison d'être mises en jeu. Leurs souffrances sont finies. Ils sont en ce moment passés à l'état de cadavres, aussi indifférents à la douleur que le sanglier que tu viens de faire rôtir. Cet animal a dû souffrir en recevant le coup qui lui a donné la mort. A cette heure, sa chair s'inquiète fort peu des morsures du feu qui la cuit. Tu peux donc nous raconter sans scrupules craintifs tout ce qui dans leur cruelle agonie a pu frapper tes regards. Nos infortunés amis ne sauraient t'en garder rancune, puisque désormais leurs corps sont insensibles aux tortures d'ici-bas.

— Ack Allah ! cela pourrait bien être vrai, murmura le Maltais, voulant se rassurer lui-même. Quand on est mort, on ne se tourmente plus de ce qui se passe dans ce monde :

« Eh bien ! je disais donc que les Arabes, après avoir pris et ficelé Joe, s'emparèrent aussi du pauvre Pat. Le brave garçon n'avait pas été tué sur le coup. Revenu un peu à lui, il vous appelait en anglais à son secours :

« — Mylord ! mylord ! disait-il, vous m'aban-
« donnez donc, moi qui ai donné ma vie pour
« vous ? »

« Mais les voleurs tenaient peu compte de ses plaintes, et le traînèrent, toujours par les pieds, jusqu'à ce qu'ils l'eussent jeté à côté de Joe.

« Celui-ci n'avait que la langue de libre. A défaut d'autre soulagement à apporter aux souffrances de son camarade, il s'en servit pour l'engager à reporter toutes ses pensées vers Dieu !

« Noara et ses deux fils furent également amenés pieds et poings liés près des deux blessés.

« Alors les maudits kroumirs commencèrent un interrogatoire, s'adressant à la malheureuse femme, pour savoir d'elle comment et pourquoi ils la trouvaient en compagnie de sales chiens de chrétiens.

« — C'est, répondit-elle froidement, parce « qu'ils m'ont prise et emmenée de force avec eux. « J'étais bien obligée de leur obéir pour sauver la « vie de mes enfants et la mienne. Nous sommes « innocents de ce qui s'est passé. Nous étions vic- « times de ces chrétiens et non leurs complices.

« — Elle en a menti, dit un Arabe qui venait « de se traîner péniblement jusqu'au milieu du « groupe ! »

« Je reconnus un des deux marchands, conducteur de mulets, qui nous avaient accompagnés la veille et qui étaient les auteurs véritables de toutes nos infortunes.

« Je compris aussitôt que tout allait finir pour la généreuse femme qui s'était si courageusement dévouée pour favoriser votre fuite !

« Ah ! santa Magdalena della Pieta ! le cœur me manque ! Je ne puis aller plus loin !...

En parlant ainsi, le Maltais jetait autour de lui des regards effarés et cherchait à comprimer de ses deux mains, placées sur son cœur, les soupirs d'angoisse qui soulevaient sa poitrine.

— Reprends haleine un instant, dit avec bonté Tueur-de-Lions.

— Oui, reprends haleine, répéta Wanderer, et quelle que soit l'horreur des détails de cette lugubre scène, fais en sorte de n'en oublier aucun. J'ai intérêt à les connaître, car, by God ! si j'échappe vivant aux suites de cette aventure, je ne négligerai rien pour que le monde civilisé sache à quoi s'en tenir sur le caractère vrai de ces cruelles peuplades.

« — J'en étais au moment où l'on interrogeait Noara, reprit le Maltais. J'ai dit que le gredin qui nous avait vendu les montures n'était que blessé. Après avoir donné un démenti aux paroles de la femme d'El-Bachir, il affirma aux autres brigands que, loin d'être notre ennemie, elle était notre plus fidèle alliée, et qu'elle avait quitté le sol des dépendances françaises avec ses enfants et son mari pour nous servir de guide et nous protéger pendant notre voyage en Tunisie. En terminant, il l'accusa d'avoir fait feu sur lui et ses camarades à l'aide d'un revolver.

« Sa déposition finie, un autre kroumir reprit l'interrogatoire de Noara :

« — Où voulaient-ils aller, ces chiens de chré-

« tiens que tu protégeais, fille indigne de Moha-
« med, demanda-t-il ?

« — Je n'en sais rien, répondit-elle.

« — Ah ! tu n'en sais rien ! Eh bien, sois tran-
« quille, je vais t'apprendre à le savoir, moi ! »

« Alors, il ordonna d'allumer un grand feu contre l'arbre près duquel gisaient les corps de Mesaouda et d'El-Bachir. On y entassa une énorme quantité de bois sec et bientôt une clarté sinistre illumina toute la clairière et les abords de la forêt.

« Leurs pauvres prisonniers furent apportés, l'un après l'autre, à trois pas des flammes.

« — Voyons maintenant, dit celui qui parais-
« sait avoir le plus d'empire sur toute la bande ;
« tu dois comprendre, belle femme, que tu n'as
« pas à espérer d'attendrir des hommes tels que
« nous. Nous sommes des guerriers ; ton sexe est
« à nos yeux tout au plus bon pour nous servir
« d'esclave. Quand un homme parle, il doit lui
« obéir. Je te commande, obéis-moi donc. Veux-
« tu, oui ou non, nous révéler le lieu où veulent
« se rendre ceux qui nous ont échappé ?

« — Non ! répondit courageusement Noara.

« — Non ? alors tu vas juger du sort qui vous
« attend tous ! »

« Oh ! le misérable ! je le vois encore s'emparant du petit Amar, l'étendre sur le sol, l'y faire maintenir par les quatre membres, et, narguant les cris que la douleur arrachait au pauvre enfant, lui extraire les deux yeux de leurs orbites, et les lancer sur le feu avec la pointe de son poignard !

« Puis, laissant le pauvre petit se tordre librement, en proie aux plus atroces souffrances, il se rapprocha de la mère et, la considérant en face, à la vive lueur du foyer :

« — Quel dommage, dit-il, pour d'aussi beaux
« yeux que les tiens d'être destinés à aller re-
« joindre ceux de ton fils dans ce brasier, dont
« l'éclat est moins brillant que le leur ! »

« Et tout en ricanant du sort qu'il lui préparait, il appuyait fortement ses doigts sur les paupières de Noara, et la forçait d'entr'ouvrir la bouche pour mieux admirer ses dents :

« Certes ! continua-t-il, tu es réellement assez
« belle pour ne pas déshonorer ma tente et
« je n'aurais pas hésité à t'y prendre pour ser-
« vante, si tu avais avoué la vérité ! mais, tu as
« menti et tu as voulu être utile à des chiens de
« roumys, il faut que tu meures et tu mourras. »

« La tête de Noara se redressa noble et fière :

« — Oui, brigand ! dit-elle, tu l'as dit, je dois
« mourir et je ne désire que cela. Vous avez
« tué le seul homme que j'aie aimé. Ce n'était
« pas un bourreau, celui-là, ni un marchand ou
« acheteur de femmes comme vous ! Il n'aimait
« que moi, je n'aimais que lui ! Il est mort,

« tuez-moi! J'ai voulu protéger l'amour d'un
« chrétien, comme un chrétien protégea le mien
« autrefois. Je maudis et j'exècre vos lois; elles
« vous autorisent à faire un hideux commerce
« de vos femmes et de vos filles! Si c'est la loi de
« Mohamed, je renie Mohamed et sa loi! C'est au
« Dieu tout-puissant des chrétiens, qui vous ju-
« gera un jour, que je demanderai justice de
« vos crimes!

« — Ah! vociféra le brigand dont la face ve-
« nait de s'épanouir sous l'éclat d'un rire infer-
« nal, ah! femme! esclave-meuble de l'homme!
« donnée par Allah comme servante aux servi-
« teurs de Mohamed le tout-puissant après lui!
« tu oses braver tes seigneurs et maîtres! tu
« renie leur religion et tu nous menaces au nom
« du Dieu des roumys! Eh bien, toi et les tiens,
« vous serez traités en chiens, comme les rou-
« mys qui vous accompagnent!... Allons, mes
« frères, enseignons à cette femme à ne pas mé-
« priser Allah! et commençons par son fils. »

« A cet ordre, dont les intentions sanguinaires furent facilement comprises par eux, les kroumirs se ruèrent sur l'enfant.

« Les uns lui arrachèrent les ongles, les autres lui coupèrent les oreilles, et, après une
pause adroitement calculée pour jouir à l'aise
des angoisses terrifiantes de la mère éperdue devant une telle torture, ils ouvrirent le ventre du

pauvre petit être et en jetèrent les entrailles au feu, tandis que le tronc encore palpitant exhalait un dernier signe de vie.

« Le tour des malheureux blessés ne se fit point attendre. Témoins muets de cet acte d'horrible sauvagerie, ils savaient bien que tout espoir était perdu pour eux. Ils n'opposèrent qu'une résignation stoïque aux tortures qui leur furent infligées. Pas un cri, pas une plainte ne leur furent arrachés par leurs bourreaux.

« Et cependant ceux-ci agirent de façon à ne leur donner le coup de grâce qu'après avoir largement assouvi leur rage, sans porter atteinte aux principaux organes de la vie.

« Les yeux et les ongles arrachés, les oreilles et la langue coupées, les dents brisées à coups de crosse ou de manche de poignard, ils ne cessèrent de souffrir que lorsque leurs entrailles furent allées se carboniser côte à côte avec celles du petit Amar.

« Après cette double exécution, voyant qu'ils avaient affaire à d'informes débris humains désormais insensibles aux blessures, les féroces fanatiques cessèrent de s'en préoccuper, mais ce fut pour reporter leurs outrages sur la jeune Zora.

« Frêle et innocente petite créature ! son corps, plusieurs fois souillé par les immondes caresses de ces vrais fils de démons, fut enfin suspendu à un arbre, la tête en bas !

« Quelques coups de yatagan l'eurent promptement divisé en deux parties, qui se balancent sans doute encore aux branches qui le supportaient !.....

..... — Ack Allah ! santa Maria, gémit le Maltais se tordant les mains et recommençant à pleurer, monsieur, madame, maître à moi, je vous en prie, faté-mi gracia del reste. Il n'y a plous qué la madre, la poverina Noara !.... Devinez ! devinez !.... C'est trop affroux à raconter à vous !....

— Par ma carabine, non ! répondit vivement Wanderer, non, non, mon pauvre ami, non, je ne te fais grâce de rien ! Cela me fait connaître à fond la barbarie du peuple musulman. Ton récit me prouve combien j'étais dans l'erreur lorsque je considérais les peaux-rouges d'Amérique comme les plus cruels sauvages de la terre ! Ah ! by God ! ces kroumirs le sont davantage !... Voyons, mon ami, remets-toi et continue.

Tout en recommandant le calme à l'interprète, le robuste Wanderer ne s'en montrait pas moins lui-même on ne peut plus violemment agité. La sueur ruisselait sur son mâle visage et se mélangeait aux pleurs que ses yeux cherchaient vainement à retenir, et que, dans son émotion, il ne songeait même pas à étancher,

— Ah! santa Maria! répondit le Maltais, prenant machinalement une des grillades auxquelles personne n'avait touché depuis qu'il avait commencé son récit, et la laissant retomber de même à ses pieds, vous voulez donc à toute force que je vous dépeigne la triste fin de la femme d'El-Bachir?

— Oui, oui, nous y tenons. Puisque tu as commencé, achève. Raconte-nous cela brièvement, mais raconte-le. Je veux connaître ce douloureux martyre en son entier et ne jamais l'effacer de ma mémoire.

— Ack Allah! santa Madona! voilà:

« Les brigands entourèrent de nouveau Noara. Après lui avoir fait subir toutes les infamies dont je fus le témoin épouvanté, mais que je n'oserais jamais dépeindre, ils l'ont pendue comme sa fille, les jambes en l'air. Puis, dans cette affreuse position, chaque bandit a pris à tâche de la torturer à son gré. A l'aide des ongles et des dents ils lui ont ouvert le ventre. Ils lui arrachaient les intestins petit à petit, en prenant garde de les déchirer, afin d'avoir le plaisir de lui faire entendre plus longtemps les insultes dont ils l'accablaient.

« La malheureuse subissait tout sans se plaindre, se contentant de prononcer de temps à autre le nom de Dieu.

« Enfin, voyant qu'ils ne venaient pas à bou

de la faire crier, ils dirent que, comme les chiens de chrétiens, elle devait avoir une âme du diable qu'ils allaient faire brûler.

« — Faites, bourreaux, dit-elle, le vrai Dieu
« vous jugera ! »

« Son corps s'agita dans une dernière convulsion et elle expira !...

« En cet instant le chef de la bande attira brusquement à lui tous les intestins à la fois et les lança tout fumants au milieu du brasier, en poussant un cri de sauvage triomphe.

« J'étais placé seulement à quelques mètres au-dessus du corps de l'infortunée qui se balançait dans l'espace au souffle du vent ainsi que celui de la petite Zora !...

« Peu après tous les égorgeurs sont partis avec leur butin.

« — Nous le partagerons en arrivant à la tribu,
« ont-ils dit, et au petit jour nous reviendrons
« pour enterrer nos morts. »

« Vous pensez bien qu'après avoir assisté à un pareil carnage, je n'ai pas eu l'idée d'attendre leur retour. Lorsque je jugeai qu'ils étaient assez éloignés pour que je pusse agir sans danger, je me suis laissé glisser au bas de mon arbre le plus prudemment possible.

« J'avais vu de quel côté vous aviez fui, j'ai essayé de vous rejoindre. Perdu après une longue course dans les détours de la forêt, j'ai entendu vos coups de revolver. J'ai compris que c'était un signal et j'y ai répondu.

« C'est ainsi que je vous ai retrouvés. Vous voilà aussi instruits que moi, n'en demandez pas davantage.

« Ah ! santa Magdalena ! soupira-t-il en forme de conclusion, ze le crois que c'est assez !

— Oui, assez ! accentua énergiquement la voix de Wanderer, tandis que sa main crispée implantait dans les parois de la grotte la lame de son poignard ! Assez nous appesantir sur le souvenir de cette lutte qui m'a séparé à jamais de mes plus fidèles et plus dévoués serviteurs ! Ah ! terre d'Afrique ! terre avide de sang ! tu ne sais pas combien mon court séjour sur ton sol m'aura coûté cher !

— Pourvu encore que vous réussissiez à en arracher celle qui est la cause involontaire de cette épouvantable tuerie ? lui dit froidement le Français.

— Oh ! vous avez raison, répondit l'Anglais, tout n'est pas fini encore ! Oh ! mon Dieu ! si après l'avoir si chèrement conquise, il me fallait la perdre à son tour !

Et Wanderer, qui se croyait cuirassé contre tous les accidents de cette vie, attira en pleurant la jeune femme sur son sein.

— Vous voyez, El-Adjel, dit-il, de quelle triste récompense mon amour pour vous a payé l'aveugle dévouement de mes serviteurs pour moi ! En serez-vous digne au moins ! votre affection saura-t-elle jamais m'indemniser de tant de sang versé et de remords pour ma conscience ?

— Vous en doutez ? répondit doucement El-Adjel ; n'ai-je pas risqué ma vie pour vous suivre ? vos dangers ne sont-ils pas partagés par moi ?

— C'est vrai, fit Wanderer, reprenant de l'empire sur lui-même, vous êtes digne de mon amour !

CHAPITRE X.

UN LION POUR WANDERER.

Quelle que fût la tristesse imprimée dans l'esprit des trois autres fugitifs par le sombre et poignant récit de l'interprète, les lois de la nature ne pouvaient être impunément bravées par eux.

Ils durent donc, bon gré mal gré, songer à réparer leurs forces épuisées de toutes les façons.

Dire que ce fut de bon appétit qu'ils se décidèrent à attaquer enfin les tranches de sanglier, serait s'écarter de la vérité. Aussi, à peine eurent-ils pris de ce côté le plus strict nécessaire, qu'ils s'étendirent côte à côte sur le parquet raboteux que leur offrait le rocher.

Chacun, à son tour, devait veiller, à l'entrée de la grotte, au salut commun.

Plus timoré que les autres, et l'on concevra pourquoi, le Maltais désira se mettre le premier en sentinelle.

Il fut relevé par Wanderer, qui commençait à le mépriser moins depuis qu'il avait pu apprécier le sang-froid du pauvre homme pendant l'exécrable drame exécuté sous ses yeux.

Tueur-de-Lions, entièrement reposé, remplaça Wanderer dans l'après-midi.

Vers le soir, la longue-vue américaine servit à étudier les environs et surtout la partie du pays que l'on se disposait à franchir pendant la nuit.

Avant le départ et après un nouveau repas, doublement rendu nécessaire par les nouvelles fatigues à affronter, les trois hommes se partagèrent les vivres à emporter dans leurs carniers.

El-Adjel, sur sa demande, accueillie seulement pour lui faire plaisir, en prit aussi une minime portion.

Les premières étoiles brillaient au firmament, lorsqu'ils furent prêts à se mettre en route.

Déjà ils s'éloignaient de la grotte, lorsqu'un rugissement formidable retentit à quelques centaines de mètres de là et, malheureusement, dans la direction qu'ils allaient prendre.

Tous quatre s'arrêtèrent pour s'interroger du regard.

— Ack Allah! dit le Maltais, encore oun danzer qu'il sé présente à nous!

— Bah! répondit résolûment Wanderer, celui-ci est moins à redouter que la rencontre des kroumirs. Les bêtes les plus féroces le seront toujours moins à notre égard que ces damnés ne l'ont été envers nos pauvres compagnons.

— Pardieu! c'est bien pensé, fit Tueur-de-Lions. Après le rude combat que nous avons soutenu, je ne vois pas trop quelle espèce d'ennemis nous ne pourrions pas affronter. Nos armes sont en bon état, les munitions ne nous manquent pas; en avant et à la grâce de Dieu. Au surplus, il ne s'agit que d'un lion en ce moment-ci et un lion pour moi...

— Permettez, mon cher ami, interrompit Wanderer apprêtant sa carabine, permettez; vous en avez assez tué pour votre compte, laissez-moi, je vous prie, l'occasion de me faire la main sur celui-ci. Si je le manque, vous aurez le temps de l'ajuster à votre tour.

— Soit, dit le chasseur, et il le laissa se placer en tête de la marche, ce qui ne l'empêcha pas de tenir son arme en main, en cas de soudaine surprise.

Ils venaient de s'engager dans un sentier naturellement tracé par une ravine sur la pente de la montagne. Tout à coup, d'une centaine de mètres plus bas, partit un nouveau rugissement.

Le rapprochement du lion le rendait d'autant plus formidable.

Impossible de l'éviter; il montait en droite ligne la passe descendue par les voyageurs.

Encaissés les uns et les autres entre les flancs de roches abruptes, leur rencontre était imminente.

Le lion ne pouvait poursuivre sa route qu'aux dépens de la vie des chrétiens, sinon ceux-ci devaient ne pas le manquer s'ils tenaient à se frayer une voie libre.

— Vaincre ou mourir! murmura Wanderer, c'est le cas, ou jamais, de le dire.

— Pas trop haut, toutefois, fit de même le chasseur qui avait surpris son monologue. On dirait que tous les démons, profitant du sommeil de Satan, se donnent toutes les nuits rendez-vous sur ces montagnes pour nous tourmenter à souhait. Mais, advienne que pourra, il faut lutter contre tous. Tenez, voici un bon endroit pour s'y placer à l'affût.

D'un seul coup d'œil Wanderer comprit que le Français avait raison. Sur un signe de lui, El-Adjel se blottit sous une épaisse broussaille. Il se plaça à sa droite, le chasseur se mit à sa gauche et le Maltais, pris de nouveau d'une terrible panique, commença à piétiner à l'entour d'eux.

De même que lors de l'attaque des kroumirs, il agitait convulsivement son revolver ; arme bien inoffensive en de pareilles mains.

— Ah! santa Madona ! marmottait-il, qu'est-ce que il corpo di mi va devenir ! Ah ! santa Maria! ce n'est pas assez des voleurs à deux zambes, il faut maintenant que le grand Allah il m'envoie les vilaines bestias !

— Te tairas-tu ? dit Wanderer. Une plainte de plus et je t'envoie dans les flancs les deux balles explosibles de ma carabine. Fourre-toi dans le buisson derrière nous, et fais le mort, sinon tu le seras pour tout de bon !

Le pauvre hère ne se le fit pas dire deux fois et disparut promptement dans l'épaisseur du feuillage.

La nuit n'était pas encore sombre au point d'empêcher de distinguer les objets à une assez longue portée. Aussi, les regards des guetteurs sondaient-ils à merveille les moindres détours du sentier sur les bords duquel ils étaient fermement agenouillés, l'arme à l'épaule.

Un certain laps de temps s'écoula ainsi :

— Rien encore, dit à voix basse le chasseur, est-ce qu'il aurait changé d'idée et rétrogradé vers la plaine ?

— Attendons, répondit Wanderer du même

ton : celui qui sait attendre et surprendre vaut dix de ses adversaires marchant à découvert. Si nous quittions notre poste, peut-être...

Il n'eut pas le temps d'en dire davantage, le lion parut à dix pas.

La noble bête, à l'aspect de ces hommes armés, poussa un sourd grondement et se mit à piaffer, hérissant sa crinière et grattant le sol d'une de ses pattes de devant.

— LE VOILA ! — Cette exclamation n'apprenait rien au chasseur. Il avait aperçu la bête en même temps que lui.

— Je vise en plein poitrail ! Je compte sur vous : à la vie, à la mort !

— Faites ! Si vous le manquez, je réponds, moi, de l'abattre comme un lièvre !

Ils auraient eu, certes ! le temps d'échanger bien d'autres paroles, car le superbe animal restait au même endroit, tantôt se couchant, tantôt se campant fièrement sur ses quatre jambes, fouettant ses flancs de sa queue et semblant s'exciter à bondir sur les audacieux qui lui barraient le chemin.

Malgré toute leur résolution et leur courage cent fois éprouvé, le cœur de ces derniers battait à rompre leur poitrine.

Mais cette émotion fut de courte durée.

Le large poitrail servait de point de mire à la carabine de Wanderer. Il fit feu.

L'animal fléchit sur lui-même en tremblant, et tenta un effort pour faire un bond vers celui qui venait de le frapper.

Il n'en eut pas le loisir. Le chasseur, le prenant en travers, lui logea une balle explosible au défaut de l'épaule. Le projectile ayant éclaté dans le coffre vers la région du cœur, la tête s'affaissa sur elle-même.

Par prudence, Wanderer, débarrassé de la fumée de son premier coup de feu qui l'avait un instant ébloui, lui envoya sa deuxième charge. Elle mit fin à cet incident dramatique.

En toute autre circonstance, une telle victoire eût été de nature à vivement intéresser ceux qui venaient de la remporter; mais, dans la situation présente, elle offrait à leurs yeux une importance secondaire. Les rudes épreuves auxquelles ils avaient été soumis, sans compter celles, aussi terribles peut-être, qui les attendaient encore, les préoccupaient davantage.

Ils se contentèrent donc d'admirer en silence la magnifique taille du vieux lion, et, après l'avoir retourné, de juger en gens experts des effets produits sur sa vigoureuse ossature par leurs foudroyants engins.

Se charger de sa splendide dépouille aurait été apporter une entrave à la rapidité de leur fuite; ils abandonnèrent donc le cadavre à la rapacité des aigles et des vautours.

— Ah! povero di mi! dit le Maltais en s'éloignant du lion, qui, tout mort qu'il fût, lui inspirait encore de l'effroi. Ah! signor Zésus! quelles dents et quelles griffes il avait, ce monstre-là! Ah! sangue del Christo! Non, ze ne dois pas mourir cette année, aquo ès seguro! Sans cela la bonne Madona di mi elle n'aurait pas sauvé moi dé tous ces affreux danzers!

En débouchant d'un fort massif où ils s'étaient introduits au sortir de la ravine, ils prirent pied sur une immense plaine, que, d'après leurs calculs, ils pensaient pouvoir facilement traverser pendant la nuit.

Leur but était de gagner, vers le point du jour, une montagne opposée à celle qu'ils quittaient.

Le ciel seconda leurs projets.

Les premiers rayons du jour éclairaient à peine leurs pas qu'ils atteignirent la base du mont désiré.

Là, leur marche se vit tout à coup arrêtée par un obstacle qu'ils n'avaient pu prévoir.

Une large et rapide torrent les séparait de la montagne.

Sur la rive, dont ce torrent les séparait, un spectacle curieux s'offrit à leurs regards.

Des milliers de pigeons bisets prenaient leurs ébats sur les rochers ou les arbres d'alentour.

A chaque instant leur nombre, déjà incalculable, s'augmentait par l'arrivée d'une nouvelle troupe de ces inoffensifs volatiles communément désignés sous le nom de pigeons voyageurs.

D'où venaient-ils? telle fut la question que s'adressèrent mutuellement Wanderer et Tueur-de-Lions.

Leurs suppositions à cet égard cessèrent bientôt devant la réalité du fait.

A une centaine de mètres au-dessus du cours d'eau torrentiel et du sein d'une agglomération de rochers aux formes les plus excentriques, se dessinait la vaste entrée d'une caverne aérienne.

— Pardieu! dit le Français, ces petits confrères à plumes ne nous refuseront sans doute par l'hospitalité dans leur hôtellerie.

— Surtout en la leur demandant poliment? ajouta l'Anglo-Américain.

Et, en disant cela, il frappait joyeusement sur la crosse de sa carabine.

— Non, non, pas de ça ici, reprit vivement son interlocuteur. Visitons d'abord les lieux, ensuite nous aviserons. Je sais bien que, pour que ces oiseaux voltigent dans cet endroit en telle quantité et avec une semblable quiétude, il faut que les pas des hommes s'impriment rarement sur leur domaine; mais tant que, de là-haut, nous n'aurons pas exploré les environs à l'aide de votre longue-vue, je crois peu prudent de faire entrer la poudre en conversation avec les échos.

— Au fait, répondit Wanderer en riant, qui sait si, dans leur demeure, nous ne trouverons pas tout à la fois le boire, le manger et le refuge assuré contre les visiteurs importuns ?

— Vous dites plus vrai que vous ne croyez, répondit Tueur-de-Lions. Si je ne me trompe, le petit ruisseau qui vient mélanger ses eaux à celles du torrent doit provenir de cette caverne.

— Non, vous n'êtes pas dans l'erreur, dit Wanderer, armé de sa longue-vue. Il y a une source là-haut. Je vois très-distinctement miroiter l'eau à l'entrée de ce miraculeux pigeonnier.

— Allons-y donc et tout de suite, conclut le Français.

La chose était plus facile à dire qu'à exécuter.

Le torrent n'était pas un obstacle des plus aisés à franchir. Il était peu profond, c'est vrai, mais en revanche sa rapidité était telle, que, Wanderer ayant El-Adjel sur ses épaules et Tueur-de-Lions chargé du vaste carnier du voyageur placé au-dessus du sien, eurent des peines infinies à gagner l'autre rive.

Le Maltais, resté en arrière, et n'ayant à s'occuper que de lui-même, fut encore moins heureux.

— Ah ! santa Madona, s'écria-t-il au milieu

de sa traversée : è fatto di mi ! le courant va m'entraîner.

Déjà les autres avaient pris terre et l'attendaient, appuyés contre des roches à sec.

— Ne crains rien, lui héla Wanderer : remonte sur ta droite, remonte ! mais remonte donc ! sans quoi...

Un cri de détresse de l'interprète l'interrompit.

Le maladroit, au lieu de suivre ses conseils, se dirigeait toujours en ligne droite. Il perdit pied, voulut se raccrocher aux roches glissantes, ne put y réussir et fut contraint de tenter son sauvetage en nageant. Mais au lieu d'obéir au courant, qui sans doute l'eût bientôt remis sur pied, il s'acharnait, la tête perdue, à vouloir le remonter. Déjà, à différentes reprises, il avait disparu sous l'eau dont l'écume l'environnait de toutes parts. Hésiter à s'élancer à son secours eût été vouloir sa perte. Wanderer le comprit :

— Eh ! by God ! l'imbécile va se noyer, dit-il !

Se dépouillant aussitôt des parties de son costume qui auraient pu le gêner, il se précipita à son aide.

Ayant pris le dessus du courant, qui l'aidait ainsi dans sa nage, il fut promptement à portée du Maltais.

Celui-ci commençait à se débattre et à barboter passablement lorsque l'Anglais l'atteignit.

Mais son sauvetage n'était pas terminé. Bien

que rappelé à lui-même par l'appui de son maître, il fut forcé, ainsi que lui, de s'abandonner au cours de l'eau pour aller reprendre pied au point même d'où il était parti.

La traversée était à recommencer. Cette fois, du moins, elle s'accomplit sans encombre pour tous les deux.

Restait encore à gravir les rochers escarpés, pour arriver à la caverne.

Ce ne fut point sans fatigue et sans s'aider des pieds et des mains qu'ils y réussirent.

Mais enfin, ils en vinrent à bout.

Une fois réunis sur une assez large plate-forme qui précédait l'entrée de ce que Wanderer avait appelé un merveilleux pigeonnier, ils se décidèrent à y pénétrer tout de suite.

C'était un immense souterrain dont ils ne purent d'abord sonder les profondeurs.

La voûte, s'élevant de plus en plus à mesure qu'elle s'éloignait de l'ouverture, haute elle-même de plus de vingt pieds, atteignait en certains endroits jusqu'à dix-huit mètres d'élévation.

Des réduits de toutes formes et de toutes dimensions formaient une infinité d'appartements, séparés par des fragments de la roche dans les parois de laquelle la nature les avait creusés.

Un petit ruisseau, dont on entendait gazouiller la source dans les profondeurs lointaines de la caverne, serpentait silencieusement sur un lit de sable fin et, filtrant à travers les mousses des rochers extérieurs, allait se perdre dans la rivière, ainsi que l'avait indiqué Wanderer.

En haut, en bas, à droite, à gauche, partout enfin, on ne voyait que pigeons; les uns sur pied, les autres voltigeant, sans compter grand nombre de mères silencieusement occupées au couvage, dont c'était alors la saison.

— Ah! santa Maria! fit le Maltais en éternuant, ze viens d'en réchapper d'une belle. Oh! que oui, par Allah! — Che bisogno, signor Zézous! Cé n'était pas souffisant pour il Diavolo que z'aie essouyé le feu des brigands, il a fallou qu'il fît subir au corps di mi la torture del agua (de l'eau). Ah! santa Madona! Si z'en reviens sans être fait mort, ze vous zure que ze vous ferai brouler dix grands cierges. Aquo es seguro, santa Madre di Dio! ze le zure par lou grand Allah!

— Tu vois bien, dit le chasseur, que le diable n'est pas aussi taquin à ton égard que tu veux nous le dire, puisqu'il te fait faire connaissance avec le paradis.... des pigeons.

— Tiens, regarde, dit à son tour Wanderer, ne voilà-t-il pas la plus sûre et introuvable retraite que puissent rêver des gens obligés de se cacher? qui diantre viendrait nous dénicher ici?

— Allons, bon! fit le Français, voilà les maître du logis qui se mettent en train de nous prouver que notre présence chez eux n'est pas ce qui les charme le plus. Quel tourbillon de plumes, bon Dieu!

Effectivement, les oiseaux effarouchés s'étaient mis à tournoyer au-dessus de leurs têtes et, comme mûs par un secret commandement, s'envolaient en foule vers l'ouverture trop étroite pour leur livrer passage à tous à la fois, malgré son développement immense.

— Ah! ça, mais, nous n'allons pas les laisser nous fausser compagnie comme ça, sans faire plus ample connaissance avec eux, dit Wanderer.

Et, saisissant sa carabine, il s'empressa d'en extraire les cartouches à balle pour les remplacer par des charges au petit plomb.

— Prenez garde, lui fit observer le chasseur, il ne me paraît pas sain de décharger nos armes ici.

— Bah! répondit-il, qui diable voulez-vous qui nous entende dans ce désert?

Sans plus balancer, il tira et trois pigeons tombèrent sur une aspérité du roc assez rapprochée de la voûte. Le Maltais courut les y décrocher.

— Ah! santa Maria! cria-t-il, z'aime cent fois

plous voir tomber ces picciolines bestias que les poverinos camarades de là-bas! Per Dio santo! voilà qui fara oun boun dézeûner!

Il fut bientôt de retour, mais non sans avoir maculé ses vêtements, encore empreints de l'humidité de sa baignade, aux couches poudreuses ou salpêtrées des fragments de roches qui avaient facilité son ascension.

A l'instant même, avec une joyeuse dextérité, il se mit à plumer son butin.

Un second coup de carabine le contraignit de suspendre cette besogne à son goût, pour reprendre ses fonctions de rapporteur de gibier.

Cette seconde course fut moins heureuse que la première, car il faillit s'y rompre les reins, en voulant s'en acquitter trop vite. Quant aux pigeons, il y en avait un de plus de démonté.

— J'espère qu'en voilà suffisamment pour nos besoins d'aujourd'hui, dit l'Anglais; tu vas donc nous laisser le soin d'achever le plumage de ces bêtes et te mettre en quête de bois pour les faire cuire.

— Zézous! Dio! ack Allah! Mais, sidi, pour ramasser du bois, il faut sortir d'aquella casa. Per Dio! z'aime bien mieux ploumer los oiseaux qué d'aller tout seul exposer le corps di mi! oh! yes!

—Soit, fit Wanderer! Au surplus, tu as raison:

il n'y a plus ici ni maître ni domestique ; le danger nous rend tous égaux.

Il rechargea son arme de munitions de guerre et sortit.

Peu après, il reparut chargé d'un énorme fagot de bois solidement lié au moyen de sa ceinture.

Cette partie de son costume lui servait à la fois de flanelle, de bretelles et de porte-revolver, sans compter un poignard dissimulé dans ses plis.

— Maintenant, faites le reste, dit-il en jetant le bois à terre. Et, tandis qu'il se rajustait, il se rapprocha d'El-Adjel, près de laquelle il s'assit.

— A mon tour de faire une corvée, exclama le chasseur ! Je me charge de faire le feu et de l'entretenir.

Bientôt un magnifique brasier fut par lui mis au service du Maltais, redevenu cuisinier.

Tueur-de-Lions, fidèle à ses habitudes de prudence, avait eu soin de l'installer dans l'un des renfoncements de la caverne les plus profonds, pour en éviter au dehors les reflets accusateurs.

Malgré toutes ses précautions, il ne put empêcher la fumée de s'échapper en spirales par l'unique ouverture qu'offrait le lieu de leur refuge.

Familier avec la vie nomade, le Maltais ne s'y prit pas trop mal pour installer sa cuisine.

N'ayant pas de broche sous la main, il enfila sans façon ses sept bisets sur une longue baguette de bois et fit reposer les extrémités de cet ustensile primitif sur deux fourches de même nature plantées de chaque côté du brasier. Dès lors il n'eut plus qu'à le manœuvrer comme une broche ordinaire.

CHAPITRE XI.

DANS LA CAVERNE DU SIDI-CHAIB.

Ici, et pour bien faire comprendre aux incrédules la possibilité du fait étrange que nous allons développer dans les lignes qui vont suivre, nous sommes dans la nécessité d'entamer ce chapitre par une question à leur adresse :

Connaissent-ils, ou ont-ils entendu parler de la singulière influence du vent du nord sur l'esprit des voyageurs qui parcourent l'intérieur des Pampas de l'Amérique du sud?

Non, ils n'en ont aucune idée, autrement l'explication que nous croyons devoir en donner serait parfaitement superflue.

Eh bien! la réponse à notre question, nous allons la faire nous-mêmes :

Réunissez dans les Pampas les meilleurs amis du monde, fussent-ils aussi dévoués les uns aux autres que jadis Pollux, de mythologique mémoire, le fut pour son frère Castor.

Si le vent du nord vient à souffler, ils se querelleront immédiatement entre eux!!...

Le vent du nord dans les Pampas irrite le système nerveux, occasionne toujours des brouilleries et parfois même conduit au crime des hommes du meilleur caractère.

La tramontane dans la campagne de Rome engendre le même effet.

Mais, nous direz-vous, vos personnages ne se meuvent pas dans les Pampas ni sur le territoire romain; c'est en Afrique, et en Afrique le climat n'a aucune influence nuisible sur le cerveau.

Qu'en savez-vous?

Interrogez donc *tous* ceux qui ont fait un séjour prolongé en Algérie, et vous verrez, modernes saint Thomas! ce que *tous* vous répondront!

Les Européens, *les plus sobres*, seront forcés par leur conscience de vous avouer que, ne fût-ce qu'un seul jour, une seule heure, un simple quart d'heure même, leur cerveau n'a pu s'empêcher de payer un tribut, tant faible soit-il, à l'influence du climat algérien.

Si le vent du nord y est moins à redouter que

dans les Pampas-américaines, il n'en est pas de même du soleil. Ah! si nous avions le temps de vous en citer mille exemples officiels, nous n'aurions pas à courir bien loin pour les chercher.

Mais non, nous nous bornerons à vous dire : Croyez-nous! dans tout le cours de cet ouvrage nous n'avançons pas un fait qui ne puisse être prouvé!

Des deux mains droites qui se sont associées pour le jeter à la publicité, l'une a passé douze années consécutives dans les trois provinces de l'Algérie, l'autre, la plus jeune et la plus vigoureuse, n'a pas quitté l'Afrique depuis quinze ans et n'est pas sur le point de la quitter encore! Donc, n'émettez aucun doute sur la véracité des faits racontés par deux Africains.

Revenons à nos.... pigeons!

Tandis qu'ils rôtissaient ou se carbonisaient plus ou moins, suivant que les terreurs contenues du Maltais lui permettaient d'en surveiller la cuisson, le visage de Tueur-de-Lions s'était insensiblement assombri. — Quelles pensées sinistres s'étaient donc soudainement emparées de son esprit, jusqu'alors resté si indifférent aux favorables comme aux malencontreuses péripéties de cet effrayant voyage?

Arpentant à grands pas les diverses cavités de la caverne, il errait sans but d'un point à un autre, comme s'il eût voulu trouver un endroit désert, pour y rêver en liberté.

Ayant enfin trouvé une place au gré de son caprice, il s'adossa, les mains appuyées sur sa carabine, à une saillie du roc distante de plus de vingt pas du groupe formé par El-Adjel et Wanderer :

— Où tout cela va-t-il aboutir, dit-il à demi-voix. A quoi cela me conduira-t-il? Quel intérêt avais-je à me mêler à ces incroyables boucheries? Comment se terminera cette horrible aventure?

Il respira fortement, secoua la tête comme pour en chasser une pensée amère, sourit d'une façon étrange et reprit son monologue :

— Oh pardieu! pour ceux-là, là-bas, si nous sortons vivants du guêpier où ils nous ont entraînés, la chose ne fait pas un doute! L'un est riche, l'autre est belle, il s'aimeront, ils seront heureux! Mais moi?... Ah! moi, j'en serai quitte pour avoir risqué ma vie pour eux!.... Ils me diront merci, et je leur répondrai : grand bien vous fasse!.... Ils partiront, je retournerai à mes affûts et tout sera dit!.... Oh! la misère! la misère! Dire que je n'ai connu que cela depuis que je suis au monde!.... Ah! sacrebleu! c'est trop souffrir! Je veux, au moins une fois, goûter au bonheur de la vie! Allons, c'est dit!.... J'y ai autant de droit que lui, après tout!....

Obéissant au génie du mal qui s'était rendu maître de lui, d'un mouvement convulsif il s'écarta de la roche sur laquelle il s'appuyait.

D'un pas ferme, mais saccadé, la main droite crispée sur sa carabine, la gauche caressant fiévreusement la crosse du revolver engagé dans sa ceinture, il se dirigea vers le couple qui venait d'éveiller en lui le démon infernal de la jalousie.

Arrivé à deux pas de Wanderer, il fit halte, et braquant sur lui ce regard terrible qui n'avait jamais faibli devant celui du lion :

— Ah! ah! vous êtes heureux, dit-il en ricanant; et moi, j'endure toutes les tortures de l'isolement. Mais je veux être heureux aussi; j'ai soif d'amour aussi; et je veux pouvoir le dire à cette femme aussi!...

— Ah çà! que se passe-t-il donc en vous, mon ami? dit en plaisantant Wanderer, loin de se douter du sérieux de la situation. Je croyais vous avoir entendu dire que vous considériez l'amour comme une faiblesse et que vous comptiez toujours braver cette sotte maladie? Vous riez en ce moment?

— Je ris si peu que je suis tout disposé à vous disputer l'amour de cette femme! Elle est tout autant mon bien que le vôtre! Vous pensez qu'elle vous aime... moi, je ne le crois pas!... Elle a eu recours à vous comme elle aurait eu recours au premier chrétien venu!... Sortir de l'esclavage était sa seule idée !... Si je vous ai dit que je ne devais jamais aimer, je me trompais, car je n'ai plus qu'un désir, celui de me mettre à votre place et de me faire aimer d'elle... Voilà !... Que dites-vous de cela ?

— Je dis, riposta Wanderer en pâlissant, je dis que, si vous plaisantez, la plaisanterie est de fort mauvais goût. Si vous ne plaisantez pas... c'est que vous êtes fou !

— Je suis si loin de plaisanter, que je vous engage à vous armer de votre carabine. Je vous provoque en duel, à vingt pas, à balles explosibles... Comprenez-vous ? Je veux posséder seul l'amour d'El-Adjel, ou mourir pour ne plus endurer le supplice de la savoir entre vos bras !... Allons ! lancez tout de suite en l'air un des louis d'or dont vous êtes si fier... Le sort décidera entre le richard et le pauvre homme !...

— Mon cher et vaillant ami, dit affectueusement l'Anglais en se rapprochant de lui, vous ne possédez pas votre raison ; venez et écoutez-moi.

Puis, d'une main amie le saisissant par le bras, il l'entraîna près d'El-Adjel.

La pauvre femme n'osait respirer, anéantie par l'épouvante d'être la cause bien involontaire d'une semblable agression.

Lorsque les deux hommes eurent pris place auprè d'elle, Wanderer continua :

— Eh quoi ! vous voulez me tuer ou me mettre

dans l'impossibilité de ne pas vous tuer moi-même ? Avez-vous bien réfléchi à l'atrocité de l'action que vous proposez là ? Non, cela est impossible. Un cœur tel que le vôtre ne saurait concevoir une telle monstruosité. Vous êtes en ce moment sous l'influence incompréhensible, mais positive, d'un accès d'irritabilité nerveuse. Elle ne tardera point à disparaître, je l'espère et le désire ardemment. Alors, vous réfléchirez à l'égarement de votre conduite actuelle. — Comment ? vous qui vous êtes si généreusement exposé pour moi et pour affranchir cette malheureuse victime des coutumes musulmanes, vous n'hésiteriez pas, de votre plein gré, à la replonger dans l'esclavage, avant même qu'elle ait pu jouir de quelque liberté ! — Croyez-vous, en bonne conscience, parce que vous m'aurez tué, qu'El-Adjel en sera plus disposée à vous aimer ?... Idée folle et saugrenue, mon pauvre ami : Elle vous haïrait et elle aurait raison, car vous lui auriez fait perdre les longues années de bonheur qu'elle est appelée à goûter auprès de moi ! — Si, au contraire, c'est ma main qui vous frappe, son amour ne m'en sera ni plus ni moins assuré, et vous aurez uniquement entaché mon avenir d'un épouvantable remords !

— Qui vous dit qu'El-Adjel vous aime et vous préfère à moi, interrompit le chasseur en grinçant des dents ?

L'expression de son visage était réellement pénible à voir, tandis qu'il s'exprimait ainsi.

Wanderer, décontenancé par cette apostrophe imprévue, promena un instant ses regards inquiets de la jeune femme au chasseur. Mais il eut promptement recouvré son sang-froid.

— Vous ne voulez pas être raisonnable? reprit-il avec calme. Eh bien, je consens, pour reconnaître les services que vous m'avez rendus, à ne pas l'être plus que vous. Nous nous battrons donc!... Mais, comme je suis l'offensé, j'ai le choix du duel. Promettez-vous d'accepter mes conditions de combat?

— Oui!... pourvu que ce soit à mort! répartit le Français de plus en plus dominé par une néfaste influence.

— Ce ne sera point à mort, mais bien à vie, accentua lentement Wanderer! Et quoi qu'il me soit bien prouvé maintenant que nous sommes fous tous les deux, je vous propose un duel à la raison!...

— Qu'entendez-vous par un duel à la raison? demanda d'une voix rauque le chasseur évidemment surpris.

— Le seul qui soit possible entre deux hommes dont l'un a déjà plusieurs fois exposé sa vie pour l'autre. Voici El-Adjel. Bien du sang, et du meilleur de notre côté, a été versé pour elle! Inutile d'en répandre de nouveau par notre propre faute ! Nous allons la prendre pour arbitre de nos destinées. Elle dira lequel son cœur préfère de nous deux. Si vous l'emportez sur moi, je m'engage à vous accompagner, n'importe où il vous plaira d'aller, jusqu'à ce que vous soyez en sûreté. Je mets à votre disposition ma vie et ma fortune et je renonce formellement à tous mes droits sur elle, ainsi qu'à jamais rien tenter de nature à troubler votre bonheur. Si, au contraire, elle est fidèle à ses premiers sentiments, jurez de m'aider à gagner Tunis avec elle et de me continuer le secours de votre bras, comme vous l'avez si loyalement fait depuis notre rencontre. Voilà qui sera mieux, je pense, que de considérer cette femme comme une proie disputée par deux tigres ?

Ce sage discours produisit sans doute une impression favorable sur le cerveau halluciné du chasseur, car, secouant la tête pour en chasser quelque fâcheuse idée :

— J'accepte ! dit-il. La sentence d'El-Adjel sera le projectile qui, sans effusion de sang, refroidira à jamais à son égard le cœur de l'un de nous !

— Vous avez tout écouté et tout compris, parlez, El-Adjel, nous attendons votre arrêt !

Ces paroles de Wanderer furent prononcées d'une voix visiblement émue et qui dénotait combien, sous le masque de son calme affecté, il souffrait intérieurement.

La jeune femme tressaillit. Les marques du plus vif embarras se révélèrent dans toute sa contenance et ses beaux yeux effarouchés, s'élevant avec timidité vers son interlocuteur, semblèrent implorer de lui la permission de se taire.

Debout, muets et anxieux, les deux hommes lui renouvelèrent par signe l'injonction de se prononcer.

Elle s'y décida enfin, mais non sans que la rougeur de la confusion ne vînt envahir son visage :

— La religion de mon père m'a enseigné l'amour de la vérité, fit-elle lentement. Je veux la mettre en pratique. Pourquoi m'établir comme juge entre vos deux amours? Je ne puis plus disposer du mien. Celui à qui je l'ai donné en est le maître sans partage. Il lui appartient à tout jamais. Autrefois, quand j'étais enfant, tous les chrétiens apparaissaient également beaux et bons à ma pensée. On m'avait appris qu'ils protégeaient les femmes au lieu de les martyriser et de les avilir, ainsi que cela se voit chez les musulmans! Chez les chrétiens, la femme est libre de disposer de son cœur ; chez les Arabes, son corps même ne lui appartient pas. Ceux-ci traitent les femmes en esclaves et les échangent contre des douros ; ceux-là les considèrent à l'égal d'eux-mêmes et se font un bonheur de leur être dévoués. Le paradis chez les premiers, l'enfer chez les seconds, tel est le sort réservé aux femmes. J'aimais donc tous les chrétiens presque autant que je haïssais mes bourreaux. A mesure que je grandissais ce sentiment se développait en moi. Être aimée de l'un d'eux et lui consacrer toutes les pensées de mon âme était mon unique vœu.

Sa voix, brisée par l'émotion, la contraignit à s'interrompre elle-même ; mais sans donner le temps à l'un et à l'autre de prendre la parole, elle continua ses aveux en s'adressant à Wanderer dont elle pressa les mains dans les siennes avec les témoignages de la plus vive et de la plus noble affection :

— Vous vîntes enfin, mon ami, dit-elle ; vous m'apparûtes comme un libérateur. Je vous vis beau comme un chrétien et comme vous l'êtes en effet et je me mis à vous aimer de toutes les forces de mon âme.

Un long soupir de soulagement s'exhala de la poitrine de Wanderer, qui s'agenouilla en silence aux pieds de la jeune femme devant laquelle il s'absorba dans une muette contemplation.

— Quant à vous, mon ami, poursuivit-elle en tournant un regard suppliant vers le chasseur, ne m'en veuillez pas. Peut-être, si vous étiez venu le premier, aurais-je pu...

— Eh ! que m'importe, après tout, que je sois

venu le premier ou le dernier, interrompit violemment Tueur-de-Lions, je t'aime, femme ! je veux t'avoir, et tu n'appartiendras à cet homme que quand il aura pu trépigner à son aise sur mon cadavre !

— Et moi, dit El-Adjel en se redressant avec fierté, je lui ordonne de me tuer, pour épargner à ma vue l'effroyable spectacle de mes deux sauveurs combattant l'un contre l'autre à propos de moi !

Son geste impérieux et l'intonation de sa voix produisirent l'effet d'un éblouissement sur les yeux irrités du chasseur. Ses lèvres s'agitèrent convulsivement, mais n'émirent aucun son.

Wanderer, froid et impassible, étudiait scrupuleusement les symptômes d'agitation reflétés sur son visage. Bientôt une marque de sympathique pitié s'imprima sur sa propre physionomie.

El-Adjel, retombée sans force sur le sol, se voilait la face de ses deux petites mains.

Tout à coup elle éclata en sanglots, et traçant avec rapidité plusieurs signes de croix sur sa poitrine :

— O Dieu de mon pere ! dit-elle à travers ses larmes : pardonne-moi d'être la cause de toute la série d'horreurs qui depuis plusieurs jours se déroule autour de moi. Tout cela est-il donc vrai ? tout cela est-il donc possible ? Mon Dieu ! mon père, en éclairant trop vite ma jeune imagination, n'aurait-il abouti qu'à me rendre folle?

Les yeux fermés et le corps à demi penché vers elle, le chasseur écoutait comme dans un rêve l'invocation plaintive prononcée à ses côtés.

Soudain, se redressant de toute sa hauteur, laissant choir sa carabine à ses pieds, il passa à plusieurs reprises ses mains sur son front, rejeta sa chevelure en arrière, se frotta vigoureusement les yeux, qu'il rouvrit d'un air étonné, et tendant ses bras à Wanderer :

— Ah! noble ami, dit-il, de quel fardeau pesant mon crâne vient de se débarrasser ! Et mon cœur a-t-il assez souffert, mon Dieu ! Heureusement que c'est fini ! Savez-vous bien une chose, Wanderer? avez-vous remarqué cela, El-Adjel? je viens d'être fou, mais réellement fou, ce qui s'appelle fou !

— Nous ne nous en sommes que trop aperçus, dit Wanderer en l'embrassant; heureusement que la crise est passée.

— Et s'il plaît au ciel, elle ne se renouvellera jamais, fit gaiement le chasseur. Mais, quel phénomène singulier !

— Il n'y a là-dedans rien de singulier, ni de phénoménal, répondit flegmatiquement l'Anglais. Cette hallucination passagère est une conséquence des lourdes fatigues, des sanglantes tueries et des privations endurées ou affrontées par nous en si peu de temps. Tout cela vous a énervé, et vous avez hâté le développement de la crise en restant penché près d'une heure au sein de la fumée lorsque vous vous êtes occupé de préparer le brasier. Nous-mêmes, croyez-le bien, mon ami, nous sommes loin d'être dans notre état normal. Nous aussi nous avons donné des preuves de surexcitation. Voyez dans quel état se trouve encore El-Adjel. Mais tout ce malaise disparaîtra après un bon déjeuner. Donc, n'y pensons plus.

Wanderer disait vrai : les poignantes épreuves qu'ils avaient subies pendant les précédentes journées, jointes à l'action des gaz délétères exhalés par le charbon dans le renfoncement malsain où le Français avait établi son foyer, venaient de produire sur son cerveau l'effet du vent du nord dans les Pampas.

Parfaitement rentré dans son bon sens, mais un peu humilié de s'en être départi, Tueur-de-Lions se dirigea vers la cuisine.

Le Maltais, tout à son rôti, ne se doutait guère de ce qui venait de se passer entre ses compagnons. Il s'empressa de faire admirer au chasseur la tournure appétissante des pigeons qu'il achevait de débrocher.

Pendant leur cuisson, il avait prestement

tressé une petite natte de paille d'alpha, sur laquelle il les étalait avec complaisance.

A peine remis de l'émotion qui, pour être soigneusement dissimulée par lui, n'en avait pas moins fait une vive impression sur son cœur, Wanderer s'attacha de son mieux à consoler El-Adjel, puis l'engagea à rejoindre les autres pour déjeuner avec eux.

Tristement, et en silence, elle se conforma à ses volontés. Le fâcheux incident de l'indisposition du chasseur l'avait entièrement bouleversée. Aussi mangea-t-elle bien peu et avec difficulté.

Pourtant le Maltais avait réellement raison d'être fier de sa cuisine. Les pigeons étaient exquis. Le pain manquait, il est vrai, mais on ne pouvait en dire autant de l'eau limpide de la source. Il ne fut certes pas besoin de l'épurer comme celle des réservoirs du repaire à lions. Jamais eau plus pure et plus saine ne s'offrit au palais altéré d'un voyageur.

Tout honteux de ce qu'il considérait ingénument comme une sotte et même coupable action, le chasseur, n'apaisant sa faim que du bout des dents, osait à peine regarder El-Adjel à la dérobée :

— Mais, pourquoi diable aussi est-elle si belle, se disait-il involontairement pour se disculper à ses propres yeux ?

A différentes reprises, Wanderer chercha vainement à égayer le repas. Ses efforts y réussirent d'autant moins, que sa gaieté personnelle était visiblement forcée.

Le souvenir des drames récents, dans lesquels ils avaient joué un rôle si actif, et la triste préoccupation de ce qui pourrait les menacer encore avant d'atteindre Tunis, n'était pas de nature à les porter à la joie. Le temps strictement nécessaire pour obvier aux exigences de la faim fut donc seul accordé au déjeuner. Réparer leurs forces par le sommeil leur ayant paru indispensable, ils se mirent en quête d'une place où ils pussent s'y livrer commodément, sans crainte d'être surpris.

La chose leur parut aisée dans une caverne divisée en tant de réduits secrets.

L'ouverture d'une crevasse leur fit découvrir une petite grotte à double compartiment.

Un sable fin et douillet formait le sol de la cavité la plus éloignée de la crevasse. Un lit épais d'herbes sèches et de feuillages mélangés y fut promptement établi.

Maint regard indiscret aurait pu fouiller toute la caverne et même la première pièce du lieu de leur refuge, sans se douter de leur présence dans le second renfoncement.

Ils jugèrent donc la surveillance d'une sentinelle superflue. Se croyant parfaitement à l'abri de toute visite importune, et harassés de fatigue, ils s'abandonnèrent sans crainte aux douceurs du sommeil.

Le temps, qui marche vite pour les gens bien éveillés, semble redoubler sa course pour ceux qui sont endormis. Cette fois, il dut leur paraître bien court, si l'on en juge par le chasseur.

En dépit d'un fort long somme, il supposait, en effet, qu'il venait seulement de s'endormir, lorsqu'un bruit de voix d'homme vint frapper son oreille.

Se rappelant soudain la périlleuse situation dans laquelle lui et les autres se trouvaient, il concentra toute son attention sur ce qui se passait à l'extérieur, sans pourtant faire un mouvement capable de les faire découvrir.

CHAPITRE XII.

SAUVÉS PAR EL-ADJEL.

— Allah ! je suis certain de ce que j'avance, affirmait une voix arabe ; il y a quelque profanateur ici. J'ai entendu, ce matin, deux coups de feu dans cette direction.

— Et moi, reprit une autre dans le même dialecte, j'ai aperçu de la fumée s'élever au-dessus du ruisseau.

— Tiens ! fit une troisième, voilà où le feu a été allumé.

Il n'y avait plus à en douter, on était sur la piste des chrétiens.

Tueur-de-Lions, se soulevant avec précaution sur un coude, jeta un coup d'œil à travers deux blocs de pierre barrant l'entrée de leur retraite.

Il distingua ainsi plusieurs Arabes attroupés. Deux d'entre eux étaient armés de moukalas. Tous examinaient avec curiosité les cendres du foyer.

— Tenez! dit l'un d'eux, les cendres sont encore chaudes, et voici un charbon qui n'a cessé de brûler.

— Aarby! exclama un autre, d'un ton indigné, quels mécréants ont été assez osés pour venir souiller de leur immonde présence la caverne du Sidi-Chaïb (marabout), de notre vénéré seigneur, et y manger les hammamms (pigeons sacrés)? Ce ne peuvent être que des impies, des violateurs de la loi de Mohamed!

— Ta parole marche droit, père, fit un tout jeune indigène : voici des traces de chaussures. Ce sont celles que laissent sous leurs pas les maudits chiens de chrétiens. Voyez l'empreinte des clous. N'est-ce pas cela?

Toute la troupe se réunit pour apprécier cette découverte.

Profitant des quelques minutes consacrées à cet examen, le chasseur appuya doucement un doigt sur l'épaule de Wanderer, son autre main lui fermant la bouche pour l'inviter au silence.

L'Anglais entr'ouvrit les yeux, regarda le Français, prêta l'oreille et comprit l'imminence d'un nouveau danger.

Il saisit doucement sa carabine et voulut réveiller El-Adjel.

Au grand ébahissement de Tueur-de-Lions, qui ne l'avait pas vue bouger, elle ne dormait pas :

— J'ai tout entendu, dit-elle bien bas; cette fois-ci nous sommes perdus !

— Du courage, se contenta de répondre Wanderer.

Les Arabes continuaient leurs recherches, et, au milieu de leurs exclamations d'étonnement répétées, affirmaient avec ensemble que, non-seulement des roumys avaient séjourné là, mais qu'ils devaient encore s'y trouver.

L'heure de combattre approchait ; c'était certain. Le chasseur voulut donc réveiller le Maltais, afin qu'il se tînt sur ses gardes. En y réfléchissant posément, il n'y avait rien d'impossible à ce qu'à eux quatre ils pussent avoir raison de cette poignée d'hommes mal armés.

Eux, au contraire, possédaient un arsenal formidable et étaient depuis longtemps passés maîtres dans l'art de s'en servir. Nous ne parlons pas ici du Maltais, bien entendu, mais enfin il faisait nombre et pouvait au besoin avoir la velléité de défendre son corps.

— Ah! santa Maria ! s'écria-t-il en se réveillant en sursaut sous la pression du genou du chasseur, non, non! si j'en reviens... plous de l'Afrique...

Aux éclats de sa voix répondit la clameur épouvantable des Arabes, désormais fixés sur le lieu où se cachaient les chrétiens.

Les deux hommes porteurs de fusils les braquèrent dans cette direction.

Tous ceux qui sous leurs burnous avaient jusque-là masqué leurs pistolets vinrent se grouper à leurs côtés.

Les autres, simplement munis de sabres et de poignards, se formèrent en corps de réserve.

Une distance de dix pas les séparait de la grotte, assaillie par les plus retentissantes vociférations.

— Feu! commanda Wanderer.

Les deux porteurs de moukalas tombèrent sans vie sous les deux balles de sa carabine.

Le chasseur, de son côté, fit un second coup double sur deux de ceux qu'à leur mine il jugeait les plus redoutables.

Cette quadruple détonation ébranla la voûte de la caverne. On l'eût dite prête à s'écrouler. Ses sonores échos la répercutèrent, et pendant plus de deux minutes on l'entendit encore résonner comme un tonnerre dans les vallons les plus lointains.

En présence de la vigueur de cette résistance inattendue, les Arabes terrifiés ne songèrent qu'à lever le pied au plus vite. En moins de dix secondes la caverne fut évacuée.

Mais, presque instantanément aussi, l'air fut littéralement déchiré par les cris d'alarme servant d'appel dans ces contrées pour parer aux dangers communs.

Il est vrai qu'ils n'en emploient pas d'autres pour la réunion dans les grandes chasses ou le départ pour une guerre concertée à l'avance.

— Per sangue del Christo! continua le pauvre interprète, bien éveillé pour le coup; cé n'était donc pas oun rêve que ze faisais. Nous veci encore retoumbés dans les affroux carnazes...

— Malheureux! lui reprocha Wanderer, c'est ta langue qui nous a dénoncés et tu oses encore te plaindre! Cesse tes criailleries et apprête-toi à nous suivre si tu tiens à la vie.

— Oui, dit Tueur-de-Lions, il faut fuir ou se résigner à se laisser prendre ici comme dans une souricière.

Les armes furent rechargées, et, leurs carniers sur le dos, ils se hâtèrent de mettre à profit l'avis salutaire de déguerpir au plus tôt.

Mais ils avaient compté sans la vigilance de leurs antagonistes. Des guetteurs avaient été postés de distance en distance aux alentours de la caverne et même à son entrée.

Au moment où Wanderer longeait les cadavres des Arabes abattus par lui et le chasseur, une explosion retentit et une balle vint le frapper. Elle l'avait atteint dans le flanc, à trois pouces au-dessus de la hanche gauche. La commotion fut telle qu'il en fut renversé.

Le Français ne se retourna vers lui qu'après avoir envoyé dans l'autre monde le tirailleur imprudent.

Mais le coup de feu du pauvre diable avait eu pour résultat de mettre fin à toute tentative de fuite.

Les cris redoublèrent au dehors ; de toutes les collines environnantes d'autres cris leur répondirent.

— C'est la fin de la fin, dit le chasseur à El-Adjel ; il ne nous reste plus qu'à faire connaître à ces gaillards-là à quel prix nous consentirons à quitter la vie. Embusquez-vous près de moi et de notre ami.

Un pâle sourire effleura les lèvres de la jeune femme :

— Nous aurions tort, dit-elle. Ce n'est plus à la force des armes, c'est à la ruse qu'il faut recourir pour nous sauver. Je connais mieux que vous les superstitions et l'avarice des Arabes. Mon ami et vous avez risqué votre vie pour m'arracher à la servitude, laissez-moi vous sauver tous les deux à mon tour, si Dieu me vient en aide pour cela.

Une transfiguration complète venait de s'opérer dans la jeune Arabe. Elle, tout à l'heure encore, accablée sous le poids de la douleur ; elle, dont le cœur avait saigné à l'idée de voir deux hommes prêts à s'assassiner pour se disputer sa possession, semblait animée, à présent, d'une volonté et d'une force surhumaines. Sa figure resplendissait sous l'éclat fulgurant de son regard flottant dans l'espace et sa taille semblait grandir à mesure qu'elle parlait.

Un ébahissement indicible s'était à tel point emparé du chasseur qu'il ne savait plus quoi penser et encore moins quoi lui répondre.

Et pendant ce temps-là, à l'extérieur de la caverne, les piailleries et les cris de fureur redoublaient d'acharnement et d'intensité. Quelle plume pourrait correctement dépeindre, quels mots pourraient convenablement rendre la terrifiante sauvagerie des hurlements infernaux poussés par ce peuple barbare lorsqu'il est surexcité par une immense douleur ou par le sentiment le plus exécrable de la vengeance inassouvie? Ah! ne nous le demandez pas à nous; nous nous reconnaissons comme parfaitement incapables d'en retracer la plus imparfaite idée.

Allez, interrogez les braves soldats de notre armée d'Algérie, leur réponse à cet égard servira d'excuse à notre impuissance!

Et les quatres pauvres fugitifs étaient-là, abasourdis par le vacarme de ces voix féroces semblant appartenir à des gosiers de démons échappés des chaudières de Satan, et livrés sans merci à la haine invétérée des mulsulmans pour les chrétiens.

Or, si, en temps ordinaire, tuer un roumy est un devoir pour tout vrai croyant, avec quelle secrète jouissance ne devaient-ils pas se préparer à trancher la tête de ceux qui, non contents d'avoir souillé de leur immonde présence un lieu saint consacré à un vénérable marabout, n'avaient pas hésité, à coups de carabine, à donner la mort à cinq enfants du pays!

Tueur-de-Lions fixait toujours en silence ses regards sur El-Adjel. Un pressentiment secret la lui faisait considérer comme devant désormais devenir leur unique sauvegarde. La sachant élevée au milieu des Arabes, il ne doutait pas qu'aidée par sa rare intelligence, elle n'en eût approfondi les coutumes et les mœurs. Il n'ignorait pas non plus quelle influence une femme jeune et belle peut au besoin acquérir sur les natures les plus perverses. Il n'est donc pas étonnant que, malgré l'état désespéré de leur position, un petit rayon d'espoir se fût fait jour en son cœur. Elle s'était annoncée comme voulant mourir ou les sauver : il eut foi dans cette promesse. Néanmoins, il ne put résister à l'envie de l'interroger sur ce qu'elle comptait entreprendre.

— Quelles sont vos intentions, lui dit-il; hâtez-vous de m'en faire part, avant que ces maudits ne se ruent de nouveau sur nous. Il est nécessaire de nous entendre, pour ne pas nous contrecarrer dans nos diverses tentatives de salut.

— Non, non, ne tentez rien sans moi, répondit-elle avec vivacité. Notre salut me regarde seule, seule je dois et puis agir. Surtout ne parlez pas. Je servirai d'interprète pour nous tous. En leur persuadant que, tous, vous ignorez l'arabe, je pourrai traduire, pour tous, en français, l'effet que j'aurai pu produire sur l'esprit de nos ennemis. Recommandez-bien au Maltais de ne pas s'aviser de prononcer un mot d'arabe sans mon ordre. Il payerait de sa vie et de la nôtre la plus légère imprudence à cet égard.

Le Maltais, appelé près de lui par le chasseur, promit sur la tête du Christ de se conformer aux volontés d'El-Adjel et retourna s'accroupir près de Wanderer, toujours couché sur le sol.

Les cris et les vociférations tendaient, s'il était possible, à augmenter de violence à mesure qu'ils se rapprochaient ; mais le Français calcula qu'il avait encore assez de temps devant lui pour instruire l'insulaire de son espoir en El-Adjel.

Il le trouva exaspéré et refusant à toute force les soins empressés du Maltais.

Le pauvre interprète oubliait le péril pour ne se préoccuper que du soulagement de son maître. Il voulait à toute force procéder au pansement de la blessure. Wanderer s'y opposait en écumant de rage :

— Non, disait-il, laisse la blessure tranquille. Ne songeons qu'à nous défendre. Reportez-moi dans la grotte où nous avons dormi, nous y construirons une barricade. Les pierres ne font pas défaut ici, sachons les utiliser. Lorsque ces gredins damnés reviendront, fusillons-les jusqu'à notre avant-dernière cartouche. Réservons-en seulement une, pour nous mettre à l'abri de tomber vivants aux mains de ce peuple atroce.

Le Maltais se mettait en devoir de lui plaire. Tueur-de-Lions jugea à propos d'intervenir.

— Ce serait agir peu sagement, dit-il. Il ne faut plus brûler de cartouches. Il faut même ne rien dire. El-Adjel pense avoir trouvé le moyen de nous sauver. Laissons-la maîtresse de l'employer. J'ai plus de foi dans l'appui de sa beauté, de sa grâce, aidées de son énergique résolution, que dans un appel désespéré à nos armes. Son astuce de fille arabe nous sera plus propice que le recours à la force. Laissez-nous suivre ses avis, si vous l'aimez.

— Si je l'aime? répondit avec feu Wanderer, se soulevant à demi, si je l'aime? mais si je ne l'aimais pas, je ne penserais pas à la tuer pour la soustraire aux brutalités de ces monstres à faces humaines.

— C'est pour éviter leurs outrages et nous

sauver tous ensemble qu'elle vous prie de la laisser agir. Voyons, soyez calme et sage, le ciel seul tient en ce moment nos destinées dans ses mains. Confions-nous à lui ; il inspirera El-Adjel. J'ai foi en cette femme, vous dis-je. Je suis sûr qu'elle réussira.

La physionomie de l'Anglais se revêtit d'une expression étrange. Ses regards flamboyèrent. Tout son corps frémit. On eût dit qu'il s'apprêtait à se ruer sur le chasseur. Mais tout cela ne dura que l'espace d'un éclair.

Le visage imprégné de sueur, il détourna sa vue de Tueur-de-Lions, et d'un ton profondément attristé :

— Ah! oui, soupira-t-il, vous parlez ainsi, vous, parce que vous l'aimez aussi et que vous machinez sans doute ensemble quelque infâme trame contre moi!

Il ferma les yeux un instant ; puis, d'un mouvement fébrile, plus prompt que la pensée, déboutonnant sa veste de chasse et mettant à nu sa poitrine.

— Eh bien! tuez-moi tout de suite, je préfère cela, vociféra-t-il!

Au son de cette voix rauque et en contemplant ces traits égarés, le chasseur comprit que Wanderer, à son tour, était en proie aux tortures de quelque affreux cauchemar, causé par la fièvre, suite inévitable de sa blessure :

— Pauvre ami, lui dit-il en pressant ses mains dans les siennes, ne vous abandonnez pas ainsi au désespoir! Vous voilà comme j'étais ce matin, bouleversé par toutes les horreurs qui nous accablent! Je vous en supplie, ne vous mettez pas martel en tête à propos de vos amours. Je vous affirme que, jamais, de sang-froid, je n'ai soupiré pour El-Adjel. J'agirai en frère avec elle, mais jamais autrement.

La voix douce et conciliante du Français sembla produire un effet favorable sur les pensées de Wanderer, car il répondit aussitôt à son serrement de main, et promit de se résigner à tout ce que l'on exigerait de lui.

Tueur-de-Lions se hâta de profiter de cette promesse pour lui enlever sa carabine et son revolver, qu'il alla déposer aux pieds d'El-Adjel.

De cette façon, pensa-t-il, il sera bien forcé de résister à la tentation de faire parler la poudre!

Il eut lieu de se féliciter d'avoir promptement agi, car l'ouverture de la caverne livra soudainement passage à une cinquantaine d'Arabes, presque tous armés.

— Pourvu que, parmi ces gens-là, il ne se trouve pas quelque coquin de la bande des kroumirs?

Ceci fut dit à voix basse par El-Adjel, qui fit signe au chasseur de se masquer derrière la roche qui dérobait à la vue des Arabes Wanderer et le Maltais.

Puis, elle fit un signe de croix et se présenta inopinément aux regards émerveillés des assaillants.

— Ouach-by? dit-elle d'un ton solennel dans le dialecte de la contrée. Qu'y a-t-il? que faites-vous tous ici. Pourquoi venir arrêter les pauvres fils de Dieu venus sur vos terres, comme sur la terre des frères?

Tout en prononçant ces paroles d'une voix forte et digne, elle se rapprochait majestueusement des Arabes.

Ceux-ci, stupéfaits de l'apparition de cette femme vêtue à la mode de leur pays, s'extasiaient en silence devant sa jeunesse et son éblouissante beauté, rehaussée par l'animation de sa courageuse tentative.

Toutes les armes s'abaissèrent d'une façon instinctive et simultanée devant l'éclat de ses yeux noirs.

Un assez long silence succéda aux apostrophes hautaines de la belle inspirée.

Voyant qu'aucun de ces hommes n'était disposé à lui répondre, elle continua :

— Pourquoi ne pas parler? Je connais la cause de la crainte qui vous retient. Vous êtes ici dans la caverne qui servit, il y a des siècles de cela, de demeure au Sidi-Chaïb, vénéré de tout bon musulman! C'est ici que vos ancêtres lui avaient élevé un tombeau, détruit depuis par les années. Mais sa poussière mortelle s'est mélangée à la poussière de ce lieu sacré. Pourquoi venez-vous, en armes, troubler son sommeil et le repos des voyageurs, auxquels il a bien voulu donner l'hospitalité et accorder sa protection?

Ici elle s'arrêta. La rouerie féminine lui indiquait que le moment précis de faire une pose était arrivé. Elle en profita pour étudier l'effet produit par ses paroles sur l'esprit peu cultivé de ces sauvages habitants des montagnes, dont les idées superstitieuses lui étaient familières.

N'ayant perdu aucun des mots prononcés par les premiers Arabes, pendant qu'elle et ses compagnons étaient encore couchés dans la grotte, son esprit intelligent avait aussitôt imaginé une fable, qu'elle comptait bien faire accepter comme une vérité chez ces peuplades abruties par le fanatisme.

— Répondez-moi donc, reprit-elle en imprimant à sa voix un ton de plus sévère autorité.

Les misérables n'avaient garde de le faire; ils la prenaient pour un ange (en arabe, meleck) envoyé par le marabout pour veiller sur sa tombe.

El-Adjel était beaucoup plus rapprochée de celle-ci qu'elle n'aurait pu d'abord le présumer.

Sur sa droite, dans un renfoncement obscur,

que le désordre de leurs idées avait empêché les chrétiens de remarquer, était le lieu supposé où la dépouille mortelle du saint patriarche avait été enfouie.

Une infinité de petits ustensiles de terre poreuse remplis d'encens lui en eussent révélé l'emplacement le matin, si elle les avait aperçus.

Ce fut seulement alors qu'elle les découvrit et devina ce qui se passait dans l'âme de ses stupides auditeurs. Son assurance s'augmenta du fruit de cette découverte. Sûre désormais de l'infaillible importance du rôle entrepris par elle, elle poursuivit :

— Puisque vos langues sont séchées au fond de leur palais par le sentiment du sacrilége que vous êtes en train de commettre, je parlerai pour elles :

« Je suis la fille bien-aimée du Sidi-Chaïb!... j'ai quitté mon père pour venir rendre hommage à son tombeau que voilà ! (Et elle désignait du doigt l'emplacement occupé par les petits pots de terre.) Il paraît que depuis bien des années, le souvenir de la puissance du favori de Mahomet s'est éteint dans la mémoire du peuple ingrat, chargé de la garde de ses ossements ! Aarby ! non-seulement on néglige les honneurs dûs à ses cendres, mais encore on a l'audace de souiller par l'effusion du sang la caverne sacrée où elles reposent. C'est du saint temple du prophète qu'il m'a envoyée ici, pour vous demander compte des désordres qui s'y commettent. »

Etendant alors le bras vers le point où ses compagnons, invisibles aux Arabes, attendaient avec anxiété le résultat de sa supercherie :

— Tenez, dit elle, vous trouverez là trois fils de chrétiens que le sublime esprit d'Allah veut ramener à la lumière. Ils demandent à se rallier à la religion musulmane. Ils se sont aventurés dans ces contrées pour atteindre plus facilement le saint tombeau de la Mecque. C'est aux pieds même du saint prophète qu'ils veulent abjurer leur idolâtrie. C'est pourquoi ils ont fui les demeures des chrétiens pour aller s'embarquer à Tunis. Au lieu de les protéger, les voleurs et les assassins des montagnes les ont dépouillés et poursuivis. Vous, plus coupables encore, vous menacez leur existence, lorsqu'ils viennent humblement demander au Sidi-Chaïb un refuge contre les attaques des bandits ! Vous avez agi comme des infâmes ! mais vous pourrez réparer votre faute, en les plaçant sous votre sauvegarde jusqu'à leur arrivée à Tunis. De là, ils iront à la Mecque, pour en revenir musulmans. Si vous ne faites pas cela, j'appellerai la malédiction de mon père sur vos têtes et sur celles de vos juments et de vos troupeaux. J'ai dit.

Un Arabe à barbe blanche prit ainsi la parole, en se prosternant à plusieurs reprises devant El-Adjel :

— Si, comme ta sainte parole nous le prouve, tu es descendue du Djennaa (paradis), pour nous adresser des reproches et placer la vérité devant nos yeux, pardonne-nous, fille inspirée du Sidi-Chaïb! En venant ici, nous ne pensions pas commettre une faute ; nous venions, tout au contraire, y punir, comme ils le méritaient, ceux qui troublaient le repos de ton père, que les nôtres nous ont appris à respecter. Si nous avons pris les armes, c'était afin de châtier les impies, assez vils pour oser répandre du sang dans la caverne sacrée, et y détruire les hammamms, ses oiseaux favoris!

— Mais, sais-tu bien, vieillard, lesquels de vous ou des nouveaux croyants ont voulu les premiers faire parler la poudre?... Je le sais, moi! Ce sont ceux que la mort a frappés, par l'ordre du Sidi-Chaïb! Ils obéissaient aux mauvais conseils des *Djennouns*. Allah les a punis par la main de ses nouveaux serviteurs. L'un de ceux-ci a même été blessé, en se défendant contre les maudits profanateurs. Si vous ne voulez encourir la colère du Sidi-Chaïb, si vous voulez éloigner sa vengeance de vous et de votre postérité, je vous ordonne, au nom de mon père, de soigner de votre mieux la victime de l'aveuglement de vos frères. Traitez le en frère lui-même, ainsi que ses compagnons, et Sidi-Chaïb sera apaisé !

— Ombre sacrée de la fille du Sidi-Chaïb, répondit humblement le vieillard qui se croyait en présence d'une surnaturelle vision, ordonne, nous obéirons! Nous sommes tes serviteurs et esclaves!

— Puisque ta sagesse m'y engage, repartit audacieusement El-Adjel, j'ordonne que vous nous conduisiez à la tribu la plus puissante de la contrée, du côté de l'Orient. Là, nous causerons plus longuement des suites à donner à cette affaire. En attendant, tu veilleras, toi-même, à ce que le pauvre blessé soit transporté là-bas le plus commodément possible.

Le fanatisme est poussé à un tel point chez les Arabes, surtout dans les tribus éloignées de toutes communications directes avec les étrangers, qu'il serait difficile d'en donner une idée aux Européens.

Il faut réellement en avoir eu des preuves pour y croire. Nous pouvons hardiment affirmer qu'elle ne nous ont pas manqué.

Donc, en s'attaquant résolûment à leurs superstitions religieuses, l'intelligente compagne de Wanderer pouvait être certaine de les prendre par leur côté le plus faible.

Il n'y a donc pas lieu de s'étonner si elle fut instantanément obéie.

Les Arabes, accourus avec des intentions évidemment hostiles envers les chrétiens, les traitaient avec les plus grandes marques de déférence et même de respect.

Ne serait-ce pas bien là le cas de dire : Ce que femme veut, Dieu le veut !

Il s'agissait maintenant de manœuvrer de façon à mener à bonne fin cette supercherie, si heureusement couronnée de succès à son début.

Tueur-de-Lions sentait croître de plus en plus sa confiance dans le génie inventif d'El-Adjel.

Il recommanda, tout bas, à Wanderer, de braver autant que possible les souffrances causées par sa blessure.

Saisissant toute l'importance d'une telle recommandation, avec d'autant plus de lucidité que sa fièvre venait de se calmer, l'Anglais s'empressa d'imprimer à son visage un tel masque de stoïcisme et d'indifférence à tout ce qui se passait autour de lui, que, sur le point de livrer sa tête au couteau d'un scalpeur, un peau-rouge du Far-Ouest aurait eu lieu d'en être fier.

Un brancard, promptement établi à l'aide de fusils et de branchages posés en croix, reçut le blessé, et le saint cortége se mit en marche.

El-Adjel était en tête, entourée des plus notables parmi les vieillards, et escortée des guerriers.

Au moment de franchir le seuil de la caverne, elle se retourna et, désignant du doigt les cinq cadavres gisant parmi les roches :

— On jettera hors d'ici les restes de ces mauvais croyants, fit-elle. Enterrer de tels impies sous la même voûte qu'un saint marabout, serait offenser la mémoire de mon père !

— Ce que tu dis là est juste, répondit sentencieusement le vieil Arabe attaché à ses pas.

Il fut donc aussitôt convenu que quelques hommes resteraient en arrière pour rendre les derniers devoirs aux trépassés. Mais ce ne fut pas sans injonctions formelles de se dispenser à leur égard des cérémonies habituelles, attendu qu'ils s'étaient souillés en obéissant à l'immonde inspiration des *djennouns* (1).

---

(1). *Djennouns*, mauvais génies, ou espèce de feux-follets insaisissables, que les Arabes affirment les avoir souvent attaqués pendant la nuit. Le regard du lion seul a le pouvoir de les fasciner, après quoi il en fait sa nourriture. Les légendes racontent qu'il ne mange pas autre chose *un mois sur trois*. C'est à cette alimentation, disent-elles encore, que le lion est redevable d'une sorte d'inspiration qui le met en garde contre tous les piéges tendus par les hommes.

CHAPITRE XIII.

LA VALLÉE DE RAZ-ELMA

Au lieu d'avoir recours à la route périlleuse, si péniblement escaladée par les fugitifs pour arriver à la caverne, le cortége contourna celle-ci sur le même plan et s'enfonça, à pas lents, à cause du blessé, dans les profondeurs d'un joli bois, auquel elle était adossée.

Au bout d'une heure, il déboucha dans une superbe vallée qu'arrosait une petite rivière ayant sa source près de là. On la nomme Raz-Elma, c'est-à-dire *tête des eaux;* nom qu'elle est vraiment digne de porter. Au sein d'un nombre considérable de figuiers de Barbarie, figuiersfleurs et grenadiers, on voyait sourdre une infinité de fontaines. Leurs eaux cristallines, roulant de roche en roche avec un doux et réjouissant murmure, allaient se marier à celles de l'Oued (rivière), qui ne méritait réellement cette dénomination qu'à cet endroit-là.

Ce fut donc à la naissance de la Rivière, ou plutôt dans la vallée de Raz-Elma, en Tunisie, que le cortége fit son entrée triomphale, dans une très-importante tribu de kroumirs, située à mi-côte, entre deux imposantes montagnes exhalant les pénétrantes et sympathiques odeurs d'une aromatique et sauvage végétation.

Quelle réception, mon Dieu ! combien elle était différente de celle qui les eût accueillis, sans la présence d'esprit de la future femme de Wanderer.

Comment El-Adjel, précédant de vingt pas ses compagnons, avait-elle pu s'y prendre pour séduire ou éblouir les vieillards et les guerriers qui leur servaient de garde d'honneur ?

C'est ce qu'auraient pu se demander l'Anglais ou le Français, s'ils eussent été curieux.

Quant au Maltais, trop préoccupé du sort réservé à sa tremblante personne, il avait assez à faire de contenir sa démangeaison de pousser sur tous les tons des santa Maria ! santa Madona ! et Zézous Christo ! pour penser à autre chose. C'est peut-être à cela, du reste, qu'il dut de ne pas laisser soupçonner aux Arabes qu'il parlait leur langue aussi bien qu'eux.

Toujours est-il que, dès qu'ils furent arrêtés devant l'entrée de la principale tente du douar, les femmes et les enfants s'en vinrent, à qui mieux mieux, baiser leurs armes et leurs vêtements. Particularité encore plus remarquable! A peine le blessé eut-il été déposé sur d'épais tapis, que les deux plus renommés tbibs (médecins) de la contrée, furent mandés en toute hâte, sans qu'un mot à cet égard fût prononcé devant les chrétiens.

Mais, après leur prompte arrivée, lorsqu'ils voulurent prodiguer leurs soins à Wanderer, ils en furent empêchés par sa défiante amie. Elle leur donna pour excuse que l'ancien roumy, aujourd'hui musulman, n'avait pas besoin de consulter les tbibs pour se guérir; qu'elle-même saurait, *par son pouvoir*, le rendre à la santé; et qu'enfin le blessé passait lui-même pour un grand docteur aux yeux des différents peuples chez lesquels il avait vécu avant sa conversion.

Cette confidence augmenta de beaucoup la considération témoignée par les Arabes aux protégés de la céleste fille du redoutable Sidi-Chaïb.

Le Maltais fut naturellement pris pour ce qu'il était en effet : domestique de Wanderer.

Une fois bien pénétrés du sens et de la portée du projet d'El-Adjel, les trois Européens purent facilement s'assurer que tout marchait au gré des souhaits de leur intéressante protectrice.

Elle leur adressait la parole à de rares intervalles, et seulement pour les engager à la prudence, leur recommandant de ne pas rire de tout ce qu'ils pourraient lui voir faire d'étrange ou d'insensé.

— N'oubliez pas surtout, disait-elle, de copier servilement mes gestes et les mouvements de ma tête et de mon corps quand je me mettrai en prière. De là seul dépend notre salut à tous !...

Au surplus, elle semblait presque toujours plongée dans une contemplation extatique, et s'entretenait avec les vieillards seuls. Encore était-ce lorsqu'elle ne pouvait se soustraire à leurs respectueuses obsessions.

Les prières et les chants, gravés dans sa mémoire de jeune fille, aplanissaient victorieusement les difficultés de son rôle. Tout ce qu'elle avait pu retenir de ses lectures dans les livres français ne lui était pas non plus inutile.

D'un autre côté, les événements terribles qui avaient tant assombri les années de son adolescence lui avaient depuis longtemps acquis la sûreté de coup d'œil et le souverain empire sur elle-même, qui font si souvent défaut aux filles élevées sous la tente et dans les gourbys. Bref !

elle se sentait de beaucoup supérieure à son entourage, et cela seul doublait ses forces.

Mais, la reconnaissance mélangée d'amour sérieux qu'elle sentait grandir dans son cœur pour celui qui l'avait tirée de l'esclavage, jointe à l'orgueil de prouver à Wanderer qu'elle n'était pas indigne de lui, était, on le concevra sans peine, le levier principal sur lequel elle s'appuyait pour renverser à tout jamais les obstacles qui la séparaient de cette vie de femme libre et honorée de son époux, qu'elle avait si souvent rêvée !

Les fugitifs commençaient donc à envisager l'avenir sous des couleurs un peu moins sombres.

Ils profitèrent d'un instant où on les avait laissés seuls sous la tente pour s'assurer de la gravité de la blessure de l'Anglais.

A leur grand étonnement, et surtout à l'immense satisfaction d'El-Adjel, elle n'était rien moins que dangereuse pour les jours de Wanderer.

La balle avait bien labouré les chairs qui recouvraient les côtes, mais n'avait nullement brisé celles-ci.

D'où donc pouvait provenir la vive douleur qu'il avait ressentie et qu'il éprouvait encore quand il voulait se remuer ?

Tueur-de-Lions ne tarda pas à en découvrir

la cause, en fouillant la veste de chasse de son ami.

Le projectile ayant d'abord frappé un étui d'acier contenant un petit rouleau d'or, caché dans l'une des poches intérieures du vêtement, n'avait offensé les chairs qu'après avoir contourné ce providentiel obstacle.

Une faible déchirure et une énorme contusion, c'est à quoi se réduisait tout le mal.

Ils s'empressèrent joyeusement d'appliquer sur la partie lésée des compresses d'eau fraîche coupée de quelques gouttes d'arnica dont la pharmacie du carnier était heureusement pourvue, et, rassurés de ce côté, ne songèrent plus qu'à aider El-Adjel dans son périlleux apprentissage de marabout féminin.

Les Arabes rentrés sous la tente s'y accroupirent en rond et les femmes de la tribu apportèrent des gâteaux de farine mélangée de miel et de beurre frais (*erfkjs*).

Wanderer, se sentant réellement soulagé, n'hésita point à imiter ses compagnons en faisant honneur au repas.

Malgré la froide réserve de la fille supposée de Sidi-Chaïb envers ses hôtes, quelques-uns de ceux-ci ne se gênèrent bientôt plus pour essayer d'engager conversation avec elle.

Elle leur répondait de son mieux pour éviter de leur déplaire et ils se montraient fort sensibles à ses spirituelles réparties, quand un guerrier à l'air farouche et martial vint par une brutale apostrophe la replonger pour un instant dans la plus vive inquiétude.

Cet homme ne semblait pas avoir conçu à son égard des sentiments aussi favorables que ceux du premier vieillard qu'elle avait si bien captivé dans la caverne du Sidi-Chaïb.

Ses regards soupçonneux s'attachaient avec une persistance obstinée sur les yeux de la jeune femme. On eût dit, en vérité, qu'ils cherchaient à lui dérober son secret.

— Pourrais-tu nous expliquer, dit-il à l'improviste, comment il se fait, belle fille aux yeux noirs, que toi, qui te donnes pour une croyante musulmane, l'on t'ait rencontrée seule dans la société de ces trois chiens incirconcis? Qui es-tu? D'où viens-tu? Quel motif t'a poussée vers nous?

El-Adjel pâlit. Elle voyait surgir contre elle un incrédule qui, si on le laissait faire, pourrait avant peu de temps se transformer en redoutable ennemi. Mais, appelant toutes les forces de son amour à son aide :

— Je te trouve bien hardi, fit-elle en le toisant d'un air dédaigneux et courroucé! Eh quoi! toi, faible mortel, tu oses m'interroger sur moi-même! Sache donc que je n'ai à rendre compte de ma personne à aucun de ceux qui sont d'aussi faibles croyants que toi ! N'oublie pas ceci, offenseur des favoris du Très-Haut et Très-Grand : la fille du Sidi-Chaïb saura châtier ton impiété.

A cette objurgation lancée avec une hautaine véhémence, tous les assistants courbèrent la tête.

Celui qui en était l'objet ne fut certes pas le dernier.

La foudre, tombant sur la tente, ne les eût pas plus effrayés que cet anathème jeté fort à propos par la courageuse fille des montagnes.

Profitant de l'hébahissement général :

— Tuez cet homme promptement, dit-elle à voix basse en français, sinon nous périrons ici !

Ses compagnons en étaient parfaitement persuadés, aussi n'attendaient-ils pas sans anxiété les suites que pouvait obtenir un pareil éclat.

Pourtant le kroumir, si sévèrement admonesté, n'ayant manifesté sur l'heure aucun autre sentiment que celui de la honte, leurs appréhensions fâcheuses finirent par se calmer.

— Comment nous débarrasser de ce sacripant-là, demanda le Français à Wanderer ?

— Vous allez le voir, répondit celui-ci.

Un instant après, simulant tout à coup être en proie à de violentes tranchées dans les intestins, il se mit à pousser des cris capables d'émouvoir les moins tendres de ceux qui l'entouraient :

— Du café, demanda-t-il d'une voix haletante, du café pour me soulager.

Le Maltais, sur un ordre donné en anglais, feignit d'en chercher dans le carnier et d'un geste négatif indiqua qu'il n'y en trouvait pas.

— Eh bien ! dit Wanderer, donne-moi le flacon contenant une poudre jaune de mon pays. Avec cette poudre, de l'eau chaude et du son, je me composerai un autre breuvage. C'est un remède puissant contre les coliques et il préserve d'en avoir, pendant plusieurs années, ceux qui n'en ont pas encore été atteints.

Tout ceci était débité à bâtons rompus et traduit aussitôt aux Arabes par El-Adjel seule ; le Français et le Maltais se gardant bien de laisser soupçonner qu'ils comprenaient cette langue.

Au bout de quelques minutes, le son et l'eau chaude furent apportés.

Mais alors, les Arabes présents, charmés d'apprendre que le savant thib converti, possédait un secret garantissant de la colique, témoignèrent tous à la fois le désir de goûter au remède.

C'était justement à ce but qu'avait visé le voyageur. Il leur fit répondre qu'il était tout disposé à en composer une dose pour chacun d'eux.

De petites tasses ayant été placées près de lui en nombre suffisant, il y répartit d'abord le son, puis l'eau chaude et arriva enfin à la partie la plus difficile de son programme.

Il s'agissait, en effet, non pas d'endormir pour un jour tous les assistants, mais bien de sacrifier sans pitié le malheureux seul, qui, par son incrédulité, pouvait amener leur perte.

Tueur-de-Lions, le voyant hésiter, lui dit :

— Ne craignez rien. Le Maltais et moi nous allons nous agenouiller devant vous. Vous n'aurez qu'à faire le geste de saupoudrer les tasses et ces imbéciles n'y verront que du feu. El-Adjel les fera passer à tour de rôle, en réservant le coquin pour le dernier. Elle nous dira : Allez ! quand elle en viendra à lui.

— Oh ! pour celui-là, fit Wanderer en serrant les dents, je ne le ménagerai pas ! s'il médite un complot contre notre vie, je ne vois pas pourquoi Dieu pourrait m'en vouloir de ne pas ménager la sienne.

Les Arabes accroupis de l'autre côté de la tente observèrent le plus profond recueillement pendant tous ces préparatifs. La perspective de pouvoir braver impunément les coliques auxquelles les exposent si souvent leurs principes d'hygiène, les charmait d'autant plus qu'ils n'auraient à payer ni médecine ni médecin.

Si l'Arabe aime à recevoir de l'argent, il déteste d'en donner.

Les fonctions de chacun bien comprises, ils vidèrent ostensiblement tous les quatre les tasses préparées pour eux-mêmes, et Wanderer s'étant aussitôt déclaré soulagé, la distribution commença pour les autres.

Les vieillards d'abord et les suivants par parité d'âge furent servis avec une grâce charmante et le plus délicieux sourire d'El-Adjel ; mais elle affecta, à dessein, l'intention de priver du remède le guerrier qui avait mis en doute sa céleste origine :

— Et moi ? dit-il brusquement, pourquoi ne me sers-tu pas comme les autres ?

— Parce que je t'en crois indigne, répondit-elle avec fierté.

L'Arabe courba la tête et un mouvement de sourde rage fit frissonner son burnous.

— Pourtant, reprit-elle, comme il est possible que le repentir descende plus tard en ton cœur, je veux bien te pardonner aujourd'hui.

S'étant rapprochée de Wanderer :

— Allez ! fit-elle vivement.

Puis, fixant son regard calme sur le visage à demi rasséréné de son secret ennemi :

— Bois ! lui dit-elle lentement, et que ceci t'apprenne pour toujours à ne plus douter de la puissance de la fille d'un saint marabout. Et elle lui offrit la tasse pour laquelle Wanderer ne s'était pas montré avare de la poudre jaune de son flacon.

L'Arabe avala le breuvage d'un trait et lui rendit la tasse en disant :

— Saâ ! (merci).

Revêtant alors ses traits d'une expression imposante, pour s'adresser à l'assemblée, l'index de la main droite dirigé sur Wanderer :

— Gloire au Dieu des croyants ! Son futur serviteur vient de prouver combien il sera utile à ses frères, lorsqu'il aura définitivement embrassé l'islamisme. Mais, sachez, dès à présent, qu'il n'est pas un simple guerrier, berger ou cultivateur comme vous tous. Fils d'un grand seigneur des lointaines contrées d'au delà de plusieurs mers, il était riche et puissant chez les siens. Il se montrera pour vous reconnaissant et généreux à son retour de la Mecque. C'est chez vous qu'il reviendra acheter de nombreux troupeaux et finir sa vie sous la tente, dans la foi du divin prophète. Aarby hab ! (Dieu le veut.)

Tous les auditeurs s'inclinèrent avec respect. Chacun, sans quitter sa place, adressa des gestes de salutation à Wanderer. Celui-ci, sur l'avis de Tueur-de-Lions, s'empressa de les imiter.

Mais la jeune femme ne croyait pas avoir encore assez fait pour les mâter à sa guise.

Elle leur fit donc observer que l'heure était venue de rendre grâces à Dieu et à Mahomet des biens répandus par le ciel sur la terre et ses habitants.

— Où se réunit-on pour faire la prière, demanda-t-elle ?

— Viens, fille du ciel, je vais te montrer l'endroit, se hâta de dire le vieillard qui s'était déclaré son ami.

Toute la tribu se trouva bientôt sur pied.

Hommes, femmes et enfants prirent le chemin du lieu sacré, au son des flûtes et des tambourins ; naturellement les cris de joie et de : Gloire au Maître tout puissant ! en firent l'accompagnement obligé.

Wanderer lui-même, conseillé par ses amis, voulut être porté sur la place, où, soir et matin, avaient lieu les prières publiques.

Elle se trouvait à dix minutes de là. Le feuillage d'un majestueux olivier y recouvrait trois tombeaux.

C'est là que reposaient les restes vénérés de trois successeurs et émules du grand marabout Sidi-Chaïb.

— Tous les notables de la tribu sont-ils présents ? interrogea El-Adjel avec autorité.

— Oui, répondit son vieux cicerone, tout enorgueilli de se voir toujours interpeller par celle que sa crédulité persistait à considérer comme un bon génie envoyé par Sidi-Chaïb. Tous sont ici, à l'exception de celui qui t'a offensée. Il a beau être mon parent, je le maudis ! car il a refusé de venir t'écouter. Il ne veut pas te reconnaître pour fille du marabout. Il soutient que tu es l'esclave ou la compagne des idolâtres roumys.

— Tu n'avais pas besoin de me dire cela, dit finement El-Adjel. Est-ce que la volonté de mon père ne l'a pas déjà révélé à mon esprit ?... Sois tranquille, ajouta-t-elle en reprenant un ton sévère : s'il a douté de ma puissance, il a eu tort !... Avant demain, il apprendra ce qu'il en coûte pour offenser les envoyés d'Allah ! — Mais l'heure est venue de prier... prions !

La prière se fit, conformément au rite musulman, par El-Adjel et les Marabouts. Puis, après formelle recommandation à ses amis de conserver leur sang-froid devant le curieux spectacle qu'elle préparait, elle les engagea à mêler pieusement leurs voix au chœur du cantique qu'elle allait improviser (1).

La face tournée vers l'orient, les bras levés vers le ciel, d'une voix lente et monotone, elle chanta ainsi :

(1) Inutile de répéter combien le fanatisme des Arabes est superstitieux ! D'autant plus que, en France même, la plupart des paysans sont tout aussi crédules, hélas !

Le jour va fuir la montagne ;
L'ombre envahit les coteaux ;
Les pasteurs, dans la campagne,
Réunissent leurs troupeaux.
Léï léïl Allah !

Dans les gourbys, sous la tente,
La femme, de tout croyant,
Humble et soumise servante,
Fait le *couscouss* en chantant.
Sidi Mohamed raçoul Allah !

LE CHOEUR.

Léï léïl Allah ! Sidi Mohamed raçoul Allah !!
(Il n'y a de vrai Dieu que Dieu ! Mahomet est son prophète.)

Les chacals vont, dans la plaine,
Par bandes bientôt glapir ;
Les sourds sanglots de l'hyène
Les en feront déguerpir !
Léï léïl Allah !

Mais l'hyène est vile et lâche...
Quand le lion rugira,
Redoutant qu'il ne se fâche,
Au plus vite elle fuira.
Sidi Mohamed raçoul Allah !

LE CHOEUR.

Léï léïl Allah ! Sidi Mohamed raçoul Allah !

Le vaillant est au timide
Ce qu'est la foudre à l'éclair ;
Ce qu'est le simoun rapide
Au léger souffle de l'air.
Léï Léïl Allah !

> Mais le plus vaillant lui-même
> N'est rien sans l'appui d'Allah !
> Bienheureux sont ceux qu'il aime...
> Maudit soit qui le brava !
> *Sidi Mohamed raçoul Allah !*

LE CHOEUR.

Léï léïl Allah ! Sidi Mohamed raçoul Allah !!

> Sidi Chaïb ! rends visible
> Pour moi ton amour parfait,
> Et qu'un châtiment terrible
> Frappe qui me méconnaît.
> *Léï Léïl Allah !*

> Fais qu'à ma voix l'incrédule
> Qui me nargue et nie, à tort,
> Que ton sang en moi circule,
> Chez lui soit frappé de mort !
> *Sidi Mohamed raçoul Allah !*

LE CHOEUR.

Léï léïl Allah ! Sidi Mohamed raçoul Allah !

Les Arabes, consternés par cette allusion peu déguisée de la mort prochaine de l'offenseur d'El-Adjel, se prosternèrent, le front rapproché du sol, en marmottant d'une voix tremblante le dernier refrain :

Léï léïl Allah ! Sidi Mohamed raçoul Allah !
Léï léïl Allah ! Sidi Mohamed raçoul Allah !...

El Adjel, les bras fièrement croisés sur la poitrine, considérait avec un vif orgueil mélangé du plus profond mépris toutes ces têtes abruties par l'ignorance, bassement courbées à ses pieds.

Ses dents violemment serrées et la dilatation de ses narines indiquaient, tout aussi bien que le triomphe de son regard, combien elle était heureuse de dominer à son tour les coreligionnaires des misérables qui avaient abreuvé ses jeunes ans d'amertumes imméritées.

Elle était réellement belle à voir dans cette pose dédaigneuse. Ses compagnons se montraient surpris de découvrir en elle des charmes qui leur avaient échappé jusqu'alors.

Et ce n'était peut-être pas sans un secret sentiment d'envie que le chasseur félicitait en lui-même Wanderer d'avoir su découvrir et s'attacher une si attrayante compagne.

Quant à l'Anglais, il était ravi, ébloui, fasciné. Il ne demandait qu'une grâce à Dieu : celle de l'arracher au danger et de le mettre à même de rendre cette femme heureuse comme elle le méritait.

Le Maltais se contentait d'ouvrir des yeux étonnés et de se demander tout bas comment tout ceci finirait.

Il ne se doutait guère, le pauvre diable, du rôle très-important que le sort lui réservait dans cette tragi-comédie.

Au bout de quelques minutes d'un muet recueillement, chaque assistant s'accroupit sur le sol et attendit en égrenant son chapelet qu'il plût à la fille inspirée de leur prononcer un sermon.

Elle le fit avec réserve, s'attachant avec adresse à flatter les idées superstitieuses de ces victimes du fanatisme et de l'ignorance des marabouts. Mais sur quoi elle appuya avec véhémence, ce fut le sort fatal réservé aux impies assez audacieux pour vouloir contrecarrer les desseins d'Allah dans la personne de ses célestes envoyés.

Tous, en l'entendant parler, demeurèrent convaincus que la colère du Très-Haut ne tarderait pas à se faire sentir, soit sur les armes, soit sur les cavales et les troupeaux, soit même sur la personne du malencontreux kroumir, que les incantations d'El-Adjel avaient voué à sa vengeance.

Il était près de minuit, lorsque, la cérémonie ayant cessé sans autre incident, chacun regagna sa tente ou son gourby.

En retournant au douar, Tueur-de-Lions, grâce à la clarté de la lune brillant du plus vif éclat, crut remarquer qu'une conversation engagée entre la jeune femme et le vieux kroumir assombrissait de plus en plus les traits de leur compagne.

— Que vous disait donc cet homme? lui demanda-t-il en français dès qu'il put se rapprocher d'elle.

— Il exigeait de moi, répondit-elle de même,

d'attester demain mon pouvoir surnaturel soit par un miracle, soit par un prodige; par quelque chose enfin capable d'étonner les habitants du douar et de les convaincre de la sincérité de mes paroles. Inventez donc cette nuit un stratagème quelconque que je puisse utiliser. Quant au guerrier incrédule...

— Ne vous inquiétez plus de celui-là, interrompit le chasseur. Si son affaire n'est pas déjà faite, elle le sera avant le lever du soleil, je vous en réponds. Notre ami ne lui a pas épargné la drogue qui doit rendre sa bouche muette. Mais éloignez-vous de moi, pour éviter les soupçons.

Après ce rapide échange de craintes et d'espérances, El-Adjel reprit sa place au milieu des personnages les plus influents de la tribu, où l'on arriva bientôt.

Les pronostics de Tueur-de-Lions se trouvèrent vérifiés. Le kroumir importun avait cessé de vivre.

Dès que le bruit de sa fin mystérieuse se fut répandu, les Arabes terrifiés se groupèrent autour d'El-Adjel. Leurs regards semblaient l'interroger et attendaient avec anxiété une réponse de sa bouche.

Avait-elle oui ou non contribué à cette mort si soudaine? c'est là ce qu'ils semblaient dire.

Elle ne les laissa pas longtemps dans l'incertitude :

— Je l'avais prédit, dit-elle avec solennité, Allah et Mohamed ne pouvaient laisser impuni un tel impie. Révoquer en doute la mission de la fille du Sidi-Chaïb parmi vous, était méconnaître sa puissance. La mort seule pouvait laver le coupable d'un pareil crime. Il en sera de même pour quiconque oubliera les égards qui nous sont dus ; à ceux que j'accompagne aussi bien qu'à moi. Aarby hab ! Djib Aarby ! Dieu l'a voulu ! Dieu l'a ordonné !... Demain, je consulterai l'esprit du Sidi-Chaïb et je saurai s'il se trouve parmi vous d'autres incrédules ! — Et, leur faisant le geste de se disperser, elle demanda une couche séparée, où elle pût se mettre en communication avec l'âme du marabout, à l'abri de tout regard indiscret.

Tueur-de-Lions était installé près de Wanderer, à qui il avait répété les propos de son amie. Loin de chercher à s'endormir, il laissait s'écouler les heures, en fouillant dans son cerveau pour y dénicher le moyen de sortir victorieusement de ce pas si difficile.

— Pardieu ! se dit-il tout d'un coup en se plaçant sur son séant, il faut que je sois bien simple de n'y avoir pas songé tout de suite. Le carnier si largement pourvu de mon compagnon n'est-il pas là pour nous tirer d'affaire ? Oh ! ces Anglais ou Américains ! il n'y a qu'eux au monde pour prévoir tout à l'avance, lorsqu'ils se mettent en voyage !

S'étant alors assuré que Wanderer ne dormait pas :

— Votre petite pharmacie contient encore de l'esprit de sel, n'est-ce pas ? lui dit-il à voix basse.

— Sans doute ! qu'en voulez-vous faire ?

— De l'acide sulfurique, pardieu ! et avec de l'acide sulfurique une expérience... Ah ! bon Dieu ! quelle riche idée ! Tenez, je puis vous assurer, dès à présent, que votre amie El-Adjel passera longtemps pour une sainte dans ce pays-ci. Mais maintenant que je suis sûr de mon affaire, reposons-nous sans inquiétudes, et dormons... si faire se peut.

Il paraît que cela se pouvait, car, avant moins d'un quart-d'heure, leur respiration sonore mélangea ses harmonies au faux-bourdon du Maltais, depuis longtemps endormi. Mais un affreux vacarme ne tarda pas à mettre fin à ce bruyant concert.

Par des clameurs effrayantes, les parents du guerrier défunt appelaient à ses funérailles les habitants des alentours.

— Sur ma foi ! dit le chasseur, voilà bien ce qui pourrait s'appeler : crier à réveiller un mort !

— Ah ! ils peuvent certainement beugler dix fois plus fort, répondit flegmatiquement Wanderer, je les mets bien au défi de réveiller celui-là ! J'en suis très-fâché pour lui, mais, comme il y allait de nos quatre existences, si je l'avais laissé vivre, je n'ai point hésité à avancer le jour fixé par Mahomet pour son entrée en connaissance avec les sublimes houris !

— Bah ! reprit le chasseur, après tout, si nous ne nous en étions pas défaits de cette façon, il faudrait peut-être aujourd'hui le tuer d'un coup de carabine !... C'est toujours une cartouche d'épargnée.

— Sans compter notre vie qui le sera peut-être aussi.

— Oui... peut-être ! conclut le chasseur. Et tous les deux se replongèrent dans leurs méditations.

Dès que le soleil eut empourpré les cimes des monts lointains, la tente du défunt fut ouverte. Le corps du kroumir, convenablement enroulé dans son burnous, fut déposé à l'extérieur, ayant ses armes près de lui.

Alors ce ne furent plus seulement des cris humains qui assourdirent les oreilles. Ce furent des hurlements que les veuves éplorées firent répéter aux échos effarouchés.

S'arrachant avec leurs ongles la peau du visage, des épaules et de la poitrine, elles fouillaient les chairs de leurs joues avec une frénésie qui aurait pu porter à croire qu'elles voulaient en mettre les os à nu. Quand elles jugèrent qu'elles s'étaient suffisamment défigurées pour ne pas mériter un reproche de tiédeur à l'égard du mari défunt, elles passèrent à une autre façon de témoigner leur désespoir.

S'emparant à pleines mains de la fiente de leurs vaches, elles en fabriquèrent des emplâtres qu'elles appliquèrent aussitôt sur les déchirures de leurs visages.

Ces emplâtres, anti-coquets et exhalant un arôme peu flatteur pour l'odorat, doivent se séparer d'eux-mêmes des figures qui en sont badigeonnées. Défense d'y porter les mains pour mettre fin aux démangeaisons qu'ils occasionnent sur le derme. L'action de l'air, en les desséchant, doit seule les faire disparaître par leur réduction en poussière. Tant qu'il en existe une parcelle, fût-elle microscopique, les ablutions du visage sont sévèrement interdites. De plus, jusqu'à entière cicatrisation des blessures faites par leurs ongles, le rire est formellement défendu aux veuves.

Témoins de ces scènes burlesques, rendues intéressantes par leur sauvagerie même, les chrétiens en étudiaient scrupuleusement tous les détails, lorsqu'El-Adjel, étant venue les rejoindre, demanda au chasseur s'il avait mis la nuit à profit pour inventer le moyen de jouer un bon tour à la crédulité de ces gens-là.

— Parfaitement! répondit-il. Si celui que je

leur prépare ne les fait pas tous tomber en contemplation devant toi, c'est qu'il faut que l'incrédulité de saint Thomas leur soit échue en héritage !... Pour cela, j'ai besoin de ton aide. Ordonne-leur de faire sacrifier, par l'un de leurs plus respectés vieillards, un jeune bélier sur la tombe du Sidi-Chaïb. C'est là-bas que tu seras à même de leur prouver que tu es bien la fille du saint homme, envoyée par lui pour nous conduire à Tunis. Tu exigeras en outre que l'on y porte les armes de l'impie. J'ai besoin, pour l'expérience que j'ai méditée, des anneaux de zinc qui réunissent le canon au bois de son fusil. Avec la petite fiole que voici, et la façon de m'en servir, je suis à même de prouver que s'ils ont quelquefois pris des vessies pour des lanternes, je me charge de leur en faire admirer une sous un autre aspect.

En parlant ainsi, le Français indiquait à la jeune femme un petit flacon qu'il sortit un instant de sa poche pour l'y replonger aussitôt et qui contenait l'esprit de sel que lui avait remis Wanderer.

— Puisque tu as l'air si sûr de la réussite de ton projet, répondit El-Adjel, je ne vois point quelle raison pourrait m'empêcher d'y attacher une confiance égale à la tienne. Ecoute ce que je vais leur dire, ce sera le meilleur moyen de t'assurer si je t'ai bien compris.

Sur un signe d'assentiment du chasseur, elle adressa ainsi aux Arabes :

— A quoi bon toute la tribu se plongerait-elle dans la douleur à propos de la mort de celui que le ciel a voulu punir ? Laissez, laissez ce soin aux gens de sa famille. Nous, fidèles croyants, rendons-nous à la caverne où reposa si longtemps le corps de mon père avant d'y devenir la proie des siècles en s'y transformant en poussière. Là, je vous donnerai les preuves de la mission dont il m'a chargée ! Un de vos vieillards lui sacrifiera un jeune mouton, et, à défaut de leur maître, les armes de celui qui est mort maudit serviront de témoins au miracle que je veux accomplir sous vos yeux.

La fermeté avec laquelle sa bouche s'exprimait la mettait à l'abri de toute réplique. La foi dans sa céleste origine augmentait à chaque instant le nombre de ses prosélytes. L'annonce d'un miracle n'était pas faite pour diminuer le prestige dont elle avait su s'entourer. La prédiction de la mort du kroumir, si promptement réalisée, s'était déjà répandue dans toute la contrée. Pas un de ceux à qui on en parlait ne mettait en doute qu'il avait péri en punition de sa résistance aux volontés du divin père de la jeune inspirée. Aussi s'empressa-t-on d'amener le mouton voué au sacrifice et de réunir les armes de l'homme que sa défiante clairvoyance avait mis en opposition avec les intérêts d'El-Adjel et de ses amis.

CHAPITRE XIV.

UN MIRACLE A PEU DE FRAIS.

Le douar entier, à l'exception des veuves et des parents du mort, avait pris la route de la caverne. Trois cents personnes, tant hommes que femmes et enfants, composaient ce nouveau cortége, auquel vinrent se réunir dans sa marche les Arabes des environs.

El-Adjel ayant exigé, comme indispensable à la cérémonie, la présence de ses trois protégés, des hommes de bonne volonté composèrent un brancard convenable pour le transport de Wanderer. Rassuré sur les suites de sa blessure, il n'aurait pu toutefois faire encore sur ses jambes un aussi long trajet.

Arrivée au lieu sanctifié par les traditions locales, la foule se divisa en deux parties. L'une pénétra dans la caverne sur les pas de ses chefs, d'El-Adjel et des chrétiens; l'autre stationna à sa guise sur la plate-forme extérieure.

La jeune femme ouvrit la séance par une longue prière, différente de celle de la veille, mais n'en ayant pas moins pour base l'inévitable *Leï-leïl Allah !*

Tueur-de-Lions, Wanderer et le Maltais répétaient cet article de foi avec une telle apparence de ferveur que les plus marquants parmi les kroumirs vinrent les en féliciter par la bouche de leur compagne.

Après ses invocations préliminaires, El-Adjel donna l'ordre de faire avancer le jeune mouton pour le sacrifier dans le sombre renfoncement que l'on supposait avoir reçu les ossements du Sidi-Chaïb.

Elle jugeait avec raison que le chasseur pourrait mieux voiler ses manœuvres dans cette demi-obscurité. S'y étant intallée la première :

— Laissez les nouveaux convertis se placer près de moi, dit-elle, et surtout ne m'interrompez pas dans mon entretien avec eux, pour pressentir s'ils sont bien dignes d'aspirer à faire partie de la sainte religion des croyants. Ils ignorent la langue arabe, mais Sidi-Chaïb, en m'envoyant à leur aide, m'a fait don de la connaissance de leur langue maternelle; c'est pourquoi je n'éprouve aucune difficulté à m'en faire comprendre.

Lorsqu'on eut obéi à ses injonctions préliminaires, elle ajouta : Je vais les interroger.

— Que dois-je faire, maintenant? demanda-t-elle à Tueur-de-Lions. Indiquez-le moi, ainsi que ce qu'il faut leur dire; mais surtout gardez-vous bien d'échouer dans ce que vous avez projeté. Si vous ne me faites passer pour réellement puissante à leurs yeux, nous serons massacrés sans pitié, soyez-en certains.

— Bannis toute crainte, répondit le chasseur; toi-même seras surprise de ce qui va se passer ici. Commence par désigner le vieil imbécile qui te regarde comme un ange, pour sacrifier le mouton à tes pieds, et arroser de son sang le sol sanctifié par la poussière du Sidi-Chaïb.

Charmé d'un tel honneur réservé à sa vénérable personne, le vieillard s'acquitta avec empressement de ce qui lui était commandé. Pendant qu'il se livrait avec componction à sa besogne de pieux sacrificateur, Tueur-de-Lions conseilla à El-Adjel de faire ouvrir le ventre de la victime et d'en faire étudier l'intérieur par les marabouts présents à la cérémonie, lesquels, après un mûr examen, feraient connaître à tous ce qu'ils auraient pu y découvrir de remarquable.

A l'appel de la jeune femme, plusieurs se présentèrent, et d'un commun accord se mirent à consulter les intestins, le cœur et le foie du petit bélier, ainsi qu'ils le font souvent le jour du Kaïd-el-Kébir, c'est-à-dire de la fête du Très-Grand, que les colons d'Algérie, n'y regardant pas de très-près, traduisent par : la fête des moutons.

En dépit de toute leur bonne volonté, ils n'y découvrirent pas grand'chose, sinon rien.

Deux d'entre eux, cependant, ne voulant pas se laisser passer pour peu perspicaces, affirmèrent avec gravité, l'un, qu'il distinguait parfaitement au cœur l'indice d'un coup de foudre qui, mis à jour plus tôt, eût peut-être garanti le défunt d'une mort aussi soudaine; l'autre, qu'il rencontrait dans le foie les signes précurseurs d'une abondante récolte. Les autres en furent pour leur courte honte.

Le chasseur comprenant et parlant l'arabe, ce dont tous les auditeurs étaient loin de se douter, soufflait à El-Adjel les réponses qu'elle avait à faire. Une fois bien mise au courant :

— Eh quoi ! dit-elle, vous ne découvrez dans cette victime aucune partie qui puisse s'élever d'elle-même vers le ciel pour y aller porter au Sidi-Chaïb la demande que je veux lui adresser, c'est-à-dire d'obtenir de lui qu'il m'apparaisse en rêve pour me dire si je réussirai à rendre bons musulmans ces anciens roumys ?

Les marabouts, piqués du ton légèrement empreint d'ironie employé par la jeune femme, se livrèrent à de nouvelles mais tout aussi vaines investigations. Ils furent forcés de convenir qu'ils n'y devinaient rien de semblable.

— Eh bien, dit le Français à El-Adjel, prends la vessie et, en la leur montrant, atteste hardiment que, soumise à ta volonté, elle va s'envoler dans les airs, à condition que les anneaux du fusil du guerrier décédé me seront remis, avec permission de les faire fondre dans une eau mystérieuse qui les dissipera en fumée. Cette fumée prouvera à ton père que ces armes étaient entachées d'impureté comme l'était de son vivant leur possesseur lui-même. Traduis-leur vite cela ; moi, je me charge du reste.

La jeune femme, quoique bien étonnée elle-même, transmit très-fidèlement les paroles du chasseur.

Devant une pareille révélation, les Arabes, se la répétant de l'un à l'autre, la firent bientôt parvenir jusqu'aux plus éloignés au dehors de la caverne. La stupéfaction la plus grande se peignit sur tous les visages. Quelques-uns, muets d'épouvante et de respect, ne contemplaient pas El-Adjel et les chrétiens sans une secrète terreur. D'autres murmuraient à voix basse :

— Une femme capable de faire voler en l'air

une vessie ne peut être qu'une protégée d'Allah; mais cela peut-il se faire?

— Ça se fera, dit le chasseur, tu peux le leur confirmer.

— Je l'ai dit, cela va avoir lieu, reprit El-Adjel, en promenant majestueusement ses regards sur ceux qui l'entouraient.

Sur son invitation, un des marabouts dégagea les anneaux de zinc du moukala, et les tendit au chasseur, ainsi que la vessie de mouton; mais Tueur-de-Lions remit celle-ci à El-Adjel, en lui recommandant d'en faire disparaître toute apparence de chair, et d'éviter surtout d'y occasionner la moindre déchirure; puis, de la faire sécher au feu, afin de permettre à un thaleb (écrivain) de l'assemblée d'y inscrire la demande qu'elle voulait formuler à son père.

Un feu clair et flambant fut aussitôt allumé devant la caverne.

La jeune femme, s'en étant rapprochée, y fit sécher doucement et avec de minutieuses précautions la vessie, qu'elle froissait par intervalles pour en assouplir le tissu. Dès qu'elle eut acquis un degré de sécheresse et de malléabilité convenable, elle la confia au thaleb avec injonction d'y écrire avec le sang du mouton ce qu'elle allait lui dicter. Pour lui obéir, l'écrivain se tailla deux plumes dans l'une des côtes de la bête immolée, et attendit en silence qu'El-Adjel,

26.

après une minute de réflexions, lui dictât la prière suivante :

— Seigneur Chaïb ! fais-moi la faveur de venir la nuit t'entretenir avec moi dans un rêve et laisse les yeux de ta fille te contempler sur la terre.

A part les marabouts, les gens sachant écrire sont si rares dans les montagnes, qu'elle eut tout lieu d'être satisfaite d'avoir rencontré à point le meilleur calligraphe de la contrée :

— Cela suffit, lui dit-elle, lorsqu'il eut écrit la phrase arabe ci-dessus. Et reprenant la vessie elle l'offrit de nouveau à la chaleur du feu pour faire sécher l'inscription ; après quoi elle vint la remettre entre les mains du Français.

Tueur-de-Lions, pendant sa courte absence d'auprès de lui, s'était occupé avec le Maltais à diviser en une infinité de petits morceaux, les garnitures de zinc dont on a précédemment parlé.

La vessie ayant été préparée et ramollie à son gré, il sortit de sa poche l'esprit de sel emprunté au carnier de Wanderer, et introduisit adroitement les parcelles de zinc dans le liquide, qui se mit à bouillonner aussitôt. Un gaz hydrogène puissant se dégagea du contact du zinc avec l'esprit de sel et gonfla en une seconde la vessie, dans l'appendice de laquelle il avait engagé le goulot de son petit flacon. Cette partie inférieure du petit ballon naturel fut aussitôt fortement liée à l'aide d'une mince ficelle et le chasseur le remit à El-Adjel.

La pauvre femme, toute frémissante de crainte et d'espoir, avait feint pendant ces très-courts préparatifs d'adresser des prières à Mahomet.

— Mon Dieu ! pourvu que l'expérience réussisse, murmurait-elle en se dirigeant avec le Français vers l'ouverture de la caverne. — Et, lorsqu'ils furent dehors : Faut-il lâcher cette chose ? fit-elle.

— Oui, mais d'abord, annonce à toutes ces brutes-là que ta lettre va partir.

— Regardez ! regardez, mes frères ! s'écria-t-elle, et vous verrez si ceci ne va pas obéir à ma voix : Amschi phy el Sidi-Chaïb ! (Pars rejoindre le Sidi-Chaïb !)

Et ses doigts abandonnèrent la vessie, qui, cela va sans dire, s'éleva dans les airs avec une grande rapidité. Bientôt elle n'apparut plus que sous forme de petit point blanchâtre, qui ne tarda pas du reste à se confondre avec les nuages suspendus au-dessus des monts.

Les Arabes ébahis et cloués à leur place par la stupéfaction, la considérèrent la bouche béante, tant que leurs regards purent la suivre dans sa course aérienne. Une fois bien convaincus qu'elle avait disparu pour toujours, leurs pensées se reportèrent simultanément sur les auteurs d'un si merveilleux prodige. Tous, grands et petits, jeunes et vieux, hommes ou femmes vinrent se prosterner, non-seulement devant El-Adjel, mais, avec non moins de respect, aux pieds de ses compagnons. — Le plus piquant de la chose, c'est que la jeune inspirée était intérieurement presque aussi stupéfiée que ceux qu'elle voulait duper.

— Je l'ai vu et pourtant je n'ose encore croire à notre succès, dit-elle en français à Wanderer. Quelle aventure surprenante ! Je n'y comprends rien, si ce n'est que mon père avait raison de me dire que le dernier des Français était plus intelligent qu'un Arabe des plus instruits.

— Nous vous expliquerons ce mystère plus tard, répondit son ami. L'essentiel à cette heure est de nous sauver d'ici.

— Ah ! santa Madona, oui, tirez-nous de los manos de ces brigands-là, supplia le Maltais.

Pourtant le pauvre garçon n'avait pas trop l'air mécontent de la façon dont les Arabes s'y prenaient pour lui embrasser les pieds et frotter avec admiration leurs burnous contre son costume. — Ah ! las bestias ! ils nous prennent pour des dieux, aquo ès seguro ! Profitons-en pour filer. Ah ! santa Maria ! si z'avais pou enlever le corpo di mi avec la vessie, ce n'est point chez moussu Sidi-Chaïb que z'aurais voulu aller dézeûner, mais bien dans l'île de Malte, mon pays, sangue di Dio !

— Oh ! à présent je ne doute plus de rien, répondit El-Adjel. Avant peu nous serons à l'abri de tout danger, je vous le promets.

Le double accomplissement de ses deux prédictions avait de beaucoup augmenté son assurance première.

Résolue de mettre à l'instant à profit son dernier succès, elle reprit fièrement la parole et s'adressant à haute voix à toute l'assemblée :

— Aarby ! dit-elle, je pense bien que maintenant vous avez confiance en moi ?

— Oui ! oui ! s'écrièrent-ils tous ensemble.

Et vieillards, marabouts, thalebs, tbibs, etc., tous enfin cherchèrent à se rapprocher d'elle, en se disputant le droit de baiser ses vêtements, ce qui, selon leur croyance, devait leur porter bonheur.

— Puisqu'il en est ainsi, poursuivit-elle, je vous demanderai de procurer à l'instant des costumes musulmans à ces trois nouveaux saints, en échange de leurs habits d'infidèles que nous livrerons aux flammes, afin que leur vue immonde ne rappelle plus le passé.

Dire avec quel empressement on souscrivit à sa requête serait vraiment impossible. En moins de quelques minutes, la transformation des Européens en Arabes s'opéra comme par miracle.

C'était parmi les kroumirs à celui qui se dépouillerait en faveur des roumys de la partie la plus riche de ses vêtements. Burnous, haïcs, turbans, sabbates, ceintures, calottes, etc., pleuvaient à l'entour d'eux. Ils n'avaient qu'à faire un choix ; ce qu'ils accomplirent sans scrupule. S'étant ensuite dérobés aux regards de la foule pour se déshabiller dans l'un des réduits secrets de la caverne, ils revêtirent les plus beaux de tous ces effets, et, reparaissant costumés au gré d'El-Adjel, ils lancèrent eux-mêmes aux flammes leurs anciens habits.

Des hourras d'applaudissements accueillirent ce volontaire sacrifice, et les cris de : Gloire au Très-Grand ! se mélangèrent à ceux de : Gloire à la sainte fille du Sidi-Chaïb et à ceux qu'elle protége !

Après un long échange de compliments et de félicitations sur la conversion à venir des trois chrétiens, la chair du mouton qui venait de jouer un rôle si important dans cette affaire fut divisée en autant de petites parts qu'il y avait d'assistants dans la caverne. Chacun tenait à goûter un morceau, tant minime fût-il, de la bête dont une partie avait été jugée digne d'être envoyée au Sidi-Chaïb.

Vers le milieu de la journée, tous étaient de retour au douar.

Voulant offrir à El-Adjel et aux siens une fête

de nuit et un repas en rapport avec la solennité des faits écoulés pendant la matinée, les Arabes sacrifièrent sans hésitation les meilleures têtes de leur bétail et les plus beaux produits de leurs poulaillers.

De longs et riches tapis tunisiens furent appendus à l'extérieur et à l'intérieur des tentes, en signe de réjouissance, et les flûtes et les tambourins attaquèrent avec ensemble leurs airs les plus étourdissants.

Telle était la faveur dont les chrétiens et leur compagne jouissaient alors dans la tribu, que les veuves mêmes du guerrier vinrent baiser les pieds de Wanderer, et supplier El-Adjel de ne pas les comprendre dans la malédiction que sa bouche avait formulée contre leur mari défunt.

— Nous ne partagions pas ses défiances à ton égard, dirent-elles humblement, nous savions bien que tu étais une sainte et nous t'avons honorée dès que tu te fis connaître à nous.

— Je le sais, répondit El-Adjel d'un ton protecteur, aussi n'avez-vous rien à craindre de moi. Je vous affirme, au contraire, que mes vœux appelleront sur vous toutes les bénédictions du Sidi-Chaïb.

Puis elle les congédia d'un signe de tête amical. Tandis qu'elles s'éloignaient ravies d'une aussi gracieuse réception, le Maltais, qui, en leur présence, avait eu bien de la peine à étouffer une forte envie de rire, s'écria tout à coup en élevant ses mains vers le ciel :

— Ah! santa Madona! dites-bien, ze vous en prie, au signor Zézous et au grand bon Dieu le père, qué ce n'est pas la faute de moi si ze passe à mon tour pour oun véritable boun Diou!... Ah! santa Maria! quand ze pense qu'il y a quelques zours ces couquinas-là me regardaient comme oun chien !

— Retiens tes gestes et ta langue, interrompit Wanderer. Tâche d'être sérieux, si tu tiens à la vie.

— Per Dio! si z'y tiens? Oh! mais que oui, et beaucoup encore, aquo ès seguro, sangue di Dio! Quand cé né serait qué pour raconter dans moun pays le singoulier voyaze que vous m'aurez fait faire.

— Alors, sois prudent, sinon l'île de Malte pourrait bien ne jamais te revoir.

— Oh! pour être proudent, ze le souis de reste; *ma* vous savez lou proverbe, signor : *Passato il pericolo, galbato il santo* (le péril passé, le saint danse).

CHAPITRE XV.

OU LE SORT DU MALTAIS SE TROUVE DÉCIDÉ.

Vers onze heures du soir, tous les instruments primitifs, seuls mis en usage parmi ces peuplades arriérées, semblèrent s'être donné rendez-vous sur la grande place du douar pour y confondre leurs sons dans un immense charivari.

Le nombre des admirateurs des saints convertis s'était considérablement accru par l'arrivée soudaine de plusieurs chefs de tribus et de leurs suites, auxquels la clameur publique était allée annoncer, jusqu'aux points les plus reculés de la contrée, les miracles accomplis par la fille du Sidi-Chaïb.

En attendant le repas, la fête s'ouvrit par

des jeux et des danses diaboliques, en dehors des tentes. Les marabouts des deux sexes en donnèrent le signal. Rien de plus désopilant et de plus carnavalesque que les contorsions auxquelles ils se livraient au son d'une musique fantaisiste, étrangère à toute espèce de mélodie. Chaque musicien jouait pour son compte et celui qui faisait le plus de tapage était le plus applaudi.

El-Adjel et ses apôtres furent de nouveau admirés, fêtés et cajolés par leurs dupes de la veille. Les nouveaux venus, à leur tour, furent admis à rendre leurs hommages.

Enfin, tous les apprêts culinaires de la fête étant terminés, on apporta les plats nombreux et variés dans la confection desquels les Vatels de la localité avaient cherché à se surpasser.

Le repas fut attaqué suivant les règles habituelles. C'est assez dire que les femmes en furent d'abord écartées. Les hommes s'accroupirent, par groupes de six ou sept, autour d'immenses plats de bois surchargés de victuailles. Les enfants mâles furent servis dans un coin. Les pauvres de tout âge, placés en dehors des tentes et des gourbys, reçurent de la main des femmes ce que la générosité des gens plus heureux voulut bien leur accorder. Puis, devait arriver le tour de celles que nous nommons chez nous la plus belle moitié du genre humain, et que l'on considère là-bas comme des êtres d'un ordre inférieur, bons tout au plus à servir d'esclaves et à la stricte reproduction de cette triste espèce humaine.

Les chrétiens furent servis avec les maîtres. Une telle faveur était bien due à d'aussi mystérieux et puissants personnages. Dire qu'ils surent faire honneur à cet homérique repas est inutile. Quant aux kroumirs, la vérité nous force à avouer qu'ils s'en donnèrent, jusqu'à trois heures du matin, comme s'ils eussent été longtemps privés de nourriture. Nous le répétons à dessein : si l'Arabe passe, avec raison, pour être fort sobre de sa nature, cela ne l'empêche point, quand l'occasion s'en présente, de se repaître en vrai glouton.

Se sentant suffisamment repus, les vieillards cessèrent les premiers à se gorger davantage et se formèrent en conseil, touchant la conduite à tenir au mieux des intérêts des trois nouveaux convertis.

— Il faut qu'ils restent dans la tribu, dit l'un d'eux ; leur présence nous rendra favorable le Sidi-Chaïb, qui les aime.

— Ils n'y seront pas malheureux, fit un autre, nous les traiterons comme des frères en Mohamed !

— Jeune femme, dit un troisième à El-Adjel, qui, assise sur une natte, les écoutait en silence, dis à tes protégés que nous nous préoccupons de leur sort à venir. Nous voulons les marier. Ils auront, chacun, quatre ou cinq femmes pour compagnes. On les choisira parmi les plus jeunes et les plus belles de nos filles. Ce cadeau leur sera fait en reconnaissance de ce qu'ils se sont révélés dans notre pays, préférablement à tout autre. Nous tous qui sommes ici, nous rembourserons, en nous cotisant, les pères des jeunes vierges qu'ils choisiront pour épouses. Allons, traduis-leur cela et fais-nous connaître leur réponse.

Tandis qu'El-Adjel, assez intriguée sur les résultats que pouvait avoir une telle proposition, s'entretenait à cet égard avec ses trois amis, les vieillards appelèrent près d'eux celles qui passaient pour les plus attrayantes parmi les fillettes de leur tribu.

En peu d'instants, un vingtaine de charmantes enfants de douze à quinze ans vinrent se former en cercle autour d'eux.

— Que les protégés du Sidi-Chaïb fassent leur choix, dit le chef du douar ; on pourvoira ensuite à leur besoins, sous le rapport des troupeaux et de terres à cultiver. Nous ne pouvons faire moins pour les envoyés de Mohamed et d'Allah !

La fille supposée du Chaïb n'assistait pas indifférente à cette intéressante exposition des plus délicieux visages d'un pays où, en général les femmes ne sont pas sans beauté ; elle ne put s'empêcher de tressaillir en entendant Wanderer dire à Tueur-de-Lions :

— By God ! je croyais bien ce peuple stupidement fanatique, mais pas à ce point-là ! Et voyez quel ravissant tableau offrent à nos yeux toutes ces piquantes physionomies. En vérité, si je n'étais pas amoureux d'El-Adjel, je ne sais pas trop si jamais je songerais à m'éloigner d'ici.

Prenant soudain son parti, El-Adjel se précipita, plutôt qu'elle ne s'y introduisit, au milieu du cercle, et, ses regards étincelant d'une sourde colère que le moindre incident eût pu faire éclater :

— Qui donc voudrait ici agir sans me consulter ? dit-elle d'une voix vibrante dans les intonations de laquelle Wanderer n'eut pas de peine à démêler un secret sentiment de jalousie. Eh quoi ! les marabouts, les sages et les puissants de ces contrées osent proposer des unions entre leurs filles et ces étrangers ! Ce serait un sacrilége d'y penser, avant qu'ils ne soient allés se purifier, à la Mecque, de leurs erreurs passées. Voulez-vous donc attirer sur vous et vos troupeaux la colère du Ciel en les empêchant de se conformer aux ordres souverains du Sidi-Chaïb ? Lorsqu'ils seront de retour du saint pèlerinage, qu'ils se marient chez vous, soit ! qu'ils y prennent autant de femmes que vous voudrez leur en offrir, soit encore ! Mais avant d'avoir exécuté les ordres d'Allah dont je suis l'interprète, non, ils ne le feront pas ; je m'y oppose au nom sacré de celui qui m'a envoyée vers vous !

Ces paroles, prononcées avec une rare énergie, inspirée à la jeune femme par ses jalouses appréhensions, arrêtèrent dès le début les projets de l'assemblée.

Le mutisme de la stupeur sembla pendant plusieurs minutes s'être emparé de tous ses membres.

Enfin, recouvrant le premier la faculté de s'énoncer, le vieil ami d'El-Adjel, s'exprimant d'une voix basse et tremblante, répondit ces peu de mots :

— Fille du Ciel, n'en parlons plus ; il sera fait ici suivant ta seule volonté.

Toutes les têtes des autres membres du conseil s'inclinèrent en silence en signe d'acquiescement. Wanderer, adressant à la jeune femme un malicieux sourire, lui dit tout bas :

— Je croyais que la jalousie était inconnue aux femmes arabes ? — Pas quand elles aiment, répondit-elle brièvement. — Merci, reprit-il affectueusement !... Et vous avez raison de m'aimer, continua-t-il avec émotion, car moi aussi, je vous aime et n'aimerai jamais que vous à l'avenir, je vous en donne ma parole.

Le visage de la jeune femme se rasséréna soudain à ce tendre aveu. On eût pu facilement y lire qu'elle avait recouvré tout son sang-froid.

— Ack-Allah ! Santa Madona ! soupirait le Maltais : si z'étais soûr dé passer toujours ici pour oun saint homme ; si l'oun m'y mariait pour tout dé boun à cinq dé ces graciouses picciolinettes; si l'oun voulait m'y donner oun pétit troupeau... Ah ! sangue di Dio ! c'est moi que ze laisserais bien partir les trois vous autres pour Tounis, ou pour ailleurs, à le gusto de votre idée ! Ah ! par Dio ! oui.

— Tu es parfaitement libre, mon garçon, répondit Wanderer à qui il adressait ses doléances; si l'occasion te tente, tâche de la saisir au toupet. Qui ne risque rien, n'a rien ! A ta place, j'accepterais sans balancer.

— Santa Madre del Christo ! voilà qui est dit ! s'écria le Maltais, comme venant d'en prendre son parti : z'accepte, sangue di Dio ! Lasciate mi comme otage, ici ; ma, recommandez-moi bien, au moins !...

— Sois tranquille, dit El-Adjel, tu n'as rien à craindre de ces gens-là. Le prolongement de ton séjour chez eux sera une garantie de notre retour, et ils ne cesseront de te bien traiter en nous attendant.

— Eh bien, santa Madona ! ze mé risque, reprit l'interprète, fasciné par l'espoir d'avoir bientôt à son service les appâts séducteurs de quelques-unes des jeunes vierges proposées pour épouses. Tant pis, sangue di mi ! ze n'y résiste plus ! Té ! qu'est-ce que ça mé fait à moi, oune rélizioun ou bien oune autre ? Est-ce qué lé saint boun Diou, il n'est pas de toutes les rélizions, puisqu'il est le seul boun Diou ? Il aimera mieux mé savoir bien heureux dans celle de Mohamed, qué dé mé voir toujours malheureux dans celle dé mon père. Allez ! c'est entendou ! à moi, cinq de les vierzes, à mon choix, et à vous lé voyaze pour partout où vous voudrez ! Allez ! capo del papa ! quand z'aurai des femmes à moi, des moutons à moi, des beaux bœufs à moi tout seul, ze ne m'inquiéterai guère del restant. Ah ! Diou, non !

« Mà, dit-il en se ravisant, il est bien seguro qué la vie dé moi elle n'a rien à craindre ? »

El-Adjel, qui avait eu le temps de creuser un nouveau projet dans son esprit, s'empressa de lui répondre vivement :

— Pas le moins du monde ! j'arrangerai le tout pour le mieux. Comme tu connais à fond la langue arabe, cela va me procurer l'avantage de pouvoir fabriquer un nouveau miracle à l'intention de tes frères futurs. Ils t'ont déjà habillé en Arabe ; laisse-moi faire, ils te fourniront bientôt le reste.

— Ack-Allah ! c'est compris, dit encore le Maltais en se frottant joyeusement les mains.

Si, plous tard, ze souis victime de quelque méchante bizogno, z'aurai dou moins, per lou présent, zoui oun pocco de la vie ! Per Dio ! cé n'est dézà pas oune si petite chose que d'avoir passé pour un saint chez les musulmans ! Céla né m'aurait certes pas aussi bien réoussi auprès des Français !

El-Adjel lui ayant bien recommandé de s'attacher à comprendre le sens de toutes ses paroles, traduisit sur-le-champ aux Arabes les intentions du Maltais. Elle ajouta que, dès lors, ils ne pourraient plus concevoir de doutes sur la certitude du retour des deux autres convertis, après leur voyage à la Mecque.

— Lorsqu'ils seront revenus parmi vous, poursuivit-elle, il sera temps de songer à les marier. En attendant, celui-ci se décide à choisir cinq femmes tout de suite. Mais il demande que vous l'installiez de façon à ce qu'il puisse dignement pourvoir à leur subsistance et à leur entretien, ce qui me paraît juste et raisonnable.

— Et à nous aussi, exclama l'assemblée d'une commune voix !

Sans désemparer, on procéda aux fiançailles du Maltais avec cinq jeunes filles sur lesquelles tomba son choix.

Elles furent immédiatement amenées au centre du cercle. Là, leurs timides regards purent savourer à l'aise le craintif plaisir d'admirer la figure placide et même bonasse du saint apocryphe dont elles allaient avoir à se disputer les bonnes grâces.

Le prix de vente des cinq innocentes fut immédiatement débattu entre leurs pères et la foule. Chaque assistant devait participer à le payer dans la mesure de sa fortune.

On le fixa, après pourparlers assez vifs entre les vendeurs et les acheteurs, à la somme de cinq cents douros. Soit deux mille cinq cents francs, argent de France.

— En vérité, ce n'est pas trop cher, dit Wanderer au Maltais, surtout pour toi qui n'as que la peine d'accepter. Par exemple, je te fais mes sincères compliments sur ton bon goût. Il était difficile de mieux choisir.

— J'en dirai autant, fit Tueur-de-Lions, tout rêveur; à sa place, je n'aurais pas agi mieux.

Pendant que ces propos complimenteurs étaient adressés au Maltais, le cadi procédait méthodiquement à leur inscription régulière sur ses parchemins, et renvoyait la célébration des noces à quelques jours plus tard.

Cette décision, acceptée par tous, chacun se retira en même temps que les jeunes filles.

Le Maltais, demeuré seul avec ses compagnons, très-disposés à se rendormir, put donner un libre cours à ses réflexions sur la nouvelle espèce de vie qu'il allait expérimenter. Le

auvre garçon avait beau faire, il n'osait croire
tant de bonheur pour lui tout seul; mais la fête
ui venait de se terminer était le prélude d'une
econde solennité dans laquelle, d'après les lois
goureuses de l'Alcoran, il était appelé à jouer le
rincipal rôle. Il n'y pensait certes pas sans faire
n peu la grimace, car cette solennité n'était autre
ue celle de la circoncision, sans laquelle il ne
ouvait être considéré comme un véritable mu-
ılman, et à plus forte raison prétendre à la
ossession d'un joli troupeau, de quelques pièces
e terre, et surtout des cinq jolies filles dont la
ue l'avait charmé. Pour arriver à son but, il
solut de faire contre fortune bon cœur, et de
 soumettre, sans murmurer, à toutes les exi-
ences de sa nouvelle religion.

CHAPITRE XVI.

ON LE MARIE POUR TOUT DE BON.

Huit jours s'étaient écoulés sans incidents dignes de remarque.

Les Arabes avaient redoublé de soins et de prévenances pour ceux qu'ils considéraient comme des envoyés du ciel. Wanderer, traité en frère et en futur marabout, reprenait chaque jour des forces et n'aurait bientôt plus à se préoccuper de sa blessure. Le Maltais rêvait à ses femmes, qui devaient lui être représentées seulement après son abjuration de la religion chrétienne, et le chasseur se promenait en philosophe, étudiant avec soin les mœurs et les coutumes du pays, sans laisser soupçonner à personne qu'il en comprît le langage.

La plus tourmentée des quatre était sans contredit El-Adjel.

Si sa triple qualité de fille supposée du saint Chaïb, de prophétesse et d'envoyée du Djennâa (paradis), imposait la plus grande réserve à ses paroles et à ses actions, elle se trouvait sans puissance sur ses sensations intérieures. Or, le cœur de la jeune montagnarde se révoltait à la seule idée qu'en prolongeant leur séjour dans cette tribu, elle pourrait d'un moment à l'autre voir l'amour de Wanderer lui être ravi par l'une ou l'autre des belles vierges que les Arabes lui offraient comme épouses.

Les soins apportés par son père à son instruction avaient eu pour but de l'initier autant que possible aux mœurs et aux usages des nations civilisées, mais, on s'en souviendra, elle n'en avait pas moins toujours vécu parmi les Arabes; aussi était-ce en femme arabe qu'elle jugeait le caractère de son libérateur.

Ne pouvant lutter davantage contre la jalousie qui la minait en secret, elle se décida à soustraire au plus vite son amant aux tentatives séductrices des jeunes filles de la tribu.

Le soir du huitième jour, à l'heure où se terminait la prière :

— Fidèles croyants, dit-elle, vous avez jusqu'à présent religieusement obéi aux volontés du très-grand Allah et du vénéré Sidi-Chaïb son serviteur. Je suis fille de l'un et interprète de l'autre, et je vous dis : c'est bien ! Mais cela ne suffit pas. L'heure du départ approche pour les deux convertis qui doivent m'accompagner à la Mecque. Il faut, après demain, au lever du soleil, que nous soyons en route pour Tunis. Sidi-Chaïb vous ordonne de nous faire escorter pendant ce court voyage par cinquante de vos guerriers. Leurs armes et leur courage nous mettront à l'abri des attaques des maraudeurs et des pillards.

« Quant à celui que j'abandonne ici à votre sauvegarde, il faut, sans plus tarder, exécuter à son égard les prescriptions religieuses, indispensables pour qu'il soit admis parmi vous comme disciple de Mahomet. Préparez donc tout pour que la sainte cérémonie ait lieu demain. A peine aura-t-elle été accomplie que, pour vous prouver la sincérité de sa conversion, je m'engage à lui faire parler l'arabe aussi bien que sa langue maternelle.

— Aarby ! s'écrièrent les kroumirs, fille du ciel, est-il donc vrai que tu puisses opérer un tel miracle ?

— Avec la faveur dont je jouis près du Sidi-Chaïb, je peux tout ! répondit-elle fièrement. Conformez-vous strictement à mes volontés et vous en aurez la preuve.

— Tu seras aveuglément obéie, dit un vieillard, se rendant l'interprète des intentions de l'assemblée.

— C'est bien! puisqu'il en est ainsi, chacun peut se retirer en paix.

Un bsélèma (bonsoir) général, échangé de part et d'autre, servit de réponse à cette invitation.

... Dès que le jour reparut, les cheiks, caïds, cadis et autres personnages d'importance de la vallée de Raz-Elma se trouvèrent groupés autour des marabouts. Le lieu de la réunion était celui où d'ordinaire s'accomplissaient les exercices religieux. Au centre se tenait le Maltais entre les mains des prêtres chargés de le circoncire. L'explication de cette cérémonie étant à la portée de tout le monde dans maints passages de la Bible et de la plupart des livres religieux chrétiens, israélites ou musulmans, nous nous dispenserons d'entrer dans plus de détails à son sujet.

Ce fut au pied de l'olivier plusieurs fois centenaire, — sous le feuillage duquel El-Adjel avait prêché le jour de son arrivée au douar, — que l'opération s'accomplit aux cris de joie de tous les témoins de la conversion d'un roumy.

Dorénavant, et quelles que fussent ses idées à cet égard, le Maltais ne pouvait plus être renié comme frère par les plus stricts observateurs de la loi du Prophète de Médine. Les marabouts, ayant terminé leur office, firent place aux petits garçons et aux jeunes filles accourus pour chanter, danser et manifester leur joie de ce qu'il s'était converti.

Ses cinq fiancées ne furent pas les dernières à lui offrir des hommages de soumission et leurs embrassades. Qui sait si elles n'étaient par très-fières de la préférence que le nouveau saint leur avait accordée sur leurs compagnes?

Telle était l'impatience d'El-Adjel de savoir le cœur de Wanderer à l'abri des tentations que la réelle beauté des femmes kroumirs pourrait lui inspirer, qu'elle n'hésita point à interrompre la fête pour donner une plus prompte suite à ses projets de départ.

— Voilà qui est bien, dit-elle; mais les circonstances nous font un devoir d'abréger toutes les cérémonies de la réconciliation de ce roumy avec notre saint prophète. Avançons donc l'heure du repas du milieu du jour, pour être plus à même de convenablement célébrer le mariage pendant la soirée. Ensuite, ceux qui doivent nous accompagner s'occuperont de leurs préparatifs de départ, sous la surveillance des sages et des chefs de la tribu.

On s'empressa d'obtempérer à son désir et le repas fut servi avec cette profusion, *accidentelle*, dont nous avons eu déjà à citer des exemples.

Bien que souffrant encore, Wanderer prenait une franche part à l'allégresse commune.

— By God! ne put-il s'empêcher de dire au

Français, il faut convenir que, quand ces gaillards-là se mettent en frais, ils s'y mettent bien.

— Parce que cela ne leur arrive pas souvent, repartit l'autre. Mais que pensez-vous de leurs mœurs, de leurs coutumes superstitieuses, de leur stupide crédulité ?

— Je pense que, si je réussis à me tirer de ce satané pays, je n'aurai garde de jamais oublier les émotions si diverses auxquelles il a fallu m'y soumettre.

— Oh ! pour cela, moi non plus ; et pourtant Dieu seul peut dire par combien de terribles épreuves j'ai dû passer en Algérie avant d'affronter celles dont les conséquences nous ont amenés ici.

— Bah ! nous nous en sortirons, El-Adjel nous l'a promis.

— El-Adjel tiendra sa promesse, dit sentencieusement la jeune femme, qui depuis quelques instants ne perdait pas un mot de leur entretien ; et vous me faites penser que voici justement l'heure de frapper ces vils esprits par l'accomplissement de mon dernier miracle parmi eux.

— Ah ! c'est pardieu vrai ! exclama le Français, vous n'avez pas encore autorisé le Maltais à s'exprimer en arabe.

— Cela va venir, répondit-elle.

Imprimant à toute sa personne les airs de majesté qu'elle savait employer à propos pour captiver l'attention de ses crédules auditeurs, elle se dirigea à pas lents vers le nouveau converti.

Celui-ci était convenablement installé sur de riches tapis dans la partie la plus reculée de la tente où on l'avait transporté à bras, après la sainte cérémonie opérée sous l'olivier. Ses deux mains, gravement étendues à droite et à gauche, distribuaient des bénédictions aux femmes empressées de baiser son burnous pour obtenir du nouveau saint la faveur de devenir fécondes.

Arrivée près de lui, El-Adjel ayant engagé les assistants au silence :

— Dieu seul est grand, mes frères. Cet homme a eu foi en lui, qu'il en soit récompensé. J'ai dit hier qu'après l'abjuration de ses anciennes croyances, je lui accorderais le don de parler la langue de ses nouveaux frères. Il a abjuré, je n'ai donc plus qu'à tenir mon serment :

« Parle arabe, ordonna-t-elle alors au Maltais en cette langue ; je t'en donne le pouvoir. Le Sidi-Chaïb, ainsi que je le lui avais demandé, m'est apparu en rêve. C'est sa puissance qui m'a autorisée à t'accorder le don de parler le langage des serviteurs du saint prophète, dont tu viens d'embrasser la foi. Parle dans leur langage, je le veux, aux membres de cette tribu hospitalière qui t'accueille au rang de ses fils.

— Leï-leïl Allah ! s'écria le converti s'adressant

aux kroumirs dans leur propre dialecte : la sainte fille a raison, je n'aurai plus besoin de son aide pour m'entretenir avec vous. Allah-Kebir ! (Dieu est grand !) Mohamed raçoul Allah ! (Mohamed est le prophète de Dieu !)

Dire dans quelle stupéfaction ces paroles plongèrent tout l'auditoire serait impossible.

Ce fut à qui jouirait le premier de la faveur de frotter ses vêtements à ceux du nouveau saint. Mais les cinq vierges qu'il prenait pour femmes revendiquèrent orgueilleusement la priorité. Escortées de leurs parents, elles offrirent à tour de rôle leurs jeunes et chastes fronts aux baisers du futur époux.

Avec une tout orientale dignité, l'ex-interprète muletier se soumit à toutes les embrassades. Aucune gêne étonnée ne se peignit sur son visage.

A le voir se carrer ainsi devant les marques de respect dont il était l'objet, on eût pu supposer qu'il finissait réellement par se croire un personnage de haute valeur.

Les marques assourdissantes d'admiration qui avaient accueilli ses premiers mots arabes lui semblaient toutes naturelles.

— Tu vas bien, tu vas très-bien, mon gaillard, lui dit Wanderer. En vérité, si je te voyais pour la première fois, je n'hésiterais pas à te prendre pour un véritable pacha.

— Santa Madona ! fit le Maltais oubliant une seconde son changement de religion, ze ne demande pas mioux qué dé l'être por tout dé boun ! Ah ! sangue di Dio ! soulément dix bounnes années dé la vie qué toutes ces bestias ils offrent à moi et ze né regretterai pas moun passaze sour la terre dans la vallée de Raz-Elma !

Oh ! si les Arabes avaient pu se douter de quelle singulière catégorie de saints faisait partie celui qu'ils honoraient de tant de superstitieuses génuflexions, Dieu sait quel eût été le sort réservé à El-Adjel et aux complices de sa mystifiante duperie.

Mais, leurs marabouts ne se gênant pas pour leur faire avaler de temps à autre de tout aussi abracadabrantes inventions, il n'y avait pas à craindre qu'ils pourraient jamais soupçonner la vérité des dires de la jeune prophétesse.

Suivant le cours des communs usages, la cérémonie du mariage aurait dû être renvoyée à quelques jours de là. Mais l'impatience d'El-Adjel de s'éloigner au plus vite de cette dangereuse tribu en avait fait décider autrement.

Aussi, dès que le repas eut pris fin, s'empressa-t-elle de demander que l'on procédât sans désemparer à l'installation du Maltais dans son quintuple ménage.

Tel était l'empire pris par elle sur l'esprit des marabouts, gens assez récalcitrants d'ordinaire lorsqu'il s'agissait de porter atteinte à leurs coutumes, que pas un d'entre eux n'éleva d'objections contre la trop grande précipitation avec laquelle on allait agir.

— Allons, dit-elle, j'espère voir chacun de vous se hâter d'amener devant moi les offrandes volontaires à ce nouveau musulman. Il a renoncé au bien-être dont il jouissait chez les chrétiens pour se réunir à nous; ne le lui faisons pas regretter. Puisqu'il a bien voulu devenir votre frère, traitez-le comme tel.

En moins de trois heures, un troupeau de moutons et de chèvres, comptant plus de cent-cinquante têtes, fut réuni au centre même du douar. Ce n'était qu'une petite partie de ce que chacun tenait à offrir au saint converti. En fait de vêtements et d'ustensiles de ménage de toute sorte, c'était parmi les kroumirs à qui se montrerait le plus généreux.

Ils finirent même par les prodiguer tellement que le Maltais n'accorda plus que de médiocres remerciements aux cadeaux amoncelés devant lui. L'abondance des offrandes de nature équivalente diminuait le mérite de chacune d'elle.

Le spectacle dont il ne pouvait rassasier ses regards était celui des cinq ravissantes figures de ses jeunes épouses, gracieusement groupées à ses côtés. L'idée qu'il allait devenir le seul maître et seigneur de tant de perfections réunies préoccupait seule son esprit.

Il serait, sans doute, longtemps resté en extase devant elles, sans un nouvel incident qu'il était loin de prévoir et qui le ramena d'une façon très-agréable aux sentiments plus terre-à-terre de son actuelle situation.

Non contents de l'avoir largement pourvu en fait de menu bétail, les gens du douar vinrent en grande pompe le prier d'accepter des bœufs, des vaches, des veaux, deux mulets de bât et une jument de selle, destinée à lui éviter toute fatigue dans ses courses à venir.

Certes! sa surprise ne fut pas mince à la vue de telles richesses. Son étonnement, très-légitime, on en conviendra, devait encore s'accroître à l'arrivée imprévue de quelques Arabes d'une tribu voisine.

Informés par ceux du douar des événements miraculeux occasionnés par la présence des étrangers, ils avaient voulu se joindre à eux pour célébrer dignement la réception du Maltais dans les rangs de leurs coreligionnaires. Ils lui apportaient donc en présent une grande et superbe tente, en poil de chameau.

Elle fut reçue avec des cris de joie et montée aussitôt en cercle près de celle des nouveaux parents du trop heureux muletier. Qu'aurait-il pu rêver de mieux, en effet? Des femmes, des bestiaux, des montures, une demeure, tout cela lui tombait à la fois du ciel! Lui qui, jusqu'à ce jour, avait mené la misérable existence d'un interprète conducteur de mules, il se trouvait tout d'un coup aussi riche que la plupart de ceux chez lesquels il allait vivre! Hier encore, il s'était endormi domestique; aujourd'hui, il se réveillait propriétaire, maître et seigneur d'un harem! Dès que la tente fut installée, les chefs et les marabouts s'approchèrent de lui:

— Nouveau frère, lui dirent-ils, c'est ainsi que Mohamed nous ordonne de traiter ceux qui, comme toi, sont assez sages pour renier une fausse religion, afin d'embrasser les préceptes de la nôtre. Ta demeure est préparée. On va la munir des grains nécessaires à ta subsistance et à tes prochaines semailles. Un moulin les accompagnera, ainsi que tous les accessoires dont tu auras besoin pour vivre parmi nous en véritable sidi (saint ou seigneur) (1).

Ah! pour le coup, le Maltais ne put dissimuler son profond ravissement. A défaut des chaleureuses paroles de gratitude adressées par lui aux marabouts, l'expression hilarante de sa physionomie l'aurait témoigné de reste. Puis, se tournant vers ses trois compagnons :

(1) Le moulin arabe se compose de deux petites meules superposées que les mains d'une seule femme suffisent à manœuvrer.

— Eh bien ! vrai, dit-il en français, ze vous zure par la Madone, qué ze n'aurais zamais cru qué cé maudit voyaze, si terrible en commençant, finirait bellement pour moi ! Non, per Dio !

Reprenant alors la suite de son discours aux kroumirs, dans leur propre langue :

— C'est bien, poursuivit-il d'un air qu'il cherchait à rendre imposant, je suis content. Accomplissons tout de suite les formalités du mariage, et sachez-le, vers le milieu de la nuit, j'entends que l'on me laisse seul maître chez moi. La volonté de cette divine fille, — et il désignait El-Adjel, — ne m'a pas seulement fait comprendre et parler votre langage, elle m'a mis à la même heure au courant de vos mœurs et de vos usages. Vous n'aurez rien à m'enseigner là-dessus.

Sans plus tarder, il leur prouva qu'il disait vrai, en répondant catégoriquement à toutes les questions qui lui furent adressées. Puis, il jura sur le Koran, dont lecture de quelques versets lui fut donnée, de vivre désormais en fidèle et sincère croyant.

Ce serment prononcé, les thalebs (écrivains) secrétaires du cadi, inscrivirent, sous la dictée du magistrat, l'acte constatant l'union définitive du renégat avec les cinq filles que la générosité des gens du douar lui accordait pour compagnes.

De nouvelles réjouissances succédèrent naturellement à cette dernière phase de la conversion. Flûtes, tambourins et tambours recommencèrent leur inévitable charivari. Les chants les plus criards en furent le complément obligé. Les enfants dansaient, sautaient et piaillaient à l'écart, tandis que toutes les jeunes filles adressaient force compliments aux cinq nouvelles épousées.

Pendant ce temps, le Maltais accueillait gravement les hommages des gens âgés. Tous le remerciaient de l'honneur qu'il faisait à la contrée, en daignant habiter leur douar, et y attendre le retour de la puissante El-Adjel, fille bien-aimée du vénérable Sidi-Chaïb.

Mais, quelles que fussent la gaieté et l'animation de cette fête étourdissante et du plantureux festin qui devait la couronner, Tueur-de-Lions, Wanderer et El-Adjel ne portaient plus qu'un médiocre intérêt à ce qui se passait autour d'eux.

Leur idée fixe était de fuir au plus vite cette vallée qui, à vrai dire, s'était montrée réellement hospitalière à leur égard. Mais, en dépit de la splendeur et de la magnificence qu'elle étalait à leurs yeux, ses sites enchantés pouvaient d'un instant à l'autre se transformer en coupe-gorge pour les chrétiens et leur compagne. L'arrivée inopinée dans le douar de l'un des féroces kroumirs qu'ils avaient combattus à une trentaine de lieues de là, pouvait amener cette catastrophe.

Signalés comme imposteurs, il était hors de doute qu'ils seraient massacrés sans pitié !

Il était donc de leur intérêt de ne pas laisser remettre à un autre jour le départ fixé au lendemain. El-Adjel ne cessa de s'entretenir dans ce sens avec les chefs de la tribu.

Ils voulurent en vain la ramener à d'autres résolutions, en lui faisant observer que son compagnon blessé souffrirait beaucoup en se mettant en route avec tant de promptitude.

— N'importe ! répondit-elle, celui qui ne sait pas affronter la souffrance, lorsqu'il s'agit d'aller visiter le saint tombeau du prophète, n'est pas digne de le servir et de prétendre au nom de musulman. Or, celui-ci est disposé à tout braver pour obtenir la faveur d'ajouter à son nom le titre de EL-HADJ (1). Nous partirons donc demain.

Confondus par l'assurance avec laquelle la courageuse femme exprimait toujours sa volonté, ils s'inclinèrent en silence et n'eurent plus qu'un souci, celui de lui obéir.

(1) Tous les Arabes qui ont accompli le pèlerinage à la Mecque sont vénérés, par leurs coreligionnaires moins heureux, sous le titre de EL-HADJ, qui signifie LE PURIFIÉ.

Abd-el-Kader prisait tout autant cette désignation honorifique, gagnée par lui dans sa jeunesse par une visite au tombeau du prophète, que celle d'*Emir* ou prince souverain.

La fête, bruyamment commencée, se poursuivit et se termina sur le même ton au plus grand contentement de tous. Les coups de fusil tirés en *fantasia* devant la demeure des nouveaux époux n'y firent pas défaut.

Amplement rassasié par le repas du milieu du jour, chaque convive s'empressa de se livrer à toutes sortes de jeux et de fatigants exercices pour recouvrer un appétit digne d'entrer en lutte avec le festin du soir. Là devait se clôturer la série des réjouissances inaugurées en faveur du Maltais et comme dernier adieux à ses trois compagnons.

Vers minuit, ainsi qu'il en avait manifesté le désir dans la journée, l'ex-interprète de Wanderer fut escorté jusqu'à sa tente par toute la population.

Désormais maître chez lui, on le laissa s'y installer à sa guise avec ses cinq charmantes jeunes femmes, mais ce ne fut certes point sans l'étourdir encore pendant plus d'une heure par des salves de mousqueterie.

Ne pas faire parler la poudre en pareille circonstance, serait faire preuve de peu de savoir vivre de la part des Arabes invités à une noce.

Ce serait même porter à croire que c'est par avarice qu'ils se dispensent de la brûler. Le Maltais n'eut pas à adresser ce reproche à tous les témoins de son bonheur.

CHAPITRE XVII.

A TRAVERS LA TUNISIE.

Les habitants de la vallée de Raz-Elma s'étaient scrupuleusement conformés aux ordres d'El-Adjel. Au jour naissant, quelques mulets chargés de vivres, tapis, tentes, etc., étaient réunis devant l'habitation qui l'abritait ainsi que Wanderer et Tueur-de-Lions.

Des cavaliers et guerriers aux visages bronzés par le soleil et la vie passée au grand air, montaient une cinquantaine des meilleurs chevaux du pays. Tous étaient armés jusqu'aux dents et retroussaient avec fierté les burnous sur leurs épaules pour exécuter à fond de train des *fantasias* terrifiantes.

Au galop le plus rapide, ils lançaient en avant d'eux les fusils qu'ils rattrapaient en l'air avec une merveilleuse dextérité, puis, se penchant en arrière au point d'appuyer leurs têtes sur la croupe des chevaux, brûlaient des cartouches à blanc pour simuler une petite guerre à la façon dont ils la comprennent.

Rien de plus saisissant au monde que les tours de force ou d'adresse accomplis par les cavaliers arabes avec une élégance, une force et un sans-gêne inouïs.

Sans que les jambes aient quitté la selle, laisser le torse et les bras raser la terre pour enlever le corps d'un de leurs camarades blessé ou tué, est pour eux un jeu d'enfant.

Les exercices équestres en usage dans nos cirques européens ne peuvent donner qu'une faible idée de l'adresse vertigineuse avec laquelle un Arabe bien élevé sait manier son cheval.

Pour décrire convenablement toutes les péripéties d'une *fantasia* bien menée, plusieurs pages seraient insuffisantes. Cette description tendant à nous éloigner par trop de la suite de notre récit, nous devons y renoncer.

Ce fut au milieu d'une telle cavalcade, agrémentée de coups de fusil et du sifflement des lames de yatagans dans l'air, que la jeune El-Adjel fit sa matinale apparition sur la porte de sa tente.

— Etes-vous prêts? demanda-t-elle.

— Oui, répondit un caïd venu de loin pour présenter ses hommages à l'inspirée. J'ai joint aux guerriers de cette tribu les meilleurs de ceux qui m'obéissent. Tu seras contente d'eux. Vois comme ils manœuvrent leurs coursiers. Avec de tels soutiens pour escorte, rien n'est à redouter pendant le voyage qui va commencer.

— Je n'en doute pas, répondit El-Adjel, mais avant de me mettre en route, je désire adresser mes adieux à celui que nous laissons ici. Il ne sera pas inutile de lui rappeler une dernière fois la ligne qu'il aura à suivre pour vous être utile et agréable, en attendant notre retour.

Ayant ainsi parlé, et sans accorder plus d'attention aux révérencieux saluts du caïd, elle fit signe à Tueur-de-Lions et à Wanderer de la suivre.

Quoique sa blessure n'offrît plus aucun symptôme de gravité, — on pourrait même dire qu'elle était guérie, — l'Anglais feignait encore d'être obligé de recourir à l'appui d'un gros bâton pour assurer sa marche.

Au bout de quelques minutes, tous les trois pénétrèrent sous la tente du Maltais. L'heureux marié de la veille les reçut avec les plus reconnaissantes marques d'affection, et ses cinq femmes s'empressèrent de préparer les tapis d'usage pour s'accroupir à l'orientale.

— Vous vous donnez une peine inutile, leur dit gracieusement El-Adjel; nous partons à l'instant même. Je viens seulement vous recommander d'être rigoureusement fidèles au bien-aimé mari et maître que vos charmes ont fait renoncer au voyage entrepris par moi avec les deux autres saints, pour les purifier entièrement par le sacré pèlerinage.

— Nous serons la fidélité même, répondirent les jeunes femmes.

— Vous donnerez des enfants à votre seigneur et maître, si Mohamed vous est propice. Vous les allaiterez réciproquement en cas de maladie de l'une ou de l'autre, n'est-ce pas? Le jurez-vous?
— Nous le jurons. — Et en témoignage de leur promesse elle baisèrent chacune leur main droite, l'appliquèrent un instant sur leur front et s'inclinèrent devant la représentante du Sidi-Chaïb.

— Vous ne vous battrez jamais, par jalousie, en l'absence de votre maître?

— Jamais! jamais! — Jurez-le. — Nous le jurons. — Et le même baisement de main vint affirmer le serment.

— S'il en est ainsi, vous serez bénies d'Allah, comme je vous bénis moi-même.

Elevant alors ses mains sur leurs têtes pieusement courbées sous son geste, elle les bénit et termina sa prière par l'inévitable *Leï-leïl Allah! Mohamed raçoul Allah!*

Le caïd et quelques autres personnages étaient entrés derrière elle sous la tente, elle se tourna majestueusement vers eux et leur dit :

— Je vais maintenant parler en roumy à cet ancien chrétien. Il me paraît juste et convenable de lui faire mes adieux dans cette langue, qu'il va entendre sans doute pour la dernière fois.

Un signe de tête muet et respectueux de la part des assistants acquiesca à son désir.

Employant la langue française pour parler au Maltais :

— Il n'y a donc plus à y revenir! dit-elle. Tu as sans recours et à tout jamais renié ta religion et ton pays! Pourquoi? par amour pour le bien-être et pour assouvir ta passion de la chair. Tu es un lâche! Mais si la religion musulmane acquiert en ta triste personne un stupide esclave de plus, la religion chrétienne trouvera en moi une compensation à ta perte. Si j'en crois mes secrètes aspirations et la connaissance que j'ai de ton caractère, elle ne perdra pas au change.

« Libre à toi de t'abrutir dans la vie toute matérielle menée par ces barbares, qui considèrent leurs femmes comme des esclaves de leurs caprices et ne craignent pas de les ravaler à l'état de bêtes de somme. Moi, maîtresse de mes actions, et surtout de mon cœur, je pourrai librement consacrer ma vie à celui qui m'a juré de m'aimer. Délivrée de la tyrannie des bourreaux de ma jeunesse, je ne verrai pas celui à qui je me serai donnée partager à son gré sa vie et son amour entre quatre ou cinq de mes rivales. Je ne verrai plus les malheureuses de mon sexe fournir leurs tentes de bois et d'eau, récoltés péniblement au loin par leurs faibles bras. Je ne les verrai plus succomber sous le poids de fardeaux énormes, tandis que leurs acheteurs se vautrent sur des tapis et laissent en paix reposer leurs bêtes de somme, dont la santé les préoccupe davantage que celle des mères de leurs fils. Je serai à l'abri de ce droit infâme de vie ou de mort que le maître peut exercer au moindre soupçon contre la femme dont le corps lui fut livré à prix d'argent. Je ne serai pas contrainte, sur mes vieux jours, de servir une jeune rivale qui m'aura ravi les dernières lueurs d'amour de mon seigneur et mari. Non, je ne me verrai jamais, esclave desespérée, reléguer dans le coin d'une tente comme un vieux meuble inutile, pendant que celui qui aura absorbé tous les parfums de ma jeunesse accordera ses caresses à de plus jeunes beautés, et que le bruit de leurs baisers fera tressaillir mon cœur de rage et de jalousie. Non, non, je ne serai jamais soumise à un pareil supplice, car avant peu je serai loin, bien loin de cet horrible pays. Celui que j'aime m'emmènera dans sa patrie où les lois sont celles de l'humanité et non de la barbarie. Là, je pourrai avouer hautement mon amour. Là, je pourrai dire avec fierté : mon mari, c'est moi; moi c'est lui ! Les chrétiens ont une seule femme; les chrétiennes un seul mari. Tu viens de renoncer à leur religion; moi, je l'adopte avec transport. Je trouverai dans son sein le bonheur si souvent rêvé par moi. Je n'ai plus que haine et mépris pour le peuple qui m'a vu naître, car il m'a fait trop souffrir. Toi, tu viens d'embrasser ses croyances et tu espères être heureux en te conformant à ses usages. Grand bien te fasse !

Le Maltais avait écouté assez humblement la longue kyrielle de griefs rapidement débitée par la jeune femme, mais, devant l'expression trop marquée de dédain qui la terminait, il ne put résister au besoin de lui présenter sa conduite sous un jour moins défavorable :

— Ma ! per la santa Madona ! s'écria-t-il, vous, madame, vous parlez très-bien, mais à votre avantaze. Ma, permettez-mé dé vous dire qué vous n'entrevoyez encore qué les beaux côtés des lois et coutumes dé les pays de la chrétienté. Si, en Afrique, c'est lou paradis des hommes et l'enfer des femmes, il en est tout au contraire en Europe. C'est lou paradis des femmes, ze le veux bien croire; ma, cé dont zé souis ségur, c'est qu'il y a par là-bas beaucoup de les hommes qui n'y rencontrent que l'enfer. Vous zuzez à propos d'y aller, perché vous y serez heureuse à votre goût; vous né devez donc pas trouver mauvais qué moi ze préfère rester ici, où ze ne serai pas trop mal. Voyez-vous, madame, un pauvre homme, comme moi, qui n'a qué la misère en partaze, se marierait difficilement, à Malte, en France ou ailleurs. En outre, si cela pouvait m'arriver, cé serait seulement avec oune figlia aussi pauvre qué moi-même. Ah! la misère, per Dio! elle fait faire bien des actions malhoureuses, ze ne le sais que trop. Ma, tenez! oune souppositioun que ze me sois marié là-bas, qu'est-ce qu'il aurait pu m'arriver?... Avec oune pauvresse, ze n'aurais pas eu de pain à dounner à mes enfants!... avec oune signora plous riche qué moi, ze serais devenou soun très-houmble servitour!... Z'aurais donc été misérable des deux côtés. Eh! sangue del Christo, nous avons trop peu de jours à passer sour cette terre per ne pas sonzer à les égayer oun pocco!... C'est perché zé préfère vivre en maître ici, qu'esclave de tout le monde là-bas. Ze prends pour épouses des filles arabes, aquo ès ségur, ma, après tout, est-ce qu'elles ne descendent pas comme nous de moussu Adam et de madame Eve, *qué?* Puisque toutes les relizions que ze connais disent que cet homme et cette femme sont nos premiers parents, mes cinq femmes sont aussi bien de leur chair que les autres dames d'Europe, per Dio! Que m'importe, à moi, le trafic que les hommes ont fait depuis la création de la terre et de ses habitants? Nous sommes tous sortis de la même souche, voilà mon idée, sangue del Christo! je rencontre ici le bonheur, et ze le laisserais échapper! pas si bestia, ze vous dis! Ze le répète : z'aime beaucoup mieux vivre longtemps heureux au milieu des sauvazes, que mourir zeune de misère au milieu des belles villes du monde civilisé!... Eh! Ack-Allah! santa Maria! ze le pense comme ze le dis. Si, après la mort del corpo di mi, le boun Dieu m'en fait des reproches, tant pis. Z'ai dou bonheur sous la main, z'en profite. Arrive que pourra. Quant à l'opinioun del mondo, ze m'en inquiète comme d'oun cigare foumé. Partout il faut de la fortune pour vivre content. On m'en a donné oune, ze m'en servirai. Oun m'a fait cadeau de cinq zolies épouses, ze ne les céderai à personne, voilà! C'est bien arrêté, ze garde le tout. Ze vous le zure par Mohamed, moun nouveau patron! tous mes anciens saints réounis ne me feraient pas changer de résolutioun. Per vous, madame, allez-y dans votre monde civilisé, avec vos deux amis, et vous verrez plous tard si tout y est rose, comme vous le pensez!...

— Quel que soit le sort que Dieu m'y réserve, répondit El-Adjel, il ne sera jamais plus terrible que celui qui m'attendrait ici. Je veux être chrétienne. Si quelque événement fâcheux s'y oppose, je mourrai, du moins, avec la ferme intention d'avoir voulu le devenir.

— Mais, by God! dit Wanderer, je ne croyais pas notre muletier susceptible d'émettre aussi clairement ses pensées. On jurerait qu'il est inspiré à son tour par quelque saint croyant en Mahomet. Ce qu'il y a de certain, c'est que je comprends parfaitement l'influence produite par la misère sur ses opinions. Qui sait, étant à sa place, si je n'agirais pas comme lui?

— Que dites-vous? demanda El-Adjel, en dardant sur lui un regard dont il comprit la portée.

— Oh! rien. J'oubliais, chère El-Adjel, qu'approuver ce malheureux était offenser vos rancunes contre tous les musulmans.

— Eh! n'ai-je pas cent fois raison de les haïr! N'est-ce pas à leur barbarie que j'ai dû d'être vendue au caïd! Ah! tenez, si vous m'aimez, ne me rappelez jamais mon passé. Je ne veux pas avoir à rougir devant vous.

— Alors, reprit philosophiquement Wanderer, faites comme moi. Regardez-le comme n'ayant jamais existé.

— C'est ce que vous aurez de mieux à faire tous les deux, plus tard, interrompit Tueur-de-Lions; mais pour le moment, le plus sage, à mon avis, n'est pas de penser à tout cela. Songeons plutôt au départ.

— Soit! fit El-Adjel; puisque tout est prêt, partons.

Sur un signe d'elle, un cheval lui fut amené. Au lieu de selle, les Arabes avaient eu l'attention de le charger d'un large *barda* rembourré, recouvert de plusieurs tapis en forme de demi-cône, et offrant assez d'espace pour qu'elle pût s'y accroupir, comme sur un petit divan arabe. Les plus dignes d'entre tous les chefs et marabouts, empressés de lui faire leurs adieux, tinrent à honneur de l'y installer de leurs propres mains.

On plaça ensuite Wanderer sur une monture dont la selle avait subi quelques modifications, favorables à sa position de convalescent.

Un troisième coursier, bridé et harnaché à la mode du pays, échut à Tueur-de-Lions.

Tous les trois tendirent une dernière fois la main au Maltais et à ses femmes, sortis de la tente pour jouir du coup d'œil du départ, et après qu'El-Adjel eut souhaité toutes sortes de prospérités aux habitants de la vallée de Raz-Elma, ils s'éloignèrent au pas des chevaux, entourés de cavaliers, au son des flûtes que plusieurs firent résonner pour donner plus de solennité à ce saint pèlerinage vers la Mecque.

Le Maltais les suivit des yeux jusqu'au sommet d'une colline, d'où Wanderer lui cria :

— Bonne chance, mon garçon. Sois prudent en ton ménage. Peut-être reviendrons-nous te voir !

Une secrète émotion lui coupa sans doute la voix, car pour unique réponse à ce sympathique adieu, il se contenta d'agiter les pans de son burnous et rentra aussitôt sous sa tente.

La colline étant franchie, les voyageurs perdirent de vue tout ce qui aurait pu indiquer la présence d'un douar dans les environs.

Désormais, ils étaient en pleine marche dans la direction de Tunis.

Quelle différence entre un voyage accompli en Europe en toute sécurité et une expédition semblable à celle qu'entreprenaient les deux chrétiens et leur compagne.

En pays civilisé, tout voyageur, suffisamment pourvu d'or, n'a qu'à parler pour être aussitôt servi. Dès qu'il change des billets de banque, chaque hôtelier s'incline devant lui.

En Tunisie, rien de semblable. Bien maladroit, au contraire, quiconque voudrait y faire parade de quelques douros seulement. L'intention de vouloir se faire assassiner ne saurait être plus ouvertement dévoilée. Tuer un roumy est déjà une chose assez tentante pour un malfaiteur ; mais quel Arabe pourrait résister au désir de lui envoyer une balle dans le corps ou de lui couper la tête, sachant que sa bourse est bien garnie? Faire plaisir à Mahomet et s'enrichir du même coup, n'est-ce pas double bonne aubaine?

Aussi Tueur-de-Lions et Wanderer ne seraient-ils jamais sortis vivants des mains des kroumirs et autres coquins de même espèce, sans le pouvoir qu'El-Adjel avait su prendre, si fort à propos, sur ces peuplades superstitieuses et fanatiques.

Grâce à la nombreuse et vaillante escorte mise par les marabouts au service de l'Inspirée, ils purent côtoyer sans crainte et même traverser les territoires des tribus les plus renommées pour l'amour du pillage et la férocité.

Partout les habitants s'empressaient d'accourir en armes à leur rencontre. Mais, dès qu'ils avaient pu apprécier la tournure martiale de la caravane et qu'on les mettait au fait du but sacré de son voyage, loin de demeurer hostiles, ils se montraient tout disposés à adresser des félicitations et même à offrir des présents aux trois futurs *El-Hadj* (purifiés).

Tout allait donc pour le mieux au gré de ces derniers. A moins de quelque effroyable contretemps ou d'une imprudence inqualifiable de leur part, ils pouvaient assez raisonnablement espérer une prompte fin à leurs tribulations.

Les contrées qu'ils parcouraient offraient à leurs regards émerveillés les plus remarquables richesses que la nature ait pu distribuer à la terre. Tantôt des plaines admirables, tantôt des montagnes majestueusement couronnées de vastes forêts. Ici et là des cours d'eau. Partout l'apparence d'une vigoureuse végétation. Combien d'habitants des villes trouveraient là, sans efforts, le bien-être que jamais leurs travaux de citadins ne pourront leur procurer. Des espaces immenses de terrain sont là sans culture, dédaignés par la main des hommes, qui se contentent de cultiver les champs strictement nécessaires à l'alimentation de quelques rares tribus espacées de loin en loin. En créant la terre pour l'homme, Dieu avait pourvu à tous ses besoins naturels. L'homme n'en a pas su profiter. Dédaignant la vie paisible et frugale des anciens patriarches, il s'est rué vers les villes, où, pour satisfaire au luxe des uns, les autres se condamnent à croupir dans la misère. Pendant ce temps, une partie du sol reste improductive, et la famine bien souvent ravage l'imprévoyante humanité.

— Si tout ceci était cultivé, se disait le chasseur, la récolte de deux années mettrait pour toujours à l'abri de la faim les pauvres de l'Europe entière !

Puis, faisant un fâcheux retour sur sa position et celle de Wanderer et de sa compagne :

—Certes! continuait-t-il, il est à peu près certain que, pour cette fois-ci, nous sortirons sains et saufs du guêpier dans lequel leur amour nous a fourrés Mais enfin, si, par un hasard que je n'hésite pas à qualifier d'improbable, nos ruses venaient à se découvrir, quel serait notre destin, au milieu de cette contrée si splendide et cependant habitée uniquement par des bandits? Car ils ne sont pas autre chose, tous ces gredins qui nous adressent tant de respectueux salamaleks, parce qu'ils nous prennent pour des saints!... Ah! ma foi! à la grâce de Dieu, après tout!

Il en était là de son monologue, lorsque, sur les dix heures du matin, l'escorte s'arrêta et mit pied à terre.

Quelques-uns des cavaliers étaient connus des gens d'une tribu, près de laquelle on résolut de camper pendant la grande chaleur du jour.

Les indigènes, quoique porteurs de mines assez peu rassurantes au premier aspect, reçurent les pèlerins à bras ouverts. Invitation leur fut faite de venir se reposer sous les tentes ou les gourbys.

On préféra établir le campement à l'ombre de prodigieux oliviers, comme il n'en croît que par là.

L'hospitalité de la tribu ne se refroidit nullement devant cette préférence. A la place de leurs visiteurs, tous ses membres auraient agi de même.

Des moutons furent sacrifiés, suivant le rite ordinaire, puis embrochés tout entiers à de longues perches, provisoirement promues au grade de broches à rôtir. Elles furent bientôt en activité, au-dessus d'un immense brasier alimenté par du bois mort.

Le repas fut bientôt prêt. Avant, pendant et après que chacun se fut restauré à sa guise, les chevaux eurent tout le temps de renouveler leurs forces, aussi bien que ceux qui les montaient.

Vers trois heures, on se remit en route.

El-Adjel marchait toujours en tête, entourée des plus marquants parmi ceux qui l'escortaient : marabouts, caïds, thalebs, tbibs, etc.—Wanderer et Tueur-de-Lions venaient à la suite.

Les cavaliers les plus rapprochés d'eux cherchaient en vain à les questionner dans leur langue. Wanderer, ne comprenant rien, avait de fort bonnes raisons pour ne pas leur répondre. Mais, il n'en était pas de même de Tueur-de-Lions. Malgré tout l'empire qu'il possédait sur lui-même—empire dont il avait donné des preuves pendant son séjour au Raz-Elma — il avait bien de la peine à ne pas leur laisser deviner qu'il comprenait parfaitement ce qu'ils disaient.

El-Adjel, de son côté, agissait avec une extrême prudence. A de longs intervalles savamment calculés, elle échangeait de sobres paroles avec son entourage. Elle préférait rêver que parler, disait-elle. Encore fallait-il que son interlocuteur fût un grave personnage pour qu'elle daignât répondre à ses questions.

Il faisait encore grand jour lorsque l'on atteignit le lieu fixé pour le campement de nuit.

C'était sur la partie élevée du versant d'une montagne couverte de chênes-zênes, équivalents des chênes blancs d'Europe. Les cimes extrêmes en étaient pittoresquement couronnées par des bosquets de sapins et autres résineux.

La caravane possédait trois tentes. Elles furent simultanément et avec rapidité dressées sur un petit mamelon, dominant les alentours. L'une d'elles devait abriter El-Adjel, ses deux compagnons et les principaux de l'escorte. Le restant se répartirait sous les deux autres.

On tua, pour le repas du soir, deux moutons sur six que les cavaliers avaient apportés en guise de provisions.

Tueur-de-Lions, habitué, en sa qualité de chasseur, à ce genre de campement, se récréait fort peu la vue de tous ces préparatifs.

Il pria donc El-Adjel de demander si quelque cavalier connaissant un peu la chasse ne voudrait pas l'accompagner pour faire une sortie à la tombée du jour.

La jeune femme traduisit sa demande. Aussitôt deux cavaliers s'avancèrent, affirmant que les cerfs ne manquaient pas dans ces parages (1).

— Eh bien! leur dit El-Adjel, il ne vous comprend pas ; mais, allez avec lui. Je vous réponds que si vous lui faites voir du gibier, il est certain qu'il en tuera.

Sur un signe des deux hommes, le chasseur suivit leurs pas. Comprenant les paroles qu'ils échangeaient entre eux, il lui était fort facile de savoir à quoi s'en tenir sur leurs intentions.

Pendant près d'une demi-heure, ils quêtèrent sous bois sans rien apercevoir, mais sans faire le moindre bruit. La raison du silence de leur marche était très-simple. Ces forêts, uniquement composées d'arbres aux dimensions colossales, possèdent très-peu, pour ne point dire pas du tout, de petites broussailles.

Soudain les deux Arabes s'arrêtèrent. Du doigt, ils signalèrent au chasseur trois biches paissant sans inquiétude dans une clairière située sur l'autre bord d'un ravin large d'environ deux cents mètres.

— Il faut s'en rapprocher, dirent-ils. Le chasseur feignit de n'avoir pas compris.

Ils essayèrent alors par signes de l'entraîner à leur suite. Un mouvement de tête négatif lui

---

(1) Si beaucoup de chasseurs ignorent que les cerfs ne sont pas rares en Tunisie et même sur les frontières françaises voisines, nous serons heureux d'être les premiers à les en informer.

servit de réponse, et il se plaça genou en terre, pour assurer mieux son coup.

Puis, levant la hausse de sa carabine Devismes, il ajusta l'une des biches.

En cet instant, un superbe cerf vint se placer près des femelles. Il avait l'air d'épier d'un air craintif si quelque danger ne menaçait pas ses compagnes.

Tueur-de-Lions changea la direction de son arme, visa l'épaule du cerf et fit feu.

L'animal tomba. Les biches affolées prirent le large au plus vite....

Les deux Arabes, retroussant leur burnous, s'élancèrent au pas de course vers la victime. Le chasseur, sans plus s'en occuper, reprit la route du camp.

El-Adjel, informée du résultat de ce coup de feu, en instruisit les Arabes.

Une partie d'entre eux s'empressa d'aller prêter son aide à ceux qui avaient servi de guide au Français.

Au bout d'une heure à peine, le cerf était suspendu à un chêne voisin du camp. On le dépouilla pour en faire un somptueux régal, devant durer une partie de la nuit.

L'heure du repas étant enfin venue, chacun put s'y livrer à l'aise, sous la garde de quelques sentinelles, destinées à éviter toute malencontreuse surprise.

Les chevaux, attachés en ligne à une forte corde, maintenue en terre par de vigoureux piquets, purent se rassasier à loisir des brassées de paille d'alpha amoncelées à leurs pieds.

Quelques heures de sommeil suffirent pour les remettre tous à même de poursuivre leur route dans de bonnes conditions; ce à quoi ils ne se décidèrent cependant qu'après avoir entendu El-Adjel leur faire la prière à haute voix. Les traditionnels *Leï-leïl Allah*, etc., furent répétés en chœur et l'on se mit en marche.

Le soir, campement nouveau; mais le chasseur ne retrouva pas l'occasion de déployer son adresse.

La caravane s'était arrêtée au milieu d'une plaine, où le bois même faisait défaut. Sans la découverte inopinée d'un vieux gourby en ruines, ils eussent été bien empêchés de faire cuire leurs aliments.

Les débris du toit abandonné remplacèrent à merveille les fagots et servirent à préparer les restes du cerf, accompagnés d'un mouton de supplément. Les longues marches aiguisent l'appétit et les pèlerins n'avaient fait qu'une légère collation vers le milieu de la journée.

Le lendemain, c'est-à-dire le troisième jour depuis qu'ils avaient fait leurs adieux au Maltais et à la vallée de Raz-Elma, vers deux heures de l'après-midi, Wanderer et Tueur-de-Lions ne purent retenir une exclamation de joie.

On venait de franchir la cime d'une montagne assez élevée. Du lieu où ils se trouvaient on distinguait sans obstacle la ville de Tunis dont les hauts minarets se profilaient dans le lointain.

— Nous sommes sauvés! dit le chasseur, nous allons bientôt contourner l'emplacement de l'antique Carthage.

— Oui, sauvés! sauvés! répondit Wanderer, car voilà Tunis... et Tunis pour nous, c'est le salut

— Modérez-vous, interrompit El-Adjel, nous n'y sommes pas encore.

— C'est vrai! mais dans quelques heures...

— Dans quelques heures, je saurai si j'ai eu raison de compter sur vos promesses et si je dois espérer de vivre heureuse avec vous.

— Pouvez-vous en douter!... Tenez, vous distinguez bien ces navires qui se balancent dans le port? Eh bien, dès que nous aurons mis le pied sur le pont de l'un d'eux, vous saurez à quoi vous en tenir.

— Dieu veuille que vous disiez vrai! jusque-là je n'oserai croire au bonheur rêvé par moi depuis que je me sens la volonté de vivre et d'aimer qui m'aimera.

— Je vous ai affirmé et prouvé combien je vous aime; courage donc, chère El-Adjel.

— Oui, courage! mais prudence, surtout! Tel qui croit arriver au port fait souvent naufrage au moment de l'atteindre.

— Bah ! dit le chasseur, se mêlant à leur conversation, nous sommes trop près du nôtre pour ne pas l'atteindre sans nouvelle bourrasque. Cependant, vous ne feriez pas mal de dissimuler un peu votre joie mutuelle. Si notre escorte possédait un seul physionomiste, il pourrait bien se douter que nous sommes tout autre chose que des pèlerins, empressés de gagner la Mecque.

— C'est pourquoi j'ai parlé de prudence, répondit El-Adjel.

Et aussitôt, comme si elle venait d'agiter cette question en français, reprenant la langue arabe :

— Parmi tous les fidèles croyants qui m'accompagnent, dit-elle, ne s'en trouvera-t-il pas quelques-uns disposés à nous accompagner, au delà des mers, jusqu'au saint tombeau ? Voyez combien mes deux compagnons sont joyeux en voyant s'avancer l'heure d'aller s'y purifier.

Ces paroles, lancées à propos, auraient eu pour résultat de dissiper les soupçons des Arabes, si toutefois les pauvres diables eussent été à même d'en concevoir.

La proposition d'El-Adjel fut refusée à l'unanimité. C'était tout ce qu'elle désirait.

Wanderer et Tueur-de-Lions, ralentissant le

pas de leurs montures, affectèrent la plus profonde indifférence pour ce qui se passait autour d'eux. La vue même de Tunis n'eut plus l'air de les préoccuper.

Ce fut seulement après trois interminables heures d'émotions difficilement contenues que les chrétiens firent leur entrée dans cette orgueilleuse résidence officielle du bey.

L'escorte, alignée dans l'ordre le plus parfait, se dirigea en caracolant vers le palais de ce despote.

Les chefs et marabouts voulaient présenter à leur souverain les deux chrétiens et leur compagne.

L'impatience d'El-Adjel les priva de cette satisfaction.

Ne pouvant plus contenir sa joie et son bonheur, elle sauta à bas de sa monture. Tueur-de-Lions et Wanderer en firent autant et celui-ci exécuta son mouvement comme s'il n'eût jamais été blessé :

— Plus de craintes ! s'écria-t-elle en s'élançant au cou de l'Anglais ; nous sommes libres ! libres à jamais.

Les Arabes, stupéfaits de la façon d'agir toute cavalière de la fille du Sidi-Chaïb, contemplaient d'un air ébahi les caresses qu'elle prodiguait à son futur époux.

Elle comprit à leurs mines effarées qu'elle

avait eu tort de se livrer trop vite à la manifestation de ses secrets sentiments, et reprenant aussitôt son sang-froid :

— C'est un vœu que j'accomplis, dit-elle. J'avais juré au Sidi-Chaïb d'embrasser en arrivant à Tunis le blessé de la caverne, si le saint marabout le guérissait de sa blessure, et vous voyez qu'il est bien guéri.

— Aarby ! Dieu est grand ! firent les Arabes en courbant la tête.

— Mais, ajouta un marabout, nous voulions, fille du Ciel, vous présenter tous les trois à notre bey !

— Cela est inutile, répondit-elle sèchement. Les préparatifs de notre départ pour la Mecque doivent seuls nous préoccuper. Nous nous présenterons au bey à notre retour, lorsque ces deux purifiés auront droit au titre d'*El-Hadj*. Vouloir visiter le souverain auparavant, serait une faute. Pour vous, qui avez été si généreux et hospitaliers à notre égard, il est juste que vous en receviez la récompense. Suivez-nous donc où l'on va nous conduire, et l'on vous la remettra.

Un des portefaix de la ville s'étant chargé de leur indiquer l'hôtel de France, l'un des meilleurs de Tunis, tous s'y rendirent aussitôt.

Wanderer échangea un billet de mille francs contre pareille somme en douros d'argent. Il n'ignorait pas que le papier est encore sans valeur aux yeux des Arabes de l'intérieur.

— Allez ! dit El-Adjel en remettant les deux cents pièces de cinq francs à l'un des chefs de l'escorte, désormais votre protection nous est superflue. Un navire européen nous transportera en Egypte; de là nous irons à la Mecque. Aucun de vous n'a voulu nous accompagner, je n'en garde point de rancune. Allez, mes chers frères, allez! et que Dieu vous protége! Surtout, gardez-vous bien de laisser arriver malheur à celui qui est resté là-bas. Je l'abandonne à votre prudente amitié. Si, lors de notre retour, j'apprenais qu'il a souffert par votre faute, rappelez-vous que je n'aurais qu'un mot à envoyer par les airs au Sidi-Chaïb pour appeler sa vengeance sur vos têtes.

Quel que fût l'imprévu du dénouement apporté à leur mission, les crédules envoyés des tribus de Raz-Elma n'en témoignèrent aucun mécontentement. Ils se montraient surpris, mais non désillusionnés. S'il en eût été autrement, le Maltais aurait sans doute payé bien cher le plaisir d'avoir possédé cinq jolies femmes pendant une trop courte semaine.

— La sainte fille du Chaïb a parlé, dit l'un d'eux, nous n'avons plus qu'à obéir.

— Oui! oui! s'écrièrent les autres, elle a parlé, obéissons; mais nous demandons que sa main nous bénisse pour nous mettre à l'abri des malices des djennouns (démons) pendant le voyage de retour au douar.

El-Adjel condescendit gracieusement à leur demande et cinq minutes plus tard tous avaient disparu.

Qui sait si le désir de se partager au plus vite les douros n'avait pas accéléré leur départ ?

Quoi qu'il en soit, les chrétiens s'en inquiétèrent fort peu. Rassurés sur l'avenir, n'ayant plus rien à redouter du passé, il jugèrent à propos d'utiliser le présent du mieux qu'il serait possible.

Un délicat souper leur fut immédiatement servi, avec toutes les raffineries que les maîtres d'hôtels français savent déployer, en toute circonstance, mais surtout lorsqu'il s'agit de satisfaire des clients dont le portefeuille est à même de bien rémunérer leurs prévenances calculées.

Il y avait si longtemps que Tueur-de-Lions n'avait éprouvé la jouissance d'étendre ses membres dans un bon lit, qu'il ne se fit point tirer l'oreille pour prendre possession de la chambre qu'on lui avait préparée. Wanderer en fit autant, après avoir installé El-Adjel dans la sienne, sous la garde d'une femme de chambre française.

La jeune montagnarde n'avait jamais couché

dans un lit à l'européenne. Ce fut donc avec une joie d'enfant qu'elle se laissa enrouler dans ses couvertures. Si la fatigue ne lui eût fait une loi du contraire, elle eût volontiers passé la nuit à bavarder avec sa camériste.

Bien longtemps avant son réveil, Wanderer, accompagné de Tueur-de-Lions, avait parcouru toute la ville. Leur première visite avait eu pour but le bureau du télégraphe, d'où l'Anglais expédia une dépêche pour Londres. La seconde et les suivantes s'adressèrent aux magasins de nouveautés fournisseurs habituels des dames européennes.

El-Adjel avait été enchantée de son lit; quel dut donc être son ravissement à la vue de toutes les merveilles qui frappèrent ses regards, à son réveil. Sa chambre était littéralement couverte de robes, de jupons, de gants, de chapeaux, sans oublier les épouvantables crinolines qui faisaient fureur à cette époque. Une élégante boîte de bijoux avait été à dessein placée tout ouverte sur sa table de nuit.

Explique qui pourra ses impressions, tandis que la femme de chambre transformait d'un tour de main la fille des montagnes en dame du meilleur monde. Elle s'était endormie arabe, elle se réveillait parisienne. Le premier geste qu'elle fit, dès que sa toilette fut terminée, se résuma dans un signe de croix.

— Oh! mon pauvre père! dit-elle, c'est à ta sage prévoyance que je vais devoir un si riant avenir. Sois-en béni dans le ciel des chrétiens, où j'irai te retrouver un jour.

Et de grosses larmes de reconnaissance inondèrent ses joues, qu'elle s'empressa d'essuyer en voyant Wanderer entrer dans sa chambre, en même temps que le Français.

Certes! ils la savaient bien belle, tous les deux, mais jamais ni l'un, ni l'autre n'aurait osé imaginer le cachet d'étrange beauté qu'un simple changement de costume imprimait à toute sa personne.

— Quel dommage, dit Tueur-de-Lions, si une aussi parfaite création de Dieu n'avait pu se soustraire à la vie abrutissante qu'elle était condamnée, par les lois arabes, à mener chez son vieux caïd!

— Oh! by God! s'écria Wanderer, ne parlons plus de ces gens-là!

— Non, dit El-Adjel en s'agenouillant devant lui, n'en parlons plus. Le passé n'a jamais existé. C'est d'aujourd'hui seulement que je suis au monde. C'est à vous que je dois de vivre. Je ne l'oublierai jamais.

— Et moi, dit Wanderer en s'empressant de la relever pour la presser sur sa poitrine, je me souviendrai toujours que c'est vous seule qui m'avez appris que Dieu m'a donné un cœur.

— Oh! soupira le chasseur témoin muet de cette scène, mon Dieu! faites-moi la grâce de me ramener, au plus tôt, en face de mes vieux lions!

. . . .

Trois jours plus tard, tout était en rumeur à bord d'une goëlette en partance pour l'Angleterre. Elle avait été frétée par un négociant tunisien pour le compte d'un riche seigneur anglais voyageant incognito. La chaloupe, qui devait mener le passager à bord, quitta la terre une heure à peine avant l'instant fixé pour l'appareillage. Dès qu'elle fut en vue du navire, les matelots remarquèrent qu'elle contenait quatre personnes. Si l'un de nos lecteurs se fût trouvé sur le pont à leur arrivée, il eût pu reconnaître en elles celui que nous avons toujours appelé Wanderer dans le cours de ce véridique récit, El-Adjel, Tueur-de-Lions et la femme de chambre, spécialement engagée pour le voyage. Au terme de celui-ci, elle avait déclaré vouloir retourner à Paris.

Depuis plusieurs jours, El-Adjel marchait de surprise en surprise; il en était de même du chasseur; mais il ne s'attendait guère à celle que leur compagnon de chasse et de dangers leur avait si discrètement ménagée.

Tout l'équipage, chapeau bas, son commandant en tête, accueillit Wanderer avec les marques du plus profond respect.

Tudieu! qu'est-ce que cela signifie? se demandait Tueur-de-Lions. Ah! ça, est-ce que le camarade que j'ai si carrément rudoyé à différentes reprises serait réellement un grand personnage, par hasard?

Il n'eut pas longtemps à se mettre martel en tête à ce sujet.

— Veuillez nous conduire à nos cabines, monsieur, dit Wanderer au commandant, avec politesse, mais du ton d'un homme généralement habitué à donner des ordres et jamais à en recevoir.

— Vous n'en aurez pas d'autre que la mienne et celle de mes officiers, mylord, répondit respectueusement le commandant. Elles ont été aménagées avec soin, dans ce but, par votre mandataire en personne. Je vais avoir, à l'instant même, l'honneur de vous y installer.

Il n'avait point outrepassé la vérité en affirmant que l'on avait préparé aux passagers un appartement convenable. Quel que soit le confortable apporté d'ordinaire au logement des officiers de la marine anglaise, rien d'approchant en fait de richesses de tapis, de tentures et de mobilier ne s'était encore vu à bord de la goëlette.

— Madame, dit galamment Wanderer en introduisant El-Adjel dans la pièce principale, vous voici, pour quelques jours, reine et maîtresse de ce navire. Lord William Ringbell, votre époux, vous cède tous ses droits sur la goëlette et sur son équipage. Il sera le premier à donner aux autres l'exemple de l'obéissance à vos ordres. Ici, comme ailleurs, il mettra toujours tous ses soins à traiter d'une façon digne d'elle la femme aimante et courageuse qui n'a pas craint de risquer sa vie pour l'amour d'un homme qu'elle était en droit de supposer pauvre et sans autre appui que ses balles et sa carabine.

— Oh! Wanderer! fit El-Adjel en joignant les mains et tellement émue que sa voix ne put articuler un autre mot.

— C'est cela, dit lord William en riant; Wanderer, toujours Wanderer, je veux toujours être Wanderer pour ma femme bien-aimée. Et pour vous aussi, mon digne et vaillant ami, ajouta-t-il en se tournant vers le chasseur et en lui pressant les mains avec effusion. Chaque fois que vous penserez à moi, ne songez plus au grand seigneur dont la position sociale vous a tant de fois intrigué; rappelez-vous votre ami, votre ami vrai, celui qui regrettera sans cesse que vous ayez refusé l'offre de vivre auprès de lui.

— Et mes lions, vous n'y pensez donc pas? dit sourdement le chasseur, cherchant à dissimuler, sous un air de brusquerie, non-seulement son embarras de la découverte du nom réel de son ex-compagnon, mais encore un autre sentiment dont il n'osait se rendre compte en présence d'El-Adjel.

— Vos lions ! répondit Wanderer ; eh bien ! nous les aurions chassés ensemble... plus tard.

— On ne chasse plus les lions, mylord, lorsque l'on est assez heureux pour posséder une femme comme la vôtre. Que ceci soit dit et bien dit pour la dernière fois : à vous El-Adjel, mylord ! Elle vous mérite et vous la méritez. Moi, je ne suis bon qu'à tuer des lions... j'y retourne. Adieu.

Et les embrassant tous les deux, avec une émotion telle, qu'une larme, longtemps contenue, vint perler sur sa paupière, il se dirigea en chancelant vers la chaloupe et se fit reconduire à Tunis.

Le seul cadeau qu'il eut voulu accepter de son opulent ami avait été une bonne provision de poudre et de balles et deux excellents revolvers.

Quinze jours après il avait recommencé ses affûts nocturnes et sa vie nomade dans les gorges des montagnes. Hélas ! il n'y retrouva plus que le souvenir sanglant de la fin déplorable de son ami El-Bachir, de Noara, du petit Amar et de sa jeune sœur Zora.

— Que peut être devenu le Maltais ? se demandait-il souvent. Et les autres, El-Adjel et son mari ? qui pourra me dire s'ils sont réllement heureux ?...

Hélas! encore hélas! Il ne fut que trop tôt affreusement édifié sur le sort de tous les trois. La lecture du Journal-Veritas, qui tomba par hasard sous ses yeux dans un café de Bône, lui apprit, deux mois plus tard, que le navire de Wanderer avait péri corps et biens, à dix lieues à peine de la Sardaigne, où l'équipage avait en vain espéré un refuge contre la tempête dans la rade sûre et commode du port de Cagliari.

Tant de créatures de Dieu bonnes et mauvaises si misérablement sacrifiées pour en arriver là!!! Quel vaste sujet de sombres réflexions pour l'esprit naturellement enclin à la tristesse du brave chasseur de grands félins.

Quant au Maltais, Tueur-de-Lions apprit, en 1870, par des Tunisiens rencontrés fortuitement par lui dans une de ses tournées de chasse, que le trop sensuel renégat était mort d'indigestion la veille même du retour au douar des kroumirs qui avaient escorté les fugitifs jusqu'à Tunis.

FIN

Paris. — Imprimerie WALDER, rue de l'Abbaye, 444.

COLLECTION A 3 FRANCS LE VOLUME
AVEC PRIMES

DERNIERS PARUS

XAVIER DE MONTÉPIN.	Le Mari de Marguerite	3 vol.
—	Les Confessions de Tullia. (Inédit.)	1 vol.
—	Le Bigame	2 vol.
—	La Voyante	4 vol.
PAUL DE KOCK	La Mariée de Fontenay-aux-Roses. (Inédit.)	1 vol.
—	Friquette. (Inédit.)	1 vol.
—	Un Jeune homme mystérieux	1 vol.
—	Les Intrigants. (Le dernier inédit)	2 vol.
HENRY DE KOCK	Les Baisers maudits. (Inédit.)	1 vol.
—	Le Démon de l'alcove. (Inédit.)	1 vol.
—	Ni Fille, ni Femme, ni Veuve. (Inédit.)	1 vol.
ÉLIE BERTHET	Les Parisiennes a Nouméa	1 vol.
—	Les Drames du cloître	1 vol.
Vte DE BEAUMONT-VASSY.	Mémoires secrets du XIXe siècle. (Inédit)	1 vol.
CH. MONSELET	Le Théâtre de Figaro	1 vol.
—	Chanvallon Histoire d'un souffleur de la Com.-Française	1 vol.
CH. JOLIET	Le Roman de Bérengère	1 vol.
HONORÉ SCLAFER	La Chasse et le Paysan. (Inédit.)	1 vol.
—	Le Paysan ricee. (Inédit.)	1 vol.
BÉNÉDICT-HENRI REVOIL.	La Saint-Hubert	1 vol.
FIRMIN MAILLARD.	Les Derniers bohèmes, Henri Murger et son temps	1 vol.
ANGELO DE SORR.	Le Drame des Carrières d'Amérique. (Inédit.)	1 vol.
—	Le Fantôme de la rue de Venise. (Inédit.)	1 vol.
—	Jeanne et sa suite	1 vol.
—	Ranalalalulu CXXXIV. (Inédit.)	1 vol.
ÉMILE BOSQUET	Les Trois Prétendants	1 vol.
E. VAN DER MEER	Les Courtisanes martyres	1 vol.

SOUS PRESSE

XAVIER DE MONTÉPIN.	La Femme de Paillasse	2 vol.
—	Les Tragédies de Paris. (Inédit.)	4 vol.
ANGELO DE SORR.	Les Nuits de Versailles. (Inédit.)	1 vol.
E. DE MOLÈNES	Le Pays du mal	1 vol.

PARIS. — IMP. SIMON RAÇON ET COMP., RUE D'ERFURTH, 1.

www.ingramcontent.com/pod-product-compliance
Lightning Source LLC
Chambersburg PA
CBHW060604170426
43201CB00009B/891